浙江省普通高校"十三五"新形态教材

U0596128

浙商文化教程

陈君 俞涔 主编

徐洁 季瑶娴 副主编

ZHEJIANG UNIVERSITY PRESS
浙江大学出版社

图书在版编目（CIP）数据

浙商文化教程/陈君,俞涔主编. -- 杭州：浙江大学出版社,
2020.11（2024.8重印）
ISBN 978-7-308-20611-2

Ⅰ. ①浙… Ⅱ. ①陈… ②俞… Ⅲ. ①商业经营－浙江－
高等职业教育－教材 Ⅳ. ①F715

中国版本图书馆CIP数据核字（2020）第181667号

浙商文化教程

陈　君　俞　涔　主编

策划编辑	朱　玲　曾　熙
责任编辑	曾　熙
责任校对	黄梦瑶　诸寅啸
封面设计	春天书装
出版发行	浙江大学出版社
	（杭州市天目山路148号　　邮政编码　310007）
	（网址：http://www.zjupress.com）
排　版	杭州林智广告有限公司
印　刷	杭州钱江彩色印务有限公司
开　本	787mm×1092mm　1/16
印　张	15.25
字　数	360千
版 印 次	2020年11月第1版　2024年8月第6次印刷
书　号	ISBN 978-7-308-20611-2
定　价	49.80元

序　言

　　习近平总书记在党的二十大报告中提出："高质量发展是全面建设社会主义现代化国家的首要任务。"民营经济作为推进中国式现代化的生力军，是高质量发展的重要基础。在浙江，民营经济是经济社会发展的"活跃因子"，浙商也被认为是中国最著名、最活跃的商人群体之一。浙商由一个层次不高、人数较少、规模不大的"游商团队"，逐步壮大成为当代中国人数最多、分布最广、影响最大、实力最强的现代商帮，在实践中不仅创造了大量的物质财富，也创造了丰硕的精神财富——"浙商文化"。

　　回溯过往，无论是源远流长的商业史迹、互通有无的八方商路、风云天下的创富商帮、名扬四海的口碑商号、诚毅勤朴的商人精神，还是创造价值的商业模式、变革创新的商业转型，无一不浓缩了浙江商业的辉煌与文明，无一不凝聚了浙商先辈们的智慧和汗水。在商业文明的征途上，不仅有明清时期就闻名的海纳百川、宽以待人的龙游商帮，灵活善变、开拓创新的宁波商帮，四象八牛七十二金狗的湖州商人，还有改革开放以来艰苦奋斗、胆识过人的温州商人，鸡毛换糖、积沙成塔的义乌商人，更有无数"新浙商"在新时期续写商海奇迹。将浙商文化加以传承、融合、发扬，让更多的新一代浙商能够牢记浙商文化历史、追寻浙商文化之源、传承浙商文化精髓、弘扬浙商文化精神，让浙商文化焕发出新的生命活力，成为持续推动浙江高质量发展的强大动力，是本教材编写的初衷。

　　《浙商文化教程》的编写贯彻"立德树人"的教育根本任务，融合"诚毅勤朴"的商科育人理念，内化精神追求，外化自觉行为。一是践行社会主义核心价值观，二是正确认识商业发展历史规律，三是传承和弘扬优秀商业文化，四是坚守商业正能量教育。

　　教材采用"专题"的方式呈现，围绕浙商文化细分为商史文化、商路文化、商帮文化、商号文化、商人精神、商业模式、商业转型七个专题。教材体系的建构基本遵循由浅入深、螺旋递进、全面综合、稳步发展的原则。不但关注教师的"教"，更关注学生的"学"。教材符合教学规律、认知规律及能力养成规律，由易到难，让学生由理解体会到逐步运用。

教材在内容选择、体例、教学方法、学习方法和实训配套等方面既体现了最新的商业经济发展的动态，又突出了高职高专教育注重应用能力培养的特点，具备先进性和实用性。每个专题前面有"引导语"和"学习目标"；中间有便于理解本专题知识的"资料卡"，穿插"即问即答"和"同步训练"；后面有"专题小结""理论自测""应用自测"及学生学习的"自我评价"。教材体例规范，教学主线清晰，能有效实现"教学目标""教学内容""专题自测"和"学习评价"的内在统一。

《浙商文化教程》是新形态教材，依托移动互联、多媒体、智能信息等技术，从知识、能力、素养出发，恰当设计与安排专题内容，以二维码的形式嵌入包括微课、作业、测试、拓展资源、主题讨论等多种数字化教学资源，提升教材的趣味性和参与性，将教材、课堂、教学资源三者融合，打破时间和空间的限制，展示新的表现形态。此外，教材还配套了"浙商文化"在线课程建设资源，可为教学模式的拓展和创新提供支持。本教材适合各类开展浙商文化商业教育和文化类通识教育的院校使用，也可供所有对浙商文化感兴趣的读者学习、参考。

共有四位学者参与了本教材的编写工作，本着谨慎的原则，每章均由两位学者负责，具体分工如下：陈君编写序言、第一章、第二章、第四章和第七章，俞滢编写第三章、第五章、第六章和第七章，徐洁编写第一章、第二章、第四章和第五章，季瑶娴编写第三章和第六章。本教材由陈君、俞滢负责框架和结构设计，指导具体写作并进行统稿、审稿等工作。

在编写本教材的过程中，我们查阅并参考了前辈们的各种社会科学成说，汲取了众多专家和学者的研究成果，包括互联网上的信息资料等，这些内容相互交错，难以一一注明出处，只在书后的参考文献中列出，在此深致谢意！如有遗漏，敬请谅解。张宝忠教授、陆江东副研究员、谢国珍教授、李贤政教授、孙玮琳教授、朱小峰副研究员、张岚副教授、杨慧谊老师、来金晶老师、王楼艺伟老师在本书编写的过程中给予了大力支持和悉心指导，浙江大学出版社曾熙女士为本书的顺利出版付出了大量心血，深表谢忱！

浙商文化博大精深、内容广泛，因编者水平有限，疏漏之处在所难免，恳请专家和广大读者提出宝贵意见，在此深表感谢！

编者

2023 年 8 月

第一章

商史文化

引导语

早在7000年前，浙江先民就创造了举世闻名的"河姆渡文化"。至春秋时期，浙江又孕育了古越文化；到了南宋时期，中原文化大规模南迁，浙江一度成为全国的政治和文化中心；明清时期，浙江更是出现了位列十大商帮的龙游商帮、宁波商帮；改革开放以来，浙江经济发展走在了全国的前列。纵观商业发展史，自然环境和历史传承对于一个地区的经济发展和社会结构具有相当大的影响。浙商不是凭空出现的，而是在一定的时代背景下产生的，既是实践的产物，又有历史的渊源；同时，也与特定的自然环境和社会结构紧密相连。本章将从商业的起源、浙江古代商业文明、浙江近代以来商业发展等浙江区域商史入手，将浙江商业文明的精神，生生不息地传承下去。

学习目标

◎ 理解商业的定义，了解商业缘何而起。

◎ 了解浙江古代商业文明，理解典型阶段的商业发展及商业思想。

◎ 了解浙江近代以来的商业发展状况，掌握改革开放以来浙江不同阶段的商业发展特点。

◎ 弘扬浙商精神，传承商史文化。

第一节　商业的起源

一、商业的含义

在商品经济相当发达的今天，提到商业，大家都已非常熟悉，但商业并非自古就有。人类产生后，在漫长的时间里是没有商业的，直到第三次社会大分工出现了一个不从事生产只从事商品买卖的商人阶级后，商业才产生。一般认为，商业源于原始社会以物易物的交换行为，它的本质是交换。具体地说，商业是以货币为媒介进行交换从而实现商品流通的经济活动。它有广义与狭义之分：广义的商业是指所有以营利为目的的事业，而狭义的商业是指专门从事商品交换活动的营利性事业。

商业的定义

即问即答

"以物易物""物物交换"是商业吗？

A. 是　　　　　B. 不是

即问即答

资料卡1-1

人类历史上的三次社会大分工

在原始社会的早期阶段，人类使用木棒、石块等简陋的生产工具，在自然分工的基础上，从事采集、狩猎和捕鱼等劳作，维持最低的生活所需。第一次社会大分工是畜牧业从农业中分离出来，社会出现对立阶级，人类进入奴隶社会；第二次社会大分工是手工业从农业中分离出来，促进了社会生产力的发展；第三次社会大分工是商人阶级的出现，商品交换发展到一定时期，交换规模扩大，品种增多，各生产者和消费者之间直接进行产品交换越来越不便利，于是出现了不从事生产、专门从事商品交换的商人阶级。

何时出现商业

（资料来源：编者根据相关资料整理）

要理解商业的实质内涵，应从以下五个方面理解。

第一，经营商品买卖的主体具有独立的经济地位。在奴隶制时期和封建领主时期是"工商食官"；在封建地主制时期是商人阶级；在资本主义社会则出现了资本家的私人企业和商业托拉斯等组织形式。

第二，商品买卖业务完全专业化。商业劳动与物质生产劳动相分离，在此基础上形成社会分工的基本体系。

第三，商业主体拥有独立的货币资金。商人预付的货币资金专门执行商品交换的职能，实现商品的价值和使用价值，而不用来生产商品。

第四，商业资金运动具有特殊的规律性。即循着先买再卖、反复买卖的规律运动。

第五，商业资金运动的目的是取得商业利润。贱买贵卖是商业价格形成的一般规律。

资料卡1-2

"工商食官"制度崩溃的原因

原西周时的"工商食官"，私人的经商活动很少。到西周后期，小贵族经商者和开发山泽之利的新兴工商业主开始兴起，有的成为"多藏"的富豪，构成对"工商食官"制度的外在威胁。进入春秋前期，"工商食官"尚以奴隶制的残余一时保持下来，但在建国（郑）、复国（卫）、兴国（晋）的过程中，统治者为了争取商人的支持，改变其低贱的身份，给其以经营自由，从而造就了一些受保护、得优待的私营商人，如矫命犒师、智退秦军的郑国商人弦高，就是突出的例子。春秋后期，随着封建制度的形成和发展，原奴隶身份的贾人和百工，为争取自由，经过斗争而获得解放，如郑国五族作乱中的"臣妾多逃"和卫国多次的工匠起义都见诸史册。衰国和亡国的百工商贾之长，在丧职、叛逃后变为民间的工商业者，如东周末参加王子朝之乱的那些人即是。也有的国家新旧两种势力斗争激烈，为收揽人心，各自在工商业上退出一些阵地，私商则因商税减轻、山泽开放而得到较快的发展，如齐国的新兴势力田氏、鲁哀公时的旧公室都做过这样的事。还有，在国和国之间、卿大夫之间的争战中，工商奴隶因立了军功而被免除奴隶身份，农奴身份的小工商业者也进一步获得自由身份，可上升为士。通过这种种渠道，挣脱"工商食官"羁绊的人，与西周末春秋初有些富而不贵的私商的后裔合在一起，属于不受命于官府的私营工商业者和个体小工商业者。此后，在城市和交通发展、地区间贩运贸易增加、商品货币关系日益扩大的形势下，士人、在职官僚经商者、平民经商者和弃农经商者的数量日益增多，出现了中国历史上的第一次经商潮。那些具有自由身份、独立经营权利的"自由商人"队伍不断扩大。到战国时私营商业在流通领域已居主要地位，工商食官制度崩溃，官营商业只在某些场合下存在。

（资料来源：吴慧. 商业史话［M］. 北京：社会科学文献出版社，2011.）

二、中国商业的起源

商业是一个历史范畴，它是一定历史阶段的产物，不是和人类社会相始终的。

原始社会后期的母系氏族社会时期，在产品偶尔有剩余的情况下，会发生偶尔、个别的物物交换。到了父系氏族社会时期，随着社会分工的进一步发展，手工业和农业分离，交换由偶尔逐渐转为经常，交换内容由少数有限的物品逐渐转为相对较多的物品。由于物物交换是买与卖的结合，买进的同时也在卖出，因此，随着交换越来越广泛和频繁，这种物物交换的方式让人感到越来越不方便，便产生了辅助交换的"等价物"。等价物的出现使交换活动进入一个崭新的时期，这也使交换过程被分解成买和卖两个不同的交换阶段。

到了夏朝，商部落第七任首领王亥积极发展农牧业，使得部落强大起来。《诗经·商颂·玄鸟》云："天命玄鸟，降而生商，宅殷土茫茫。"契便是商部落的始祖。契之孙相土首先发明了马车，六世孙王亥又发明了牛车。这便是史书上"立皂牢，服牛马，以为民利"的记载。农牧业的迅速发展使商部落很快强大起来，他们生产的东西有了剩余，于是王

华商始祖
王亥

亥在商丘服牛驯马发展生产，用牛车拉着货物到外部落进行交易，开创了华夏商业贸易的先河。久而久之，人们就把从事贸易活动的商部落的人称为"商人"，把用于交换的物品叫"商品"，把商人从事的职业叫"商业"。

约在公元前1600年，中国进入商朝。在商朝专门从事商品交换的人已经形成一个独立的社会阶层，其从事的买卖活动成为一种专职的商业活动。商人的祖先注重商业与贩运贸易，商朝社会分工不断深化，酿酒业、蚕丝纺织业、青铜器皿制造业等得到了进一步发展。由于生产力的进步和社会分工的发展，商朝成为我国古代商业和商品交换迅速发展的时代。

商业性城市在商朝也开始出现。商后期的都城殷，经过几代统治者的着力经营，规模逐渐扩大，被称为"大邑商"。城市是奴隶主及其家内奴隶和卫队集中的地方。为满足生活的需要，特在都邑里设立交易场所。城市的发展为商业交换的进一步扩大和深化创造了条件。

在商朝，贸易活动的结算和支付工具更趋完善，在贸易和交换中已普遍采用海贝作为货币。贝是自然计数单位，不仅坚固耐用、重量轻、体积小，而且便于携带和保存，因而被选为货币。到后来，产于远方的海贝已难以满足日益扩大的商品流通的需求，于是又出现了骨制贝（骨贝）和铜制贝（铜贝）。铜贝是世界上已发现的最早的金属货币，它的出现，反映了商品交换的发展更需要商业的媒介来促进商品的流通。

商文化发祥地在商丘，起源于以今商丘为中心的黄淮平原地区。郭沫若在《中国史稿》中写道："商，在今河南商丘县，商朝就是从这里发展起来的。"我国现代著名历史学家傅振伦先生在《商丘县志·序》中写道："归德商丘，是古代名都大邑。黄帝曾孙帝喾兴于高辛，代高阳氏。喾子契，佐禹治水有功，封于商丘（在今河南商丘南），尧封帝喾子阏伯（即契）于商丘为火正。十三传至汤，灭夏称商朝。契至汤八迁其都。阏伯居商丘，相土因之。振迁于殷，报丁（或报丙、报乙）复归商丘。汤始居南亳，从先王居。亳（今河南商丘东南）亦商丘地。"这是迄今为止对商族起源问题最为明确的概括（历史名城商丘被誉为"三商之源，华商之都"）。

三、商业存在的意义

所谓"无农不稳，无工不富，无商不活"，商业作为经济的重要组成部分存在有其深刻的含义，可以概括如下。

第一，商业的独立存在可以缩短商品的流通时间，加速社会的再生产过程。在商品经济条件下，社会再生产过程是生产过程和流通过程的统一，因而流通时间越短，社会再生产周期的更新就越快，为社会提供的物质财富也就越多。

第二，商业的独立存在可以节约流通领域的社会劳动。商业部门不只是为一个生产部门和企业推销商品，而且为许多生产部门和企业进行商品购销活动，这相比每一个生产部门和企业都设一套供销机构、配备一批销售人员直接进行商品买卖，节省了大量的人力、物力和财力。

第三，商业的独立存在有利于生产分工的发展和生产专业化程度的提高，从而有利于劳动生产率的提高。生产的社会分工要求各个生产者之间相互联系，且这种联系的深度、广度和社会分工的发展成正比。在商品经济条件下，这种联系是通过商业发挥自己在生产和生产、生产和消费之间的媒介作用来实现的。商业通过为不同的生产企业提供其所需要的流通、交换媒介，为其销售产品，从而促进社会生产分工的发展和生产专业化程度的提高。

≡ 同步训练

目的：了解商业的起源。

✎ 同步训练

第二节　浙江古代商业文明

浙商，一般指浙江籍的商人、实业家的集合。从古至今，浙江这片灵秀的土地孕育和培养出了无数优秀的商海儿女，而这一切，离不开历史悠久的越地文化的滋养。

一、春秋时期浙江的商业文明

（一）越国时期的流通渠道

浙江曾属越国，当时的陆上交通已经四通八达。据《越绝书·越绝外传记地传第十》载,从大越城出发,境内记有里程的就有美人宫、乐野、东郭外南小城、浦阳、夫山、安城里、独山大冢、麻林山、葛山、富中大塘、中山、犬山、白鹿山、鸡山、豕山、练塘、木客大冢、官渎、苦竹城、北郭外路、南溪北城、舟室、射浦、巫里、六山、石塘、防坞、杭坞、涂山、朱余、独妇山等三十多处。这些陆上的道路,虽然是为当时宫廷出行、游猎、生产、朝贡服务,但是亦沟通了山地与平原、陆地与海口、城市与乡村之间的货物交流,促进了商业活动。此外,还有嶕岘、上灶、平阳、富盛、马鞍等地,都是早期于越先民的活动地区。

越国与吴国因战争和交换的需要,既有争战又有交往。根据史料分析,当时应有三条主要的对外通道:一是西北干道,由大越至固陵(今浙江萧山西兴)、渡钱塘江至马嗥(今浙江嘉兴海盐县境内)、御儿(今浙江嘉兴桐乡崇福一带)、檇李(今浙江嘉兴桐乡濮院附近)、射襄(今苏浙交界王江泾),到达姑苏。二是东干道,"出东郭,随直渎阳春亭",经上虞、余姚、车厩、句章(今浙江宁波鄞州区)至甬东,连接现在的宁波和舟山群岛等地。三是西南干道,由大越经诸暨、乌伤(今浙江义乌市)、长山(今浙江金华市)、姑蔑(今浙江衢州市)、定阳(今浙江衢州常山县)至写干(今鄱阳湖东部地区),与楚国相连。

古代越国水上交通亦很发达。向东由"山阴故水道,出东郭,从郡阳春亭,去县五十里"(《越绝书·越绝外传记地传第十》),即是富中大塘筑后,山越城连接富盛(今浙江绍兴越城区东南)、陶堰(今浙江绍兴陶堰镇)、道墟(今浙江绍兴上虞区西北)至上虞曹娥(今浙江绍兴上虞区曹娥街道)的水上交通线。向西是胜吴之后,利用吴国战俘兴筑的吴塘(今江苏常州湖塘镇),沟通了由山阴小城出水偏门经三山,出湖塘,向西边接固陵(今浙江杭州萧山区西北)的通道。西北面,即是迁都琅琊时,"使楼船卒二千八百人,伐松柏以为桴"的那条海上通道。越国为防范楚国,遂拉拢魏国,越王派公师隅去魏国都城大梁(今河南开封市)向魏襄王献舟、箭、犀角、象齿等贵重物品。大量的物品通过浙东运到大梁,想必也是利用海道。怪不得《尚书·禹贡》说越国是"沿于江海,达于淮泗"。

越国时期的
流通渠道

水陆交通的方便,为越国战胜强吴,争霸中原,促进内外经济流通,提供了条件。

(二)越国时期的商业活动

越国时期的商业活动文献没有明确的记载,但从越国与吴、楚的几次交往和勾践灭吴迁都时的规模,可见其一个侧面。

勾践七年(公元前490年),为了报答吴王夫差"增之以封",越王派文种出使吴国送去"葛布十万、甘蜜(越椒)九党(盆)、文笋七枚、狐皮五双、晋竹十廋,以复封礼"(《吴越春秋·勾践阴谋外传》)。葛布虽是专门使国中男女入葛山采葛,把葛做成黄丝而成的细布,但作为纺织业在民间肯定已成规模,不再是单纯的家织布了。

越国时期的
商品生产

"越王使公师隅来,献舟三百,箭五百万及犀角、象齿。"(《竹书纪年》)这些虽是贡品,但亦可窥见当时商品生产及商业活动的规模。

（三）越国时期的商品生产和经济政策

春秋时期，越国已出现了计然、范蠡等经济专家。越国以"农末兼营"为立国的指导思想，农业、手工业都已具经营规模，商品十分丰富。《越绝书》记载的就有纺织业、冶铸业、造船业、养殖业、采伐业、盐业等行业，主要商品则有麻、葛制品、船只、木材、弓箭与剑、粮食等。尽管这些行业都是以官办为主，主要用来为伐吴战争服务，但从中也可以看出当时的生产规模和民间的生产水平是相当高的，民间的商业活动、国与国之间的商品交换亦已相当发达。

（四）商圣范蠡的经商思想

越国的强大，有一个人功不可没，那就是被后世奉为"中华商圣"的范蠡。

范蠡，字少伯，春秋战国时期著名的政治家、军事家和经济学家。范蠡的人生颇具传奇色彩。史书记载，范蠡有勇有谋，能文善武，在越王勾践被拘于吴国时，他全力周旋，终于将越王勾践营救回国。之后，更向越王勾践提出"十年生聚，十年教训"的方针。在此基础上，范蠡还着力于解决经济、文化、外交、人口增长等问题，终于在公元前473年，帮助越王勾践将吴国一举击破，成就了他和勾践个人政治生涯的千秋伟业。功成名就之后他急流勇退，最后定居于宋国陶丘（今山东省菏泽市定陶区南），自号"陶朱公"。

越国时期的
商业思想

范蠡留在绍兴的遗址甚多，而他经商致富的"陶朱遗风"也流传甚广。他创立的薄利多销、四通贸易、物价之贵贱源于供求之余缺等思想，后来均被浙江商界视为商业道德和准则。但是，范蠡对后世浙江人影响最大的还在于其对实现人生价值的选择。他在辅佐勾践成功地复国并战胜吴国之后，毅然离开官场，远离政治旋涡。随后，以商人的身份重新创业，取得巨大的经济成就，给后世浙江人留下了深刻的启示：实现人生价值并非只有官场一途，商场的奋斗亦能实现人生价值。这种价值观激励浙江人纷纷走向工商业界，并以经商致富为荣。选择经商，长期以来已经成为浙江人的一种自觉。

资料卡1-3

范蠡商策

1. 窥探先机

在春秋末期，"工商食官"的体制已经被突破，自由经营的商人已经登上了历史舞台。他们要想在复杂多变的市场形势下获利，就必须探索市场行情信息，及时了解商品供求和价格变化。而范蠡就是那时善于预测行情，敏于掌握时机，在经商上取得极大成功的代表。

范蠡在经商的过程中，根据时令改变经营策略，充分掌握未来的产品趋势，进而抢占市场，牢牢把握经营的主动权。

范蠡根据天时的变化及其所引起的农业生产变化的规律来指导自己的经营。他认为：丰年歉年、旱年涝年、大丰年和大灾年，其活动变化，均有它的规律，只要预知来年的水旱丰歉，就能预测到商品供求变化的趋势，窥其行机，做到"知斗则修备，时用则知物"。丰年收进，旱涝出售。这样，自然能从商品货币的转换中取利。

2. 掌握物价规律

范蠡深知货物的贱贵是会有反复的。"谛审察阴阳消息，观市之反复，雌雄之相逐，天道乃毕"，"八谷亦一贱一贵，极而复反"。这种思想方法，实际上是一种朴素的辩证法，它清晰地表明了物极必反这一道理，并且充分地证明了市场规律是可逆的。

他运用"论其有余不足，则知贵贱"，"贵上极则反贱，贱下极则反贵"的观点经商，无疑会在贱买贵卖经营中获得大利。范蠡的"贱买贵卖"论，已初步接触到商品价值本身了，或者说已运用价值规律经商了。

"贵贱反复"论，不仅说明他已经认识到价格的变动受供求关系的影响，而且也认识到价格在一定范围内波动反过来又会影响商品的供求。由此可见范蠡聪慧的商业头脑。

3. 信誉取胜

在春秋战国时期，当私营个体手工业大量兴起以后，范蠡提出"务完物"的口号，即是对商品要求质高货真。

他强调储藏货物要完好，禁止自己的商号贩卖或储藏已经腐败变质的食物，以免浪费或损害消费者的利益。

在生意场上，范蠡除了"任时"，又讲"择人"。而这里的"择人"除了雇用劳动力之外，还包括选择进货商。他认为，在确定经营目标后，应选择产品质量好的产地和生产厂家去进货。这样，就能以质取胜，信誉昭著，取信于民才是长久的经营之道。

4. 薄利多销

范蠡认为，不管是薄利，还是"无敢居贵"，都是为了"多销"，而多销又坚持薄利，可以加速经济的周转，也就是使流动资金盘活了。

经营者以"薄利"的谋略，达到了"多销"的目标，实现了获大利的目的。范蠡在经商中主张"无敢居贵"，即不谋取高额之利，仅仅去追求利润中的最少利润，这是非常可贵的商业道德。

他在买卖中，出不抬价，进不压价，不在扩大商品的加价率上费心机，而是当买即买，当卖即卖。

他主张钱币应该像水一样迅速地流通，就是力求加速商品的周转次数，使同量的资本在同一周期内能做更多的生意，从而在扩大购销中去增加利润的总额。因此，范蠡是无敢居贵、薄利多销型的古代经商者之典范。

5. 合作经营

在民间，流传着这样一个范蠡买马的故事。范蠡在吴越生活了数十年，深知哪里需要好马。而在北方收购马匹并不是难事，南北两地马的价钱也相差悬殊，这肯

定是一个赚大钱的买卖。但问题在于，马匹的运输很困难，路途遥远，运输费用高不说，路上盗匪也极多，给这桩生意增添了无数的风险。

经多方考察，范蠡了解到齐国有一个叫姜子盾的巨商，很有势力，经常贩运麻布到吴越，早已买通了沿途匪人，他的货物畅通无阻。于是，范蠡写了一张榜文，张贴在姜子盾所居城邑的正门。大意是：本人新组建一个马队，开业酬宾，可免费帮人向吴越运送货物。不出所料，姜子盾主动找到范蠡，求运麻布，范蠡满口答应。就这样，范蠡与姜子盾一路同行，货物连同马匹都安全到达吴越。马匹在吴越很快卖出，范蠡赚了一大笔钱。

6. 仗义疏财

范蠡在经商的十几年之中，曾经三次在大灾荒时一掷千金，多次疏财济人，无愧于"富为行其德者"的赞语。范蠡是见于史籍最早的一位富而好德、行善分财的诚贾良商。他的取利守义、仗义疏财，不仅没有影响其经营，反而为自己赢得了好的口碑，打造了品牌，得到了百姓的信赖，经营越来越好，财富越积越多，由"千金"而至"巨万"。

（资料来源：吴思，朱斯佳. "可怕"的浙商［M］. 北京：现代出版社，2015.）

二、唐宋时期浙江的商业发展

秦始皇统一中国后，采取了一系列有利于商业发展的措施，比如统一货币、统一文字、统一税收、统一度量衡，这些举措对后世影响深远。两汉时期，伴随着国家统一局面的形成和巩固，农业、畜牧业、手工业发展迅速，特别值得一提的是，两汉时期海陆两条丝绸之路也极大地促进了对外贸易的发展。

秦汉至南北朝时期是浙江文化大放异彩的开始，特别是六朝以来，浙江相对安定的社会环境，为浙江经济的迅速发展创造了良好的契机。

隋唐宋时期，中国封建社会异常繁荣。隋朝大运河的开凿贯通南北，扩大了商品流通的范围；唐朝出现了飞钱和柜坊，飞钱类似于后来的汇票，柜坊专营货币的存放和借贷业务，是我国最早的银行雏形，比欧洲金融机构的出现要早六七百年。飞钱和柜坊的出现，既是商品经济发展的结果，反过来又极大地促进了商业的繁荣。

隋唐时期，浙江的经济更是出现了生机勃勃的景象，浙东地区被称为"财赋之上腴"。五代时，曾以贩卖私盐为生的钱镠（852—932年），在兵荒马乱中建立了自己的王国，成为吴越国开国君主。吴越国建立后，他崇尚和平，以民为本，大力发展经济，采取"保境安民"的基本国策。钱镠还积极发展丝织业，推行一系列优惠政策，吴越国的丝织业在当时的中国可谓首屈一指。确实，也只有在和平的环境中，才有经济的繁荣；有经济的繁荣，才有文化的昌盛发达。吴越国为我国经济重心的南移和江南经济的繁荣，为后来两宋经济文化的高度发展奠定了基础，为"上有天堂，下有苏杭"局面的开拓做出了历史性的巨大贡献。

到了宋朝，尤其是南宋，随着中国政治重心的南移，浙江逐渐成为中国封建社会最繁华富庶的地区之一。南宋都城临安（今浙江杭州市），全盛时期人口达百万，是当时世界上最大的都市。城内店铺林立，集市昼夜相连，贸易兴隆。宋代的瓷器、漆器、印刷、冶炼、建筑等手工业产品具有非常鲜明的浙江特色，尤其是杭州的丝绸、温州的漆器、处州（今浙江丽水市）的瓷器、明州（今浙江宁波市）的草席，这些都是当时浙江对外贸易的重要商品。明州与日本、朝鲜及南洋诸国已建立了通商关系，成为当时对外通航的主要港口。金华为浙东重镇，小商品经济尤为发达，有"小邹鲁"之称。

📄 世界最早的
纸币——
交子

三、明清时期浙江的商业伟绩

明清时期，世界经济结构发生了变化，并引发了一场"商业革命"，形成了"近代资本主义萌芽"。这一时期中国经济同样发生了很大的变化：小农经济与市场的联系日益密切，农产品商品化得到了快速发展，城镇经济空前繁荣，农村商贸也很繁荣。全国性的商贸城市不断出现，汇集了四面八方的特产。全国各地涌现出了许多地域性的商人群体，这些群体被称为商帮。在最著名的十大商帮中，以晋商和徽商势力最大，影响最深远。当然，浙江的宁波商帮和龙游商帮也不逊色。

龙游商帮形成时间较早，最早出现于南宋，兴盛于明朝中叶，经营行业有珠宝、古董、文物业、造纸业、印书贩书业、药材业等。明万历年间（1573—1620年），与晋商、徽商角逐商场，称雄一时，故有"遍地龙游"之说。

到明朝中叶，随着海禁政策的放松，无论是农村还是城镇，浙江东部沿海一带受到西方工业文明的影响已相当显著。这种影响在农村，主要表现为随着农业生产的快速发展，分工不断扩大，生产的商品化倾向不断增强，农村雇佣劳动者的队伍也日益壮大，贫富差距加剧，阶级日益分化，货币地租日渐取代实物地租。农产品市场的扩大，不仅推动了商业的发展，而且还极大地刺激了手工业的发展，从而促进了市镇经济的繁荣。大批的农村无产者为寻求生机，不断涌入市镇，人员的流动不仅为市镇经济的繁荣增添了力量，同时又进一步促进了贸易的发展。据统计，明朝以后，浙江的市镇数量迅速增加，杭州、湖州、温州等地均辖有几十个市镇。小者千户，大者万家以上，成为商业、手工业的集聚地。在这些市镇中，手工业作坊、工场林立，有的规模大得惊人，浙东地区出现了具有资本主义萌芽性质的"机户"和"包买商"，这可能是中国最早的个体工商户。此外，还出现了各种商行，这些商行不仅控制了商业，而且利用资本不断影响和控制着生产，这标志着商业资本已经逐渐向产业资本转化。

🎥 明清时期城
镇经济繁荣
专业化市镇
出现

🎥 明清时期地
域性商人群
体涌现

鸦片战争后，宁波、温州等地相继被辟为通商口岸，贸易活动非常频繁，我国近代民族工商业得以发展，宁波商帮开始迅速崛起。浙江商人本来就有经商传统，加上浙东学派代表人物的影响，浙江商人往往思想解放、善于思考、敢于超越、兼容并蓄，他们在重商的西方文化的影响下，大做生意，经商传统得以继承并被极大地发扬，浙江经济迅速发展，浙江手工业和商业空前繁荣。尤其是宁波商帮，对中国近代工商业的发展作用巨大，当时大都市上海的工商业巨子多为宁波人。据史料记载，1948年在上海的宁波人就达100万人以上，占当时上海人口的20%，他们兴办实业，闻名一时的"浙江财团"更是一度把持着上海的金融业。

浙江还有一支商业劲旅也曾辉煌一时，其实力之强、财力之雄并不逊于晋商、徽商，而且他们比晋商、徽商发家更快、财富更集中，这就是靠辑里湖丝发家的浙北南浔商帮，他们主要从事缫丝业、盐业、钱庄、典当业。南浔商帮中财力最盛者被称为"四象"，之下还有"八牛"和"七十二金狗"，为首的刘家在鼎盛时聚财2000万两白银。这些"象""牛"还有"金狗"们的财富总额约为8000万两白银。而在19世纪90年代，大清帝国一年的财政收入也不过7000万两白银，这是名副其实的富可敌国。吴承明先生认为，16世纪即明嘉（靖）万（历）年间（1522—1620年）大商帮的兴起是一个信号。经济学界一些学者称之为"现代化的因子"，它是当时经济繁荣的一个显著标志，说明商业、市场、商品经济的发展进入了一个崭新的阶段，"标志着中国开始走上近代化或者现代化的进程"。

中国传统十大商帮中浙江商帮就占了两成，南浔商帮虽然没能进入十强之列，但其财富也是相当可观的。浙江当时的商业成绩由此可见一斑。

可以这么说，一方面，浙江人的经营具有优秀的、浓厚的工商文化传统，自春秋范蠡以来，浙江文化就形成了蓬勃的尚利文化，当时虽无这个说法，但"工商皆本"的思想几乎是一以贯之的；另一方面，以永嘉学派为代表的浙东学派对浙江的影响是极其深远的。浙江或者浙商的成功，即便不完全源于此，也在很大程度上得益于宋朝以来浙东学派所积淀下来的思想意识和文化观念，以及由此而形成的群体性思维模式与行为习惯。这种思想为浙江经济的发展提供了坚定的理论基础，正是在这个思想的指导下，浙江在改革开放的初期就率先走上了市场经济的道路，并且其发展的速度一直处于全国领先地位。

📄 浙东学派

三 同步训练

✏️ 同步训练　　　目的：了解浙江古代商业文明。

第三节　浙江近代以来商业的发展

一、清末民初浙江商业的曲折发展

清末民初，中国民族资本主义工商业出现了短暂的繁荣。不少浙江籍官僚、买办和商人相继创办了一批民族产业集团。蒋介石执政时期，浙江财团便是南京政府赖以建立政权和财权的支柱，但是他们在南京政府中所获得的权利却与他们的付出不成正比，从而导致了二者之间的矛盾，浙江财团最终被政府各个击破。

📄 计划经济

二、中华人民共和国成立初期浙江商业的低潮

中华人民共和国成立初期，新民主主义革命和土地制度改革完成后，对资本主义工商业进行社会主义改造，打击投机商业，建立计划经济。因此，中华人民共和国成立后到改革开放前，浙江民间的自主工商业活动基本处于低潮期。

三、改革开放以来浙江商业的繁荣

在计划经济环境中，农村集体工业经济形态为浙商的成长提供了最初的人力资源积累。

1978—2018年是一段非常奇妙而又独特的历史时期。这40年中，中国经济高速增长，人民财富迅速积累，中国实现了从农耕文明向工业文明、商业文明的转变；商业文化成为一种主流文化，创造性地颠覆了拥有几千年根基的传统的轻商的伦理观，激发了全民的创富热情。中华民族也随之找到了一条伟大复兴的新路径：更明晰地框定个人与国家命运间的价值诉求边界；在制度建设上，力求将推动社会和谐的力量根植于制度范围内，保障各种思想最大限度地转化为生产力。

英国经济学家亚当·斯密认为："人的本能是追求财富，因此无须计划就促进了整个国家的崛起。"邓小平则用"致富光荣"的四字秘诀，将创造财富的权利和钥匙交给了人民，中国这列巨大的列车由此进入迅速发展的轨道。

（一）自发冲动期（1978—1991年）

这一阶段是无中生有阶段和原始积累阶段。改革开放伊始，中国计划经济体制开始松动，个体经济与乡镇企业迅速发展，众多浙江商人采取的是家庭作坊、"前店后厂"的方式，走的是市场先导、模仿创新之路，就这样完成了原始积累，浙江经济出现了第一次腾飞。

（二）政策推动期（1992—2000年）

这一阶段是二次创业阶段。1992年邓小平再次到南方视察一些地区时，发表了重要谈话："计划多一点，还是市场多一点，不是社会主义与资本主义的根本区别"，"发展才是硬道理"。随着政策的进一步明朗化，浙江的非公有制经济迎来了大发展的关键时期，一部分优秀浙商扬长避短，完善内控体系，加强公司治理，制订战略规划，通过苦练内功和合作创新建立起了现代企业制度，浙江经济异军突起。到了1996年，由于连续几年的经济狂飙，中国经济从贫穷经济、短缺经济变成了相对的过剩经济，伴随着相对过剩，经济格局从原来的卖方市场转为买方市场，从原来的供方为王变为营销为王，中国开始进行宏观调控。"个私经济看浙江"，浙江成为全国各地鼓励和发展非公有制经济的典型。

（三）浙商转型期（2001年至今）

这一阶段也称为全球化运营阶段。2001年中国加入了WTO，开始了经济全球化、区域一体化进程。这个阶段政府继续鼓励并加强对经济的引导，优秀的浙商通过整合国际、国内市场，采取并购重组，依靠自主创新、整合资源的方式，实现了企业转型、产业升级。这个阶段，"浙商"这个说法开始在官方出现，商会组织全面开花，商帮终于复兴。

≡ 同步训练

目的：了解浙江近现代商业发展史。

✎ 同步训练

专题小结

◎ 框架内容

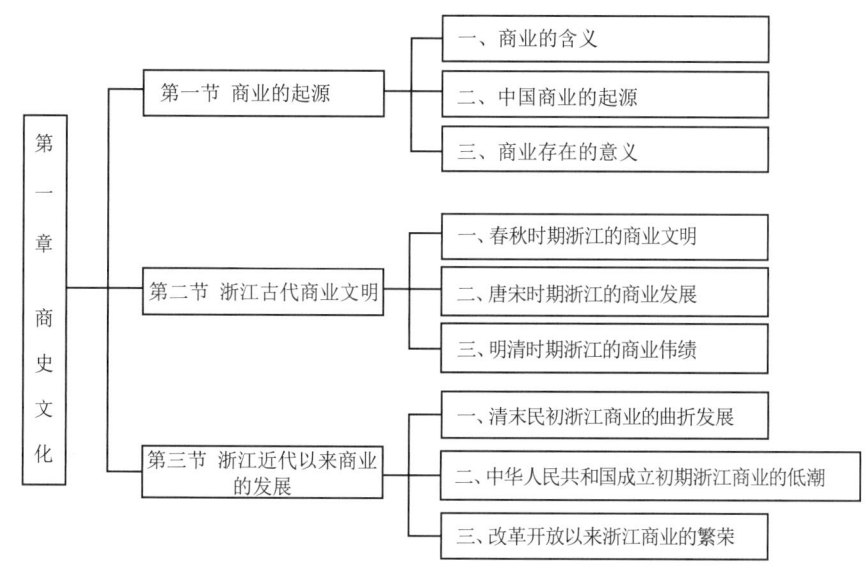

主要术语： 商业　社会大分工　华商始祖　工商食官　越国商业　中华商圣　交子
浙东学派　计划经济

理论自测

第一章
理论自测

◎ 选择题

1. "商人"一词源于（　　　）。
   A. 商朝人自称商人　　　　　　　　B. 商王重视商业
   C. 商朝人善于经商　　　　　　　　D. 商都的商业发达

2. 杭州作为中国七大古都之一，曾是（　　　）的中央政权所在地。
   A. 南宋　　　　　　　　　　　　　B. 西汉
   C. 东汉　　　　　　　　　　　　　D. 北宋

3. 飞钱在（　　　）时就已出现。
   A. 秦朝　　　　　　　　　　　　　B. 汉朝
   C. 唐朝　　　　　　　　　　　　　D. 元朝

4. 春秋时期，越国的经济专家有（　　　）。
   A. 李悝　　　　　　　　　　　　　B. 计然
   C. 白圭　　　　　　　　　　　　　D. 子贡

5. "全国性的商贸城市不断出现，全国各地涌现出了许多地域性的商人群体"，这种现象发生在（　　　）。

　　A. 秦朝　　　　　　　　　　　　　　B. 明朝

　　C. 唐朝　　　　　　　　　　　　　　D. 元朝

6. 商业从（　　　）之后分离出来。

　　A. 第一次社会大分工　　　　　　　　B. 第二次社会大分工

　　C. 第三次社会大分工　　　　　　　　D. 第四次社会大分工

7. 范蠡的经商思想有（　　　）。

　　A. 窥探先机　　　　　　　　　　　　B. 掌握物价规律

　　C. 薄利多销　　　　　　　　　　　　D. 合作经营

8. 明朝中叶，浙江东部沿海一带受到西方工业文明的影响表现在（　　　）。

　　A. 农业生产的快速发展　　　　　　　B. 生产的商品化倾向不断增强

　　C. 农村雇佣劳动者的队伍日益壮大　　D. 民族产业集团相继创办

9. 中华人民共和国成立初期，新民主主义革命和土地制度改革完成后，对资本主义工商业进行社会主义改造，包括（　　　）。

　　A. 建立市场经济　　　　　　　　　　B. 打击投机商业

　　C. 鼓励商业投资　　　　　　　　　　D. 建立计划经济

10. 计然的经商策略有（　　　）。

　　A. 知斗则修备，时用则知物

　　B. 贵上极则反贱，贱下极则反贵

　　C. 以物相贸易，腐败而食之货勿留，无敢居贵

　　D. 贵出如粪土，贱取如珠玉

◎ 判断题

（　　　）1. 商业的本质是交换。

（　　　）2. 商业是以等价物为媒介进行交换从而实现商品流通的经济活动。

（　　　）3. 后人尊称范蠡为华商始祖。

（　　　）4. 世界上最早的纸币是宋代的交子。

（　　　）5. 工商食官是秦朝的官营手工业制度。

（　　　）6. 宋朝，尤其是南宋，随着中国政治经济重心的南移，浙江逐渐成为中国封建社会最繁华富庶的地区之一。

（　　　）7. 元朝以后，浙东地区出现了具有资本主义萌芽性质的"机户"和"包买商"。

（　　　）8. 清末民初，不少浙江籍官僚、买办和商人相继创办了一批民族产业集团。

（　　　）9. 宁波商帮对中国近代工商业的发展作用巨大，当时上海的工商业巨子多为宁波人。

（　　　）10. 改革开放伊始，中国计划经济体制开始松动，个体经济与乡镇企业迅速发展。

◎ **理论自测步骤**

1. 学生打开浙江省高等学校在线开放课程共享平台https://www.zjooc.cn。
2. 点击"登录"按钮，选择"学生"，在对话框中分别输入"用户名""密码"后，检索"浙商文化"，加入课程。
3. 在左侧导航列表中选择"测验"，点击"专题一 商史文化"，点击"去测验"，进入测试页面。
4. 在限定时间内完成测试。测试完毕，系统自动评卷。

应用自测

✎ 第一章
应用自测

◎ **总体要求**

根据本章学习的内容，构建并绘制"浙江商业发展框架图"，要求如下。

1. 根据时间节点，将商业的发展进程及主要标志标入框架图中。
2. 时间应包括古代、近代和现代。

◎ **自测目标**

1. 加深学生对商业发展的理性理解。
2. 让学生对浙江商业发展的各个过程及特点有清晰的认识。
3. 训练学生搜集、归纳、整理信息的能力。

◎ **背景资料**

通过课程学习，同时利用网络、报纸、图书等方式，搜集浙江商业发展的相关资料，搜寻浙江商业发展的脉络，完成应用自测要求。

自我评价

学习成果	自我评价
我已经理解商业的定义	□很好 □较好 □一般 □较差 □很差
我已经理解商业的起源	□很好 □较好 □一般 □较差 □很差
我已经了解浙江古代商业文明，理解典型阶段的商业发展和思想	□很好 □较好 □一般 □较差 □很差
我已经理解浙江近代以来商业的发展情况，掌握改革开放以来浙江不同阶段的商业发展特点	□很好 □较好 □一般 □较差 □很差

第二章

商路文化

引导语

商路，是因商人的贸易往来活动而形成的线路。中国商路特指历史上商人依托人力、畜力和物力等传统运输手段长途贩运商品的商贸往来线路。在漫长的历史进程中，商人们货殖致富，其商贸活动带动了地区的经济发展和文化交流，出现了"因路而生、因路而兴"的现象。本章将围绕与浙江商业经济发展息息相关的典型商路——大运河和海上丝绸之路展开学习，回溯曾经的辉煌与文明，让这曾沟通中外、汇通天下、变革古今的重要商贸载体和力量在新的时代继续为中国的发展和进步提供精神动力和文化源泉。

学习目标

◎ 了解大运河修凿的历史沿革。

◎ 掌握漕运的作用和功能。

◎ 熟悉杭州运河集市的分布、类型。

◎ 了解海上丝绸之路的起源与发展。

◎ 掌握海上丝绸之路的主要航线。

◎ 理解浙江在海上丝绸之路中的历史地位和作用。

◎ 弘扬浙商精神，传承商路文化。

第一节 大运河

　　大运河包括隋唐大运河、京杭大运河和浙东大运河三部分。其中，京杭大运河流经浙江、江苏、山东、河北、天津、北京六个省市，连接钱塘江、长江、淮河、黄河、海河五大水系，是中国古代最伟大的水利工程之一。京杭大运河从公元前486年开始凿建，开掘于春秋时期，完成于隋朝，繁荣于唐宋，取直于元代，疏通于明清，距今已有2500多年的历史。在漫长的岁月里，经历了三次较大的兴修过程，最后一次兴修完成后才被称作"京杭大运河"。这条古老的运河是我国南北水运的大动脉，它将经济中心、文化中心和政治中心联系起来，促进了中国政治的统一、民族的融合，以及经济、文化的发展。

即问即答

京杭大运河流经的省市有（　　　）。
A.河北　　　　　B.安徽　　　　　C.浙江　　　　　D.山东

? 即问即答

一、京杭大运河的凿建与变迁

🎥 大运河的起源

（一）大运河的起源

　　春秋战国时期开凿运河基本都是为征服他国的军事行动服务的。

　　公元前486年，当时统治长江下游一带的吴国君主是夫差，在吴国早已攻克楚国、越国之后，挡在他面前的只有齐国，吴王夫差为了北伐齐国，调集民力开挖自今扬州向东北，经射阳湖到淮安入淮河的运河（即今里运河），因途经邗城，故得名"邗沟"，全长约170千米，把长江水引入淮河，成为大运河修建最早的一段。

资料卡2-1

春秋时期运河的主要功能

　　春秋时期运河的主要功能是运送兵马粮草。吴王夫差为称霸中原，利用长江三角洲天然便利的河湖港汊，疏通了由苏州经无锡、常州北入长江到扬州的"古故水道"，与邗沟相连；后来吴王又在今山东菏泽一带开凿菏水，使钱塘江、长江、淮河、黄河四大水系相连。

　　（资料来源：张宝忠，俞洊，陈君.中华商文化［M］.杭州：浙江大学出版社，2018.）

（二）大运河的发展

隋唐大运河修凿的原因

隋朝运河系统

隋唐大运河分为四段：永济渠、通济渠、邗沟、江南河。

隋炀帝执政后，隋迁都洛阳。隋炀帝贯通南北运河时，经济中心南移，但政治和人口中心依然在北方，北方迫切需要南方的粮食供应，在此背景下，漕运成为运河的主要功能。为了控制江南广大地区，使长江三角洲地区的丰富物资运往洛阳，隋炀帝于605年下令开凿洛阳到江苏清江的通济渠，直接沟通黄河与淮河的交通；又于608年下令开凿从洛阳经山东临清至河北涿郡（今北京市西南）的永济渠；再于610年疏浚凿通江苏京口（今江苏镇江市）至浙江余杭（今浙江杭州市）的"江南运河"。同时，对邗沟进行改造，使大运河形成了以洛阳为中心，北达涿郡，南至余杭，全长2000多千米的古代世界最长的运河。连同584年开凿的广通渠，形成了多枝形运河系统。扬州是里运河的名邑，隋炀帝时在城内开凿运河，从此扬州成为南北交通的枢纽，借漕运之利，富甲江南，为中国最繁荣的地区之一。自隋朝开始，大运河除运输粮食外，南方及沿途的物产、珍玩也不断经运河北上。

当然，除了为皇家服务外，大运河还促进了当时经贸的发展，瓷器、茶叶通过它被转运到外贸港口，江南的丝织品通过它被转运至西北丝绸之路，从海外进口的珠宝、香料和棉毛制品等也通过大运河被辗转运往全国各地。唐宋时期对大运河不断疏浚，交通愈加畅通。

（三）大运河的繁盛

元代大运河

13世纪末，元朝定都大都（今北京市）后，为了使南北相连，不再绕道洛阳，必须开凿运河把粮食从南方运到北方。为此先后开凿了三段河道，把原来以洛阳为中心的隋代横向运河，修筑成以大都为中心、南下直达杭州的纵向大运河。元朝花了10年时间，先后开挖了济州河和会通河，把天津至江苏清江之间的天然河道和湖泊连接起来，清江以南接邗沟和江南运河，直达杭州。而北京与天津之间，原有运河已废，又新修通惠河。这样，最终形成了今日的京杭大运河，比绕道洛阳的隋唐大运河缩短了900多千米。京杭大运河从公元前486年始凿，至1293年全线贯通，工程前后持续1779年。

明、清两代维持元运河的基础。明时重新疏浚元末已淤废的山东省内河段，从明中叶到清前期，在微山湖的夏镇（今山东微山县）至清江浦（今属江苏淮安市）间，实施了黄（河）运（河）分离的泇运河、通济新河、中河等运河工程，并在江淮之间开挖月河，实施了湖漕分离的工程。京杭大运河作为南北的交通大动脉，在历史上曾发挥过巨大的作用。运河的通航，促进了沿岸城市的迅速发展。

元明清时期开挖的水渠有（　　　）。

A. 广通渠　　　B. 永济渠　　　C. 会通河　　　D. 通惠河

? 即问即答

（四）大运河的衰落

1842年，英军在鸦片战争中决胜的一战，就是夺取京杭大运河与长江交汇处的镇江，封锁漕运，使道光皇帝迅速做出求和的决定，不久签订了《中英南京条约》。

1853年后，太平天国占据南京和安徽沿长江一带十多年，运河漕运被迫中断。战争极其惨烈，其间沿线主要城市都遭受重创，部分城市甚至被全部焚毁。

1855年，黄河改道后，京杭大运河山东段逐渐淤废，从此漕运主要经海路。

1872年，轮船招商局在上海成立，正式用轮船承运漕粮。

1905年，漕运总督也被裁撤。

1912年，津浦铁路全线通车，从此京杭大运河及沿线城市的地位一落千丈。

中华人民共和国成立后对运河进行了大规模整修，使其重新发挥航运、灌溉、防洪和排涝等多种作用，部分河段已被拓宽加深、裁弯取直，新建了许多现代化码头和船闸，航运条件有所改善。季节性的通航里程已达1100多千米。江苏邳州市以南的660多千米航道，500吨的船队可以通行无阻。

运河沿岸城镇

1988年底建成的京杭大运河和钱塘江沟通工程将江、河、海衔接起来。

2002年，原本只负责通航的京杭大运河被纳入了"南水北调"三线工程，成为中国"南水北调"东线工程的重要环节和通道，通过它，长江下游的水得以送到北部缺水的山东和河北等地。

目的：了解大运河的凿建。

同步训练

二、大运河漕运

（一）漕运物流

中国古代历代封建王朝将部分粮食经水路运往京师或其他指定地点，以供宫廷消费、百官俸禄、军饷支付和民食调剂。因此，通俗地说，漕运就是利用水道（河道和海道）调运粮食（以公粮为主）的一种专业运输方式，而运送的粮食称为漕粮。漕运的方式有河运、水陆递运和海运三种，水路不通处辅以陆运，多用车载（山路或用人畜驮运），故又合称"转漕"或"漕辇"。狭义的漕运，仅指通过运河并通过天然河道转运漕粮的河运。

运河粮仓回洛仓

漕运起源很早，且历代君王均非常重视漕运，逐步疏通了南粮北调所需的网道，建立了漕运仓储制度。

（二）漕运总督

自明代起，设漕运总督官职，专司职掌漕运。清代亦靠漕运，沿明制设漕运总督。该官品级为从一品或正二品，如兼兵部侍郎或都察院右副都御史衔，则为从一品。清乾隆十年（1745年）后，都察院不设专员，规定御史由巡抚、河道总督、漕运总督兼衔。

漕运总督权位重，有亲辖武装部队，还有水师营。仿地方总督、巡抚之"督标""抚标"，而称之为"漕标"。今据《光绪会典》载，漕运总督所亲辖"漕标"共分本标左、中、右、城守、水师七营，兵额3400余人。辖制武职官佐，最高者为从二品的副将，并节制鲁、豫、苏、皖、赣、浙、鄂、湘八省漕粮卫、所（该八省漕粮归漕运总督管辖，其余省份粮务归地方总督、巡抚管辖）。

漕运总督设衙门，非今人所想象称"总督衙门"，而称"总漕部院衙门"，衙址设于江苏淮安。总督按清代官场规矩，尊称"漕台"。因其领兵，故又尊称其为"漕帅"。又因兼兵部侍郎及都察院右副都御史衔，故出行仪仗、官衔灯笼署"总漕部院"。沿海收粮起运、漕船北进、视察调度、弹压运送等，均需总督亲稽。每年漕船北上过津后，循例要入觐皇帝，汇报漕粮完成诸事。咸丰年间（1851—1861年）因战事频仍，咸丰皇帝特令漕运总督节制江北镇、道，咸丰十年（1860年），裁撤江南河道总督，其河工调遣、督护及守汛、防险事务，均由漕标部队兼管，这是漕运总督权位最重之际。漕运总督不受部院节制，向皇帝负责，可专折奏事。直到光绪三十一年（1905年）河运全停，漕运总督才被裁撤。漕运总督中有不少名人，如道光年间（1821—1850年）权倾朝野的权臣穆彰阿即两次担任漕运总督。清末有名的漕运总督是陈夔龙，后来他官至北洋大臣，辛亥革命后寓居上海，20世纪40年代末期逝世。

（三）运河钞关

明清时期的京杭运河南北贯通，商贾络绎，征收过往船只、商品的关税遂成为政府的税收来源之一。明清两朝设的钞关（明朝称纸币为钞，因起初以钞交税，故称税务机关为"钞关"），系中央设在地方的税务机构，民国时期被裁撤。钞关作为京杭大运河上的税收关署，既是京杭大运河畅通的产物，也是商税制度在明代发展的必然结果。

明代以海禁政策为主，京杭大运河是全国南北商品流通的主干道。全国八大钞关有七个设在运河沿线，由北至南依次为：北京崇文门钞关、天津河西务钞关、临清钞关、淮安钞关、扬州钞关、苏州浒墅钞关、杭州北新钞关。其中临清、北新两关征收船料税与货税，其他各关只征收船料税。至万历年间，运河七关商税共计31万余两，天启年间（1621—1627年）增至42万余两，约占八大钞关税收总额的90%。

清沿明制，但将原有钞关改称常关，也称榷关，因常关隶属户部管辖，亦称户关。

商路文化

💬 **即问即答**

明代八大钞关中，征收货税的钞关有（　　　　）。

A. 北京崇文门钞关　　　　　B. 临清钞关

C. 扬州钞关　　　　　　　　D. 杭州北新钞关

❓ 即问即答

清代前期，运河七关被全部保留下来。康熙二十三年（1684年）废除海禁，原本由运河展开的南北商品流通格局变为运河和海路并行，南北商品流通格局为之一变。京杭运河七大钞关的税收也远不如明代，运额虽达140余万两，但在全国关税额中所占比重却逐渐下降，从清初的50%降至嘉庆年间（1796—1820年）的30%左右。咸丰五年（1855年），因黄河北徙，截流汶水，运道堵塞，河运停止十年有余，钞关税收受到很大影响。至清光绪二十七年（1901年）运河漕运停止，运河钞关署治逐渐废止。

钞关的职能是进行税务征收，包括征税、税则（制）制定和税收分配几个方面。其中征税是钞关的最主要职责，因明清社会变迁，船只携带的物品各有差异，所征税款也因时就迁，各有等差。但总体看来，明清税则变化不大，税率基本稳定。

每一个行商过关时，都要亲自填写税项，管关的官员根据所填内容对不同种类的商品征收数目不等的税款。如货船料税一项，明代主要依照船的规模征收，即所谓"量舟大小修广而差其额"（《明史·食货志》）。清代修订船料则例，课税加重变细。货税一般分衣物类、食物类、用物类、杂物类等四大类，主要依据通关货物之精粗、时价之高低来确定税额，分别征收白银一分、二分、一钱、二钱至一两、二两不等。钞关征收来的税款大部分都要上缴户部，用以赈济灾民、修建河堤与漕船等，余留的作为本关的经费、管关官员的俸银等。同时，政府还可定额拨解，将某些钞关税收拨解给其他相邻贫穷省份或用做军饷等。关税的专项利用，从一个侧面表明关税收入在国家财政中作用的增强。

明清运河钞关的设置出于财政需要，是政府利用税收杠杆调节供求关系、收益分配关系的工具，同时运河钞关的设置也在客观上促进了商品经济的发展。政府不断加大对税关的管理，整顿钞关内外环境，力图从制度约束、考核检查、强制力保障等多方面确保国家的控制和钞关税收功能的正常执行。乾隆时期，为满足抚恤民生或赈灾的需要，曾三次不同程度对过往关卡的米、麦等实行大规模的免税政策，在一定程度上

📄 隋唐时期的漕运

起到了平抑物价、刺激商品流通的作用。但是在税收实际征收的过程中，由于存在着控而不严、利益分成不均、吏治腐败、商品市场混乱等问题，关弊仍不断出现。中央的官僚、地方的士绅及把关的胥役都想从中获利。官府逐渐增加税收机构和税收项目，提高税额和税率；地方官僚士绅私立关卡、额外苛索；把关的胥役则与地方无赖勾结，随意拦截征税；在钞关附近为行商准备的塌房、官店、私店等服务设施，也被官府和牙行垄断……层层盘剥加重了商人的负担，妨碍了商人的经营和商业资本的积累，从而部分削弱了钞关的经济功能。

在具体的区域空间中，钞关又与区域经济网络的建立和城镇发展密切相关。首先，

关署是中央设在地方的直辖机构，由中央或地方派驻官员进行管理，并不断加强军事保卫措施，这不仅进一步提升了设关城市的政治地位，而且良好的治安环境也为商业的繁荣提供了保障。其次，钞关都设在运河要冲之地，杭州关、北京关分置运河南北，中间如天津、临清、淮安、扬州、苏州都是运河沿岸的重要城镇，每到漕运盛时，帆樯如林，百货山积，过往船只往往在等待过关验收时进行商品贸易，进一步加速了商品贸易的流转。同时等待过关的行商往往在钞关附近的塌房、官店、私店内居住，带动了钞关附近商业和服务设施。便利的交通和繁荣的贸易促使运河各钞关所在城镇逐渐成为区域经济中心和流通枢纽，并进而辐射、带动了周边区域经济的发展。钞关的存在也一定程度上影响了城镇人口的数量与结构性变化。管关官员和依附钞关生存的胥役、牙商、脚夫等社会群体在城镇中大量增加，在明清传统户籍控制政策松动和雇佣关系进一步发展的大背景之下，这种依附关系部分地解决了破产农民、手工业者的生活来源问题。

管关官员的选拔与任用

📑 同步训练

目的：理解漕运的含义。

✏️ 同步训练

三、杭州运河集市

千年运河犹滔滔。在漫长的历史中，杭州运河湖墅两岸展示出了水一样宽宏博大的包容性和适应性。杭州运河集市孕育于先秦，形成于隋、唐、吴越，兴盛于两宋，延续于元、明、清，转型于民国，复兴于21世纪，吸引了一代又一代的商贾。运河附近舟车贩运，百货辐辏，篝火明烛，交易兴旺，各类专题市场和专业性商行先后兴起，蓬勃繁衍，各类经济活动及经济活动群体轮番登场。

（一）名市大镇

历史上，杭州孕育了许多古老的市镇。其中，以湖州（湖墅）市、湖墅米市、北新关市、卖鱼桥市、拱宸桥市等最为瞩目。它们在发展的过程中，既繁荣了商品市场，也推动了社会变革。

1.湖州（湖墅）市

唐宋时，出余杭门（今武林门）至北关（今大关）皆称湖州墅，俗称湖州市、湖市，元明时改称湖墅，可能与湖州、嘉兴等山货、米粮、南北货、蚕丝、丝绸等从此水路运入杭州相关。

湖墅的兴隆由来已久。隋代江南运河开凿后，各路商贾聚集于此，杭嘉湖的竹、木、茶、蚕丝、丝织品等物产首先被运入湖墅或由湖墅中转。从五代开始，湖墅的商贸旅游就已经十分繁荣，时有"湖墅八景"之说。清代达到鼎盛，面积扩大。《湖墅小志》和《肇城志》记载，清代湖墅"烟火万家，绵亘不断"，"井屋鳞次，烟火数万家"，帆樯卸泊，百货登市，交易兴旺，是杭州米、纸的主要集散地，也是杭嘉湖水果、淡水鱼集散地之一。纸行40家、米行30余家、锡箔庄20余家在此营生。

2.湖墅米市

米市集中于杭城之北湖墅米市桥、黑桥（今浙江杭州大关一带）附近，这一区域米行林立，码头遍布。来自苏州、湖州、常州、秀州（今浙江嘉兴市），以及淮、广等处的粮食，经运河运到米市桥、黑桥运河码头；米行成批收购后，由小牙子（中间商）批发给杭城各处铺家（米铺），再由铺家零售给市民。南宋吴自牧《梦粱录》卷十六《米铺》记载："杭城常愿米船纷纷而来，早夜不绝可也。且又袋自有赁户，肩驼脚夫亦有甲头管领，船只各有受载舟户，虽米市搬运混杂，皆无争差，故铺家不劳余力而米径自到铺矣。"

湖墅米市以湖州米最多，品种有早米、晚米、冬春、上色白米、中色白米、红莲子、黄芒、上秆、粳米、糯米、箭子米、黄籼米、蒸米、红米、黄米、陈米等二三十种之多。

从宋至民国初年，湖墅米市桥、黑桥一带一度是杭城最大的大米集散地。

3.北新关市

北新关市位于今杭州市湖墅北路东侧，曾是杭城连接运河的主要港口，杭州的给养多源于此，其是运河上重要的商品、运输集散地之一。

元代，杭州运河集市商业已经十分繁荣，全国各地商贾纷纷涌入，从商人数占人口总数相当大的比例。许多地方开辟了夜市，其中以北新关夜市最为著名。作为日市的延伸和补充，北新关夜市的参与者以从事航运、贩卖、运输、服务与交易的中介等为主，还包括为夜市顾客服务的餐饮从业者。明人高得旸在《北关夜市》中描绘道："北城晚集市如林，上国流传直至今。青苎受风摇月影，绛纱笼火照春阴。楼前饮伴联游袂，湖上归人散醉襟。阛阓喧阗如昼日，禁钟未动夜将深。"可见，明代北新关一带繁华的夜市已成为一道独特的风景线。

光绪年间（1875—1908年），随着漕运的衰退，北新关市衰落。

4.卖鱼桥市

卖鱼桥在今杭州市江涨桥西南的湖墅南路与湖墅北路连接处，横跨余杭塘河。余杭塘河自西向东穿此桥注入运河。明代后卖鱼桥又称归锦桥、通市桥。

卖鱼桥趣传

早在南宋时期，卖鱼桥一带靠着大运河的便捷交通就有码头，周边米市、鱼行众多，船楫聚集，商贾云集，百货登市，集市兴盛，是非常繁华的商业地段。清人魏标在《湖墅杂诗》中写道："卖鱼桥下水平矶，鹅炙新鲜嫩又肥。五界庙前春戏散，蜜橘百果买包归。"

清末民初，卖鱼桥一带有大小渔行百余家。每到黄昏，各地渔船沿着京杭大运河经

拱宸桥、大关桥不断地涌向卖鱼桥一带，各渔行纷纷在半夜三更开秤收购。杭州城里的大鱼贩、酒家来此采购新鲜鱼虾，中小鱼贩半夜采购，黎明时分挑进城里去卖。

20世纪70年代，卖鱼桥仍然是杭州市拱墅区最热闹的地方之一（另一处是拱宸桥），当时湖墅路上有轮船码头，码头旁边有粮站，码头往南有无线电商店、汤团店、一心点心店、仁号（东风食品店）、一条弄点心店、酱园店，草营巷口有小食品店、太和园酒楼、拱墅电影院、慎大食品店、新华书店、大夫坊工人俱乐部，马路对面有洗衣店、卤味店、景福百货商店、药店、照相馆、旧货店（寄售店）等，过了江涨桥有杂货店、食品店、饭店、肉店（卖猪肉）、豆腐店、糕团店、酱园店、菜场等，江涨桥东及大斗还是自由市场，农民可以卖些自家种的菜，景福后面有水产仓库，东面是老华光桥。现在已经找不到过去的影子了。

现在的卖鱼桥是湖墅南路的一部分，虽然还有桥栏杆，但桥下只有一个涵沟通水，完全没有桥的形状，因此，今日的卖鱼桥仅仅是杭城具有较高知名度的一个地名罢了。

5.拱宸桥市

拱宸桥位于大关桥北，横跨于运河之上，是杭城古桥中最高、最长的石拱桥。桥始建于明朝崇祯四年（1631年），由当时举的人祝华封募集资金造桥。清顺治八年（1651年），桥坍塌。康熙五十三年（1714年），布政使段志熙倡导并率先捐款，林云寺的慧辂和尚竭力募捐款项相助，历时四年，建成现在的拱宸桥。

资料卡2-2

拱宸桥名由来

拱宸桥的"宸"是指帝王住的地方，"拱"即拱手，两手相合表示敬意。每当帝王南巡，这座高高的拱形石桥象征对帝王的相迎和敬意，拱宸桥之名由此而来。

（资料来源：编者根据相关资料整理）

从明末清初起，拱宸桥一带就是南北货物的集散地，码头、仓库也应运而生，因为运河便利的交通，米行、木材行、土特产行、柴炭行都在这里沿河而筑。商人、经营店小老板、码头搬运工、工厂职工、平民百姓等各社会阶层的人混居在这个空间里，集市在这一时期勃兴。光绪二十一年（1895年），拱宸桥地区开辟日租界，修筑了马路，"六馆"（即饭馆、茶馆、烟馆、妓馆、戏馆、赌馆）齐兴，这一地段一时间繁荣起来。清末至民国年间，这里成了南来北往的中转地。当时，金华一带人多地少，在夏收时节，人们乘船到拱宸桥附近上岸，转道去嘉兴、湖州打短工。当时的商店五花八门，有炮仗店、酱坊、饭店、碾米店、打铁店、茶店、蜡烛店等。

📝 同步训练

目的：理解杭州运河名市分布。

✏️ 同步训练

（二）集市征税

税收是商业活动发展水平和经济实力的衡量指标之一，也是商品经济自由度和市场管理模式的一面镜子。税关的设立，亦可视为地方税源丰富的标志。自五代至民国，湖墅一带沿京杭大运河而设的税关共有四座，它们反映了湖墅一带在不同历史时期的经济地位和商业格局，折射出区域市场发展的轨迹，是了解杭州运河经济内涵、商贸文化、历史人文风貌的重要窗口。

1.北郭税务

隋唐大运河的贯通，使杭州获得了更为有利、更具优势的地理条件。唐中期以后，江南地区逐渐成为全国的经济重心，社会经济及运河交通空前发达，时"凡东南郡邑无不通水，故天下货利，舟楫居多。转运使岁运米二百万石输关中，皆自通济渠入河而至也"（《唐国史补》）。杭州北通运河，南据钱塘江，商贸活动空前频繁，城市得以迅速发展，与扬州、苏州、楚州（淮安）并称为当时的四大都市。而吴越国三代五王对杭州的经营，不仅使杭州经济实力稳固上升，超过越州（今浙江绍兴市）、苏州，跃升为东南首郡，更为杭州成为南宋都城打下了坚实的物质和文化根基。基于这样的历史、经济与文化背景，北郭税务应运而生，成为杭城北面运河上第一个专业的古代税务机构。

北郭税务一直保存到南宋，不仅未被后来的江涨税务司取代，还成为南宋五大税场之一。《梦粱录》记载："税务凡五处，名曰都税务、浙江税务、龙山税务、北郭税务、江涨税务。但州府虽有税务之名，则朝家多有除放，以便商贾。诸货壅于杭城。"

北郭税务

2.江涨税务司

江涨桥在杭城北面，是北宋时杭州运河的门户。江南水乡桥多，杭州曾有"一万二千桥"之美誉，因此，在历代杭州地方志中，那么多以街、桥为名的镇市赫然在册，是一种十分自然的现象，也是一种必然的历史风貌，具有典型的江南特征。历史上江涨桥市曾先后有江涨桥镇市、江涨东市、江涨西市之称。

江涨税务司的诞生，比北郭税务要迟一些，但迟多少时间，现在已经无法确认。据记载，北宋太平兴国四年（979年），钱江县改称仁和县，与钱塘县同为杭州首县。仁和县设临平、汤村（今浙江杭州市乔司一带）、范浦（今浙江杭州市体育场路东段及环城北路艮山门一带）、江涨桥四镇九乡。随着运河商贸的发展，江涨桥税务司的税额也不断翻番。北宋熙宁十年（1077年），江涨桥市镇的商税为2805贯908文。到了南宋淳祐年间（1241—1252年），江涨税务司上缴的税收已经达到45017贯647文，增长了约15倍。江涨桥镇市也从北宋时的一市分为东西两市，即江涨东市和江涨西市，以江涨桥为界。

3.北新钞关

北新钞关，又叫北新关，因明廷据北新桥设关而得名，始设于宣德四年（1429年），后由户部固定派遣官吏管辖钞关，北新关也算是正式设立了。但在清代，北新关除了曾

归户部管，浙江布政司、两浙运司、浙江巡抚府、杭州织造府亦曾分别管过它。

北新关在设关之初，只征船料税，收取船钞。正德六年（1511年），始兼收货税。明清两代，其税课来源均"上赖江西、闽广，下赖苏、杭、常、镇等商货"（《北新关志》）。

旧时北新关一日两次收税放关，早关在上午9点到11点，晚关在下午1点到3点。往来的商贾、船只出入关口，都必须先投报关单，单子上须写清籍贯、姓名、所带货物、从哪里来、经过什么地方、要去哪里等内容。若是船只往来，则必须写明船的种类及大小、船主姓名及客人姓名、所载何货及数量。纳税完毕后，关署发给商人的凭证为印票，而发给船户的凭证为木筹，木筹大小与船的梁头相等。不过，并非所有往来过关的人都需要办理如此复杂的手续。为了提高办税效率，北新关当局设计了一些小额报关票，如"便民小票"，凡是缴纳的税银不超过二钱的，直接在大栅就可报关，报完给小票凭证，随纳随报，银子和钱票兼收，并不羁留。此外，还有"猪羊单书""便民丝单"

北新钞关

等，跟"便民小票"差不多。这些举措在一定程度上起到了防止商人偷税漏税、防止征税人员利用规则的漏洞多征税款、方便乡民小贩的作用。它们既体现了明清杭州商业制度的发展程度较高，也从另一个侧面反映了北新关商贾云集、百货辐辏的盛况。

4.杭州海关

杭州海关旧址，现仅存三幢两层砖木结构的楼房，其貌基本如初，位于京杭大运河河畔杭州市第二人民医院内，为杭州市文物保护单位，也是爱国主义教育基地。现存的三幢楼分别为A楼（原税务司楼）、B楼（原杭州海关办事处）、C楼（原帮办人员住宅），均为仿英"券廊式"风格建筑，占地面积合计约1602平方米。

中国历史上唯一的一次税务之耻，发生在清朝后期。当时帝国主义列强侵略中国，海关税务由洋人把持，洋人在中国内河随意设关收税。杭州海关旧址，便是这段耻辱历史及帝国主义列强侵犯中国主权的有力罪证。

光绪二十二年（1896年）七月，杭州海关设立。鸦片战争后，列强在沿江口岸开辟商埠、设置海关，专司对外洋船舶和货物实施查验并征收关税。这些海关被称为"洋关"或"新关"。而清朝原设的税关则被称为"常关"或"旧关"，专司对中国帆船和货物实施查验、征税，成了国内税关。

杭州"洋关"的设立，使拱墅成为杭州报关行的集中地，报关行大小合计13家，其中营业额在5000元以上的有7家。报关行系居间性质，即通过代客办理报关手续、装卸货物取得佣金。该业与航业海关相互关联，其影响于货物之流通转运者甚大。海关为防止虚报漏税，明令报关者必须取得殷实铺保，检查亦严。故货主均愿酬付手续费，委托报关行代办。但是要成立报关行，必须先向海关申请登记，并预缴保证金400元。虽然登记手续烦琐，但终究是一门一劳永逸的生意，获批以后即可为众多商家报关。报关行都有固定地址，海关稽查起来很方便，省去了对付行踪不定之客商的诸多不便。报关行之业务，主要有三类，即进口、出口、转口。至向客商收取之佣金，大都视货物之粗细多寡，价值之高低而定，并无一定标准。平均每件均在四分左右，至于代寄绸缎，除邮票关税外，每包约取手续费一角二分至三角。

1937年7月，抗日战争全面爆发，日本政府做出撤回长江沿岸各口岸及苏、杭一带全部侨民的决定，租界内日侨先后离杭。8月初，日本驻杭领事松村雄藏撤离，日本领事馆下旗，日租界由杭州市政府"代管"。同年12月，杭州海关根据海关总务司的建议，撤出杭州，先后在安徽歙县、温州瓯海、上海等地成立办事处，直至1942年7月，才重回杭州办公，但地址已不在拱墅。

同步训练

目的：了解杭州运河集市如何征税。

同步训练

（三）集市类型

集市是指在一个指定的地点，每隔一段时间，买者和卖者聚在一起进行商品交易等活动的有组织的公共场所。集市的类型很多，既可按集市活动发生的频率或周期来划分，也可按开市的时间、市场的规模、市场的地理位置来划分，还可按交易的商品来划分。这里重点以交易的商品来介绍杭州运河集市的类型。

1.米市

粮食是集市贸易中最主要的商品之一。运河一直是古代中国的交通要道，承担着粮食运输的重要功能，催生了许多米市，有的米市规模很大，如杭州北新关外的湖墅米市，在南宋时已是杭城最大的米集散地。

据有关文献记载，湖墅的米市桥、黑桥、夹城巷、江涨桥、通市桥、珠儿潭都曾是米市的集中地。而昔日杭城的米行之所以云集城北湖墅，绝非偶然。城北是大运河在杭州的水利枢纽，嘉兴、湖州、苏州、无锡，以及福建、广东、江西和湖广等地的米选择大运河输送，得先到杭州城北湖墅。

富义仓

湖墅作为历史上京杭大运河南端的一个粮食集散地，粮仓特别多。如今，许多古老的粮仓已被拆除，但许多地名还反映出当年这一地区沿河粮仓多的历史事实，如仓基上、仁和仓北弄等。地处胜利河和古运河交叉口霞湾巷的富义仓，是杭州目前仅存的一个古粮仓，始建于光绪年间是清代战略粮食储备仓库。

2.鱼市

在杭州运河集市演进史上，鱼市是名气仅次于米市的商品集贸市场，其形成之早，迄今近千年。

南宋时，鱼市上的货物琳琅满目，各类鲜鱼、鲞鱼、贝类等一应俱全。苏、湖、常、秀一带江河湖泊所出的淡水水产及杭州周边的鱼鲜都在湖墅集中投售给鱼行。

鱼行属于中介行业，靠在渔民和鱼贩之间交易谋取利润。起初的城北鱼市，从江涨桥一直延伸到黑桥。元、明时期，逐渐往江涨桥、卖鱼桥一带集中。民国时期，江涨桥

31

附近的大兜路上有大小鱼行二十多家，两边数百米的河岸，大大小小的码头一字排开，许多商铺和民房向河面挑出，房基就扎在河里，几乎每户商家都有自己的埠头。每到黄昏，各地渔船经拱宸桥、大关桥不断涌向大兜一带，各鱼行纷纷在夜半开秤。鱼行收购鱼后，再销售给城里的鱼铺和鱼贩子。卖鱼桥、渔家台、蟹舟弄这些带着鱼市色彩的地名，就是湖墅历史上的水产品市场的缩影。

3.锡箔市

杭州的锡箔素来闻名，曾被誉为清代"杭城第一公道生意"。锡箔，就是将锡锭持续锤打成极薄之片，敷于纸上，再用磨头加以压研，使之固着、光滑，用于制作冥锭。杭州素来有"东南佛国"之称，白居易谓之"地是佛国土，人非俗交亲"。

锡箔一行始于何时，史无记载。不过，昔时经营锡箔的店铺里，其"青龙招牌"上大多题写着"洪武遗风"，因此，便有传说锡箔一行起源于明初。当时制造锡箔的原材料——锡，均来自杭州以外的地方，据记载，报经杭州关进口的锡有很大一部分用于制造锡箔。这些锡除来自新加坡等地外，还有一部分来自我国云南和湖南。锡箔从生产到销售，大致有六个环节，即点铜、镕塑、打叶子、分中锭、发货与送货、零售店销售。为了方便锡箔的销售和运输，凤山、武林二门每天晚上都要等各锡箔行的纸担都出城以后，方才关门，否则彻夜敞开。

民国时期，锡箔业集中于湖墅，据记载，当时设在湖墅一带的锡箔庄有二三十家，年营业额近千万元。以吴正隆、柳源沧、陈同泰等箔庄最为著名，其产品除供应本省外，亦远销苏、皖乃至天津等地。民国初年，日本机制锡箔涌入，我国香港地区也限制锡锭出口，进口的锡锭锐减，使湖墅一带的传统锡箔手工业受到重创。

4.木材行

民国时期，运河湖墅地区木材行业颇为兴盛。在今湖墅小河与运河之间的陆地上，曾经分布着永达、明来、汪福鼎（定）、韩授信、陈记等几家木行，湖墅北路康家桥西面则有沈永隆木行、陈氏木行等。

木行是中间商，专为买卖双方牵线搭桥、说合交易，并从中抽取佣金，监督商人纳税，也向官府缴纳牙税。当时，木行的开设须经政府批准。木材买卖双方中，买方被称为"水客"，卖方被称为"山客"。

最初，湖墅小河的木行商实力不强，都是先到山里买木头，再通过水路将其运输到木行所在地交易。后来出现了实力雄厚的木行，如永达木行，于是便有了买青山的商业行为。山里的木头被砍伐下来，需要有专业的扎排工把木头扎成木排，再由专业的放排工将木头沿水路赶到木行所在地。小河一带的木材，主要取自浙西山区的临安、昌化等地。

小河直街留存至今的一幢青砖石叠的洋楼——姚宅，便是当时赫赫有名的永达木行。

5.纸行

《民国杭州市新志稿》卷十八记述："浙省之纸，大抵产自钱江上游者多，集中于本市。然本市纸行，尤以湖墅为最多，城区及江干居少数。"杭城著名的纸行有23家，湖墅一带纸行占13家，分别为公益、慎康、同康、同福恒、纶沅、公信、裕长隆、公顺、复沅、春成、恒新、汇和、利沅祥。

民国时期，湖墅的造纸业有机器造纸业和手工造纸业之分，产量也非常可观。

资料卡2-3

民国时期手工造纸业数据

据《民国杭州市新志稿》所载，民国十八年（1929年）至二十年（1931年），手工造纸总出口量为152935担，海关值银为895107两，其中：上等纸出口量为2911担，海关值银为75544两；次等纸出口量为32626担，海关值银为296288两；下等纸出口量为117398担，海关值银为523275两。

（资料来源：王心喜.杭州运河集市［M］.杭州：杭州出版社，2013.）

≡ 同步训练

目的：了解杭州运河集市的类型。

✎ 同步训练

（四）湖墅特产

运河商贸的繁荣，不但催生了专业化的商业街市，也带动了湖墅特色手工艺品和小吃的发展。这些特产，是昔日湖墅商品交易活动中的别样风景，其影响虽不及专题市场大而广，但却是湖墅商市中的有机组成部分和不可忽视的亮点。现择大关布、百果糕、鹅炙三样介绍，聊作一观。

1.大关布

大关布是杭城北面一带乡间百姓所织之布，因其产地靠近北新关，故名之。北新关一带的乡民不仅手巧，而且也善于借北新关的资源进行推销。起初，大关布的交易主要集中于每年腊月祀灶时节的乡间集市。随着北新关的迅速发展，渐有乡人将布拿到关市上兜售。由于大关布质地绵柔，而且价廉，深得买家喜欢，大关布的名气也越来越大。后来，杭城内也开始有了专卖大关布的店铺。清人丁立诚的《武林市肆吟》中有云："抱布人来往复还，贸迁齐入北新关。城中委巷空名市，一物居然聚市圜。"

2.百果糕

百果糕，属于闲食，可当点心，亦可为茶食，乃湖墅一带著名的特产。清代美食家袁枚十分喜爱湖墅的百果糕，将之列入《随园食单》，称"杭州北关外卖者最佳。以粉糯，多松仁、胡桃，而不放橙丁者为妙。其甜处非蜜非糖，可暂可久。家中不能得其法"。从袁枚此话可看出，当时杭城制作、兜售百果糕者，当非止湖墅一方，只不过湖墅出品的最佳。

3.鹅炙

鹅炙，亦称"炙鹅"，俗称"烧鹅"，清时湖墅一带的烧鹅，以卖鱼桥售者肥嫩尤美。用炕火烤鸡鸭，南宋即已十分普遍，而烤鹅则相对少见。湖墅烧鹅，不知起于何时，但清末的湖墅烧鹅已经是浙江名馐。

清丁丙有诗："炙鹅味压卖鱼桥，破肋身亡报乜烧。"且亦自注："《上湖纪岁诗编》：鹅炙，世希有……今杭北郭，烧鹅天下所无。"为了进一步说明湖墅烧鹅之美味和畅销，丁丙同时还引了冯梦祯《快雪堂漫录》里的一则故事："杭城北郭乜烧鹅者，肋下忽生水窠一带，痒甚。搔破水流不止，脏腑溃出而死。盖屠鹅必破其肋，此其报也。"当然，这是一种迷信的说法。魏标所写的"卖鱼桥下水平矶，鹅炙新鲜嫩又肥"，说明湖墅卖鱼桥边烧鹅肥美与卖鱼桥水资源丰富密切相关。

📋 同步训练

目的：了解杭州湖墅特产。

✎ 同步训练

第二节　海上丝绸之路

🎬 丝绸之路的概念

丝绸之路起始于古代中国，是连接亚洲、非洲和欧洲的古代商业贸易路线，最初的作用是运输中国古代出产的丝绸、茶叶、瓷器等商品，后来成为东方与西方之间在经济、政治、文化等诸多方面进行交流的主要道路。从运输方式上，丝绸之路主要分为陆上丝绸之路和海上丝绸之路。

资料卡2-4

丝路之名

"丝绸之路"的名称，由德国地理学家费迪南·冯·李希霍芬于1877年首次提出，原指中西陆上贸易通道，因主要贸易品是丝绸，故得名。此名出现后，学术界又延伸出"海上丝绸之路"。最早提出海上丝绸之路的是法国汉学家沙畹。

海上丝绸之路不是具体的一条路，而是后世对中国与西亚、中亚、西方所有经济文化交流交往的海上通道的统称，是由当时东西洋间一系列港口网点组成的国际贸易网。在唐中期前，对外主通道是陆上丝绸之路，之后由于战乱及经济重心转移等因素的影响，海上丝绸之路取代陆上丝绸之路成为中外贸易交流主通道，在宋元时期成为范围覆盖大半个地球的人类历史活动和东西方文化经济交流的重要载体。在唐宋元的繁盛期，中国境内主要由泉州、广州、宁波三个主港和其他支线港组成。其中，泉州为联合国教科文组织唯一认定的海上丝绸之路起点。

🎬 丝路之名由来

海上丝绸之路的雏形在秦汉时期便已存在，而有遗迹实物出土表明中外交流或更早于汉代。海上通道在隋唐时运送的主要大宗货物是丝绸，所以后世把这条连接东西方的海道叫作"海上丝绸之路"。到了宋元时期，瓷器出口渐成为主要货物，因此又被称作"海上陶瓷之路"。同时，由于香料历来也是输出的主要商品，因此也可称作"海上香料之路"。海上丝绸之路是约定俗成的统称。

（资料来源：伍鹏.浙江海上丝绸之路文化［M］.北京：经济科学出版社，2016.）

一、海上丝绸之路的起源与发展

丝绸之路
贸易

（一）海上丝绸之路的起源

最早、最详细记载海上丝绸之路航线的是著名的《汉书·地理志》。西汉初年，汉武帝平南越后，即派使者沿着百越民间开辟的航线远航南海和印度洋，经过东南亚，横越孟加拉湾，到达印度半岛的东南部，抵达锡兰（今斯里兰卡）后返航。汉武帝时还开通了从雷州半岛出发，经越南、泰国、马来西亚、缅甸、印度到斯里兰卡的海上航线（公元前140—前87年）。汉武帝时期开辟的航线，标志着海上丝绸之路的发端。公元元年（1年）前后王莽派出使者从广东沿海出发，到达马来半岛东岸，经由苏门答腊向西穿越马六甲海峡，奠定了后来东西海上交通的基本路线。

（二）海上丝绸之路的发展

三国时代，东吴雄踞江东，竭力发展经济，开创造船业，训练水师，以水军立国，并派遣航海使者开拓疆土，与外通好。东吴时期因为同曹魏、刘蜀在长江上作战与交通的需要，积极发展水军，船舰的设计与制造有了很大的进步。

魏晋南北朝时期的海上丝绸之路贸易

据考证，孙吴造船业尤为发达，已发明了原始水密隔舱，达到了国际领先的水准，孙吴所造的船，主要为军舰，其次为商船，数量多，船体大，龙骨结构质量高。孙吴发达的造船业对后世出海远航提供了更为有利、便捷的条件。

魏晋南北朝时期是海上丝绸之路的拓展时期。在这一时期，广州已成为计算海程的起点。通过广州来中国经商的国家和地区大为增加，有15个之多。

（三）海上丝绸之路的繁盛

隋唐时期，广州成为中国的第一大港、世界著名的东方港市。由广州经南海、印度洋，到达波斯湾各国的航线，是当时世界上最长的远洋航线。

唐代广州

海上丝绸之路开辟后，在隋唐以前，它只是陆上丝绸之路的一种补充形式。但到隋唐时期，由于西域战火不断，陆上丝绸之路被战争阻断，代之而兴的便是海上丝绸之路。到了唐朝中期，伴随着中国造船、航海技术的发展，中国通往东南亚、马六甲海峡、印度洋、红海，甚至非洲大陆的航路纷纷开通与延伸，海上丝绸之路终于替代了陆上丝绸之路，成为中国对外交往的主要通道。

（四）海上丝绸之路的鼎盛

宋代的造船技术和航海技术明显提高，在宋元符年间（1098—1100年），中国海船已经用罗针导航，到了明代海船普遍用罗针导航；当时掌管船只航行方向的舟师都备有秘密的海道针经，详细列出从广州或泉州往返西洋各地的针路，中国商船的远航能力大为加强。

宋代先后在广州、杭州、宁波、泉州、胶州、嘉兴（秀州）华亭县（今上海松江区）、镇江、苏州、温州、江阴、海盐等地设立市舶司专门管理海外贸易。两宋政府发展海外贸易的主观能动性比唐朝强，遣使海南诸藩国，勾招进奉，设市舶司以征收"舶税"并管理海外贸易。

宋代对流通于海上丝绸之路的商品有一定的限制，主要体现在：（1）政府允许出口的商品主要有：丝织品、陶瓷器、漆器、酒、糖、茶、米等；允许进口的商品主要有：香药、象犀、珊瑚、琉璃、珠钏、宾铁、鼍皮、玳瑁、砗磲、水晶、蕃布、乌、苏木等。其中香药种类繁多，数量甚大，价值也高。（2）政府有时允许有时禁止流通的商品主要有：金银、铜器、铜钱；政府不允许流通的商品主要有：兵器及可造兵器之物、一部分书籍，还严禁外国货币流入，以防"紊中国之法"。

元朝是我国历史上官方鼓励海外贸易发展的鼎盛时期，从"官自具船、给本、选人入蕃贸易诸货，其所获之息，以十分为率，官取其七，所易人得其三"（《元史·食货志》）的政策可以看出，当时奖励海外贸易发展的政策又比唐宋前进了一大步。

海上丝绸之路起点——泉州

元朝在泉州、杭州设市舶都转运司，宁波、上海、温州、广州设市舶司，泉州取代广州成为当时世界的著名港口。

在宋元时期，支撑海上丝绸之路的主要大宗商品，已由原来的丝绸变为瓷器。沿线国家也开始以陶瓷代称中国。自Seres（丝）到China（陶瓷）的称谓变化，从另一个方面佐证了陶瓷在海上丝绸之路中的主导地位。根据《大德南海志》记载，元代主要进口的商品是：象牙、犀角等宝物，各种布匹，沉香、檀香等香货，以及不同种类的珍贵药物、木材、皮货、牛蹄角、杂物等。

（五）海上丝绸之路由盛及衰

海上丝绸之路的南北航线在元明时期达到最大程度的交融。元明时期的中国，经济中心在南方而政治中心在北方，相对先进的航海技术使得南北方之间的海运成为保证南方粮食、丝绸、瓷器等北上的重要运输方式。在对外贸易上，明朝中期郑和率船队七下西洋，开创了中国远洋航海的新时代。

15—18世纪是人类历史上发生重大变革的时代。欧洲人相继进行全球性海上扩张活动，开启了大航海时代；通过地理大发现，开辟了世界性海洋贸易新时代。西欧商人的海上扩张活动，改变了传统海上丝绸之路以和平贸易为基调的特性，使商业活动常常伴随着战争硝烟和武装抢劫。

这一时期的明朝海上丝绸之路航线已扩展至全球。

1.向西航线

向西航线主要是明朝中期郑和七下西洋开辟的航线，这是明朝政府组织的大规模航海活动，船队曾到达亚洲、非洲39个国家和地区，对后来达·伽马开辟欧洲到印度的地方航线，以及对麦哲伦的环球航行，都具有先导作用。1405—1433年，郑和前后共7次下西洋，率军2.8万名、船62艘，由江苏刘家港（今江苏太仓市东浏河镇）出发，经海路到达越南、柬埔寨、泰国、马来西亚、印度尼西亚、菲律宾、斯里兰卡、马尔代夫、孟加拉国、印度、伊朗、阿曼、也门、沙特阿拉伯，以及东非的索马里、肯尼亚，用携带的金、银、手工业品，交换回珠宝、香料和苏木（一种药材，也是贵重的红色染料）等奢侈品。

2.向东航线

向东航线主要为"广州—拉丁美洲航线"，约1575年开辟。由广州起航，经澳门出海，至菲律宾马尼拉港，穿圣贝纳迪诺海峡进入太平洋，东行到达墨西哥西海岸。

这样，海上丝绸之路，经唐、宋、元日趋发达，至明代时，达到高峰。郑和远航的成功，标志着海上丝绸之路发展到了极盛时期。

明朝以海禁为主，泉州港衰落。整个明朝，泉州港的作用仅体现在郑和下西洋时提供专业人员和海船补给，以及维系琉球的部分朝贡。这时期，海禁使民间海外贸易被逼成走私，因为官府控制不力，加上地方商军官三者为了牟利形成一定的联合势力，私商贸易有足够的生存空间和成长土壤。尽管宋元的市舶制度已为民间私营商业所替代，但民间商业的海上开拓力量已大大减弱。面对沿海商民依托地理优势进行的频繁的走私活动，明朝政府试图通过掌握某些港口来控制其他走私港口的非法贸易，其中的漳州月港便在官府有限度的几次开禁张弛中兴起做大，成为东南沿海第一私商大港。月港时代，大帆船不停往来于中国与菲律宾之间，贸易不断。西班牙从墨西哥运到菲律宾的白银经由中国海商源源不断地流向中国，而中国商品、移民则流向菲律宾，华商网络和华商社会开始形成。

清代，由于政府也主要实行海禁政策，广州成为中国海上丝绸之路唯一对外开放的贸易大港，广州海上丝绸之路贸易比唐、宋两代获得更大的发展，形成了空前的全球性大循环贸易，并且一直延续和保持到鸦片战争前夕而不衰。而这在清代的外贸史上也是重要的转折点。进口商品中，鸦片逐渐占据了首位，并从原来的走私演化到合法化。

一带一路

鸦片战争后，中国沦为西方列强的半殖民地，沿海口岸被迫开放，成为西方倾销商品的市场，列强大肆掠夺中国资源并垄断中国的丝绸、瓷器、茶等商品的出口贸易。从

此，海上丝绸之路一蹶不振，进入了衰落期。这种状况延续了整个民国时期，直至中华人民共和国成立前夕。

同步训练

目的：理解海上丝绸之路的兴衰。

✎ 同步训练

二、海上丝绸之路的主要航线

海上丝绸之路主要有东海航线和南海航线，东海航线主要是前往日本列岛和朝鲜半岛，南海航线主要是前往东南亚及印度洋地区。宋朝之前东海航线主要由宁波港进出，南海航线则主要由广州港进出。

（一）东海航线

中日两国之间一衣带水，水路交往十分方便。中日航线主要由中国商人主导。据日本古史记载，西汉时中国的罗织物和罗织技术已传到日本。公元3世纪，中国丝织提花技术和刻版印花技术传入日本。隋朝时，中国的镂空版印花技术再次传到了日本。隋唐时期，日本使节和僧侣往来中国频繁，唐天宝年间（742—756年），鉴真和尚也经海路东渡日本。唐代，江浙出产的丝绸直接从海上运往日本，丝织品已开始由礼物转为正式的商品，正仓院便是日本贮藏官府文物的场所。今日的正仓院已成了日本保存中国唐代丝织品的宝库，其中的很多丝织品即使在中国也很难见到。目前，最早的宋代贸易凭证是存于日本大宰府的公凭，这份宋代的官方证明文内容是泉州客商李充于北宋崇宁元年（1102年）到日本贸易的记录。

朝鲜方向最早的记载是周武王灭纣后，箕子到朝鲜，从山东半岛、辽东半岛的渤海湾海港出发，到达朝鲜教其民养蚕织作。中国的养蚕、缫丝、织绸技术由此最早传到了朝鲜，对朝鲜丝织工业的发展起了很大作用。

通过东海航线，不仅中国的商品被源源不断地输往日本及朝鲜半岛，中国的文化也随之大规模地传播到这些国家，包括儒家思想、律令制度、汉字、服饰、建筑、饮茶习俗等。中国文化对日本及朝鲜半岛的伦理道德、政治制度、文学艺术、生活习惯、社会风俗等方面都产生了深远的影响。

（二）南海航线

1.阿拉伯商人主导期

海上丝绸之路形成的过程中，阿拉伯商人是关键的缔造者之一。丝绸之路的西端，无论是陆路还是海路，并不是我们今天所说的西方或西欧。罗马帝国和汉朝之间也并没有直接的商业往来，它们之间的往来，全通过阿拉伯中间商进行交易。西欧人想要获得中国的丝绸、瓷器，都要通过阿拉伯商人或威尼斯、热那亚商人。唐代以来的中国史书称阿拉伯帝国为大食。

从地中海到中国南海，在当时已知的海域内都可以见到阿拉伯商船，唐代称这些远道而来的海船为"南海舶"、"西域舶"、"南蛮舶"、"昆仑舶"、"狮子舶"或"婆罗舶"，而被称呼的最多的还是"波斯舶"。宋朝中期之前，中国商人或僧侣出洋，乘的大都是"番舶"，直到宋朝中后期中国航海业超过阿拉伯世界这一状况才得以改变。

即问即答

海上丝绸之路南海航线主要前往的地区是（　　　　）。

A.日本　　　　B.东南亚　　　　C.朝鲜　　　　D.印度洋地区

？ 即问即答

2.中国主导期

宋朝中期前，政府对华商出洋并不鼓励，甚至一度禁止华商下海，属被动型国际贸易，在当时广阔的海洋世界中，仍是由阿拉伯商人们掌控着优势。之后宋朝政府出于贸易营收依赖等原因开始支持并鼓励华商出洋，国家和商业力量的合力，使得中国海商成功地参与到被阿拉伯商人垄断的海洋贸易中，并超过他们。在此后几百年的时间里，开创出一个中国主导海上丝绸之路贸易的时代，并基本上垄断了中国到印度的航运。

宋元时代的欧亚大陆展开了前所未有的商品和技术交流。海洋四通八达，技术与市场、原料与商品、生活习俗与宗教信仰、思想与艺术彼此交流、相互影响，从东北亚的日本、高丽，到东南亚各地和印度沿海，乃至波斯湾和东非各港口，已经形成了一个"小全球化"的活跃的"海上丝绸之路"贸易网络。商船扬帆万里，回首中国内陆，是庞大的丝绸、瓷器、茶叶等供应基地，这些深受国外客商欢迎的产品，经过车马、舟船，或手挑、肩扛等方式，汇聚到海岸线上的各个港口，然后再装上大船运往海外。

3.西欧主导期

《马可·波罗游记》深刻地激起了欧洲人对东方的热烈向往，对以后新航路的开辟产生了巨大的影响。

元朝的衰落和奥斯曼土耳其人的崛起再次在欧洲人的东面筑起了与东方贸易的壁垒，这一阻隔迫使欧洲人热切寻找通往东方的新航路，从而引发地理大发现和西欧大航海。

15世纪的西班牙、葡萄牙等国家开始企图绕过被意大利和奥斯曼土耳其帝国控制的地中海航线与旧有的陆上丝绸之路，打通经由海路接通南亚和东亚的航线，并希望能从中获得更大的利润。等到西欧航海先驱葡萄牙人绕过好望角，依靠武装船队打败了往日与东方进行贸易的自由无武装的阿拉伯商人，并终于来到中国南海时，郑和下西洋刚停航不久，此时明朝正在实行海禁政策，郑和船队消失后在亚洲海域留下的真空地带，使远道而来的葡萄牙扩张势力所向无敌地控制海洋主导权，发展贸易，葡萄牙船队的到来是近代西方扩张的开始。一个以西方为主导的世界经济政治秩序开始成型，东西方的强弱格局也将由此开始逆转。

📋 同步训练

目的：理解海上丝绸之路的主要航线。

✎ 同步训练

三、浙江与海上丝绸之路

如果说商祖范蠡给了浙江商人经商的历史传统，那么，碧波万顷的大海则给了浙江商人开阔的胸襟，锤炼了优秀商人所必备的敢于冒险、不屈抗争的意志和精神。

📋 《浙江省打造"一带一路"枢纽行动计划》

浙江人很早就萌发了征服海洋的意识，积聚了开发、利用海洋的能量。他们通过形式多样的海洋商贸活动，形成了具有优势的海洋产业经济，孕育出颇具特色的海洋商贸文化，并在这个过程中形成逐波海疆的商人团队。

历史上，浙江就是海上丝绸之路的重要组成地区。特别是宁波港被公认为海上丝绸之路上的三大起运港之一，对丝绸、瓷器、茶叶等出口贸易发挥了重要作用。此外，杭州、温州、绍兴、嘉兴、舟山等城市也曾是海上丝绸之路的重要节点。

（一）浙江海外贸易

702年，日本遣唐使横渡东海至明州（今浙江宁波市），东海航路开启。从9世纪中叶起，唐朝商人东渡日本做生意日趋频繁，而此间大批浙江商人（宁波、台州一带尤盛）充当着主要角色。浙江商人最初东渡日本约在9世纪初期，据记载是两位越州（今浙江绍兴市）商人周光翰和言升则。《日本纪略》中说，他们两人于819年乘新罗人的船只到日本，向日本朝廷介绍了唐朝近况，并于次年乘渤海使船回国。9世纪中叶后期，经营对日贸易的大商贾中较为出名的还有张支信、李邻德、李达、詹景全等，他们多次往返于明州港与博多湾海路之间。众多浙江商人往来于唐日之间，促进了浙江海洋经济的繁荣。这期间也逐渐形成了浙江商人不畏风险、大胆果敢的商人气质。

北宋时期，浙江主要的对外贸易港口除原有的明州港之外，又新增了杭州港。北宋政府在两港设立市舶司，明州港、杭州港的对外贸易走在全国的前列。北宋时期的明州港，在中日贸易中已跃居全国首位，浙江商人功不可没。日本的海舶往来，都集中在明州，而浙江商人到日本经商的船舶也必须从明州港出发。

同时，杭州港也成为全国对外贸易的重要港口。北宋政府不仅在此设立市舶司，并且在宋太宗端拱二年（989年）规定："自今商旅出海外藩国贩易者，须于两浙市舶司陈牒，请官给券以行。违者没入其宝货。"全国各地出海的商船都必须到设在杭州的两浙市舶司办理手续。

北宋浙江商人的外贸对象中，除日本外，还有朝鲜半岛。在宋神宗熙宁（1068—1077年）以前，浙江商人去高丽的路线，是从山东莱州出海，而高丽来宋贸易，也在登州（今山东烟台市蓬莱区）或密州（今山东诸城市）登陆。熙宁七年（1074年）以后，高丽使者金良鉴为了远避契丹，请求改在明州上岸。从此明州成为通往高丽的重要港口，浙江商人与高丽的贸易也更加频繁起来。随着贸易的扩大，北宋政府在明州兴建了"高丽行使馆"，专门接待朝鲜半岛的使者和商贾。

保护海外贸易的措施

宋元丰二年（1079年）有规定说，凡商人去高丽，资金达五千缗者，在明州登记姓名、籍贯及经营项目等，并要寻人作保，方可发"引"（类似证件）。如无"引"，就作为私贩违法论处。北宋浙江商人远航到高丽经商最早见于宋仁宗宝元元年（1038年），明州商人陈亮和台州商人陈维绩等147人携大量货物东去高丽进行贸易。宋徽宗崇宁二年（1103年）有明州教练使张宗闵、许从纲等38人；同年5月，又有明州商人杜道济、祝延祚等到高丽。高丽王朝为了在经济上积极发展与宋的贸易关系，经常派遣商舶到明州，这都促进了当时浙江海外贸易的发展。南宋定都临安（今属浙江杭州市）后，杭州的外围辅港顺应发展起来，成为重要的外贸口岸。

政府对海外贸易的鼓励政策，促进了外贸的繁荣。曾有真里富国（今柬埔寨）富商，长期在明州经商，并老死于明州。明州知府赵伯圭为其置办棺材并派人护送，使其遗骨归还家乡，此事深得该国人的好感。该国派使者前来答谢，并把该富商在明州的财产全部捐献给明州，并修造三座寺院以作纪念。

南宋绍兴元年（1131年），政府在温州设立市舶务，浙江龙泉"哥窑""弟窑"所产的青瓷等产品大部分沿着瓯江下游从温州港出口，被浙江商人远销到东南亚、欧洲及非洲中部东海岸等地。从此，温州人开始了大规模行贾海外的历程。

（二）宁波是海上丝绸之路的发祥地之一

距今约7000年的河姆渡文化肇始了中国海洋文化。河姆渡人从山海相连的自然停泊点出发，历险海洋，成就了百越文化在西太平洋地区的传播。在《艺文类聚》有周成王时"于越献舟"的记载。这一时期，宁波平原还是一个较大的海湾，围绕海湾的几个河口，集聚了早期浙东商团与慕名而来的海外商人，在商周之时形成了几个较为著名的原始贸易集市：鄞、鄮与句章。鄮，取贸易之义，位于鄞州区阿育王山东面。阿育王寺供奉的释迦牟尼佛骨，相传是东周周敬王时从海道而来，后在西晋时从鄮山地下发掘所获。东汉时，原始青瓷走向成熟，在唐代，上林湖越窑青瓷制作极为兴盛。

秦代鄮县

宁波与海外的"文明对话"始于东汉晚期。这一时期，舶来品和印度佛教已通过海路传至宁波地区。东吴至西晋时期，宁波先后建有五磊寺、普济寺、天童寺、阿育王寺等寺院，早期越窑青瓷也始销朝鲜半岛、日本等地。

青瓷是中国海外贸易的重要产业之一。随着南线航路的不断延展，浙东地区民众的地理视野不断拓宽，也使青瓷等商品自然刻上了海外文化的印记。在宁波出土的汉晋堆塑青瓷上，有大量高鼻、深目、虬髯的西亚人形象。海外舶来品和印度佛教已通过海路

传至宁波地区，建于三国时的慈溪五磊寺，创始者就是印度的高僧那罗延。738年，唐朝单独设立明州，统辖慈溪、翁山、奉化、鄮县。812年，明州的政府所在地被迁到三江口。从此以后，奉化江、姚江和甬江汇聚的三江口就成了浙东政治与经济的重要中心，同时也是海上丝绸之路的重要门户。

宋元时期，明州港为我国三大国际贸易港之一。北宋淳化三年（992年）始设市舶司，此后成为中国通往日本、高丽的特定港，同时也通往东南亚诸国。明州两次受旨打造"神舟"，造船技术居世界领先地位。明代宁波港是中日勘合贸易的唯一港口。

到了明代，为了防范民间商业对正统理学意识形态的冲击，重农抑商思想成为政府的主要政策依据，以致实行严酷的海禁政策。在嘉靖时期（1522—1566年），走私贸易兴起，葡萄牙人在宁波港外的六横岛开辟了双屿港，一度成为远东贸易中心。宁波人由海商转为内商，从事医药业、成衣业、南北航运业、钱庄等行业，经营几百年，使宁波商帮崛起。

宁波商帮在清中期开南北洋航运时开始兴盛，宁波港口也逐渐恢复繁荣局面。道光、咸丰年间（1821—1861年），宁波商帮以"四明公所"等同乡组织为旗帜，在中国最早开埠的城市，以买办等新兴商人角色，联结中西贸易，并投资开拓现代工业经济领域，推动了中国近代化、现代化的过程。1865年，清政府正式在宁波设立浙海关，成为当时全国四大海关之一。

但是，后来随着以宽广长江为腹地的上海港的崛起，宁波港一直未能延展它的边界。宁波港的再次繁荣在其对外开放之后。1979年，宁波开发镇海港与北仑港，最终，可满足20万～30万吨巨型船舶进港需要的北仑港崛起，在30年间一跃成为世界级大港，在全国的大宗外贸物资运输中起到了至关重要的作用，并成为港口腹地产业布局的重要依托。2006年起，宁波—舟山港开始一体化建设。目前总共有200多条航线，通航世界100多个国家（地区）的600多个港口。宁波—舟山港利用高速公路、海铁联运等方式，建立无水港，将腹地推向大陆深处，形成了开阔的面朝大海的大宁波气象。

（三）舟山是古代明州港的重要门户

舟山作为古代明州港之门户，是明州港不能分割的重要组成部分。公元前210年，秦始皇于鄮县遣方士徐福率3000童男童女从慈溪达蓬山出发去蓬莱（今日本），途经舟山的岱山等岛屿。早在先秦及汉代初期，舟山与日韩诸国已经发生了最原始的海上丝绸贸易。

宁波海上丝绸之路始于东汉晚期，发展于唐代，鼎盛于宋元，延续于明清。从唐代开始，直至宋、元、明朝，宁波一直是中国对日本进出口贸易和人员往来的最主要港口。舟山因为特殊的地理条件，从唐代开始，凡出入明州或经过浙江的商舶，都要在舟山的洋面停泊，接受官府的检查，并及时补充淡水和给养。元朝初期，官方在庆元路昌国县（今属浙江舟山市定海区）设立马秦（今浙江舟山市朱家尖）海船千户所，属"行泉府司"管理，这是保护海上运输和对对外贸易进行管理的机构。从唐贞观四年（630年）至乾宁元年（894年），仅自日本访华的遣唐使就有19批。而这些访华的遣唐

舟山群岛区位之重要性

使，搭乘朝贡或进行民间贸易的商船，大都通过东海航道进入中国，必须先在舟山洋面停泊，并经官府检查或及时补充淡水等给养后，才能进入明州港。

在唐代中期以前，日本、朝鲜诸国大多走的是北线航路，即从日本九州出发，经壹岐、对马岛等，绕朝鲜半岛，经黄海或渤海到山东的登州登陆，再至扬州或建康（今江苏南京市）。但在唐代中期以后，由于我国造船业及航海技术有了很大发展，北方地区的经济开始衰退，南方的经济更加繁荣，而浙江又是中国的丝绸和陶瓷的主产地，经济发展迅速。702年，由粟田真人率领的第七批遣唐使首先开辟了东海航线，即从日本南岛出航，横渡东海，直至明州登岸。这条新航线的开辟，大大地缩短了中日、中朝之间的航程时间，并比北线航路更加安全。因此，从那时开始，浙江的宁波及舟山港就成为海上丝绸之路的东海航线与南海航线的主通道和贸易港。

明洪武年间（1368—1398年）在舟山等地实施了海禁，给海上丝绸之路的畅通带来了障碍。但是，朱元璋对周围邻国仍采取了睦邻友好的政策。同时，洪武三年（1370年），政府在浙江的明州等地设置了市舶司（相当于今之海关）。后又增设了市舶库、驿馆、市舶码头等对外贸易机构。

明代舟山港

清顺治年间（1644—1661年），清政府在舟山实施了第二次海禁，海上贸易再次中断。清康熙二十三年（1684年）朝廷颁布"展海令"后，舟山的海上贸易又活跃了起来。康熙三十四年（1695年），朝廷在定海分设浙海关署。康熙三十七年（1698年），在定海城内东门的文彩桥下设立定海钞关。同时，为了向各国商人和船员提供生活上的方便，在道头福定路设立了"红毛馆"；并规定外商贸易后，在定海或宁波都可纳税。

当年，外国商船大都停泊在东港浦和南道头。据悉，仅康熙二十四年至六十一年（1685—1722年），从中国东南沿海经舟山航道开往日本长崎的舟山商船，共计97艘。1840年鸦片战争爆发，舟山两次被英军入侵，被占领的时间长达5年半。这个时期，舟山在历史上第二次成为国际贸易自由港。稍后，西风东渐，五口通商，上海开埠，定海商人抢占上海滩，涌现了朱葆三等一大批定海籍巨商，成为上海滩上显赫一时的风云人物，成就了威震海宁的宁波商帮。

（四）杭州是海陆丝绸之路交汇的重要节点

杭州位于东海之滨，钱塘江（古称之江）下游，大运河南端。秦置钱唐县，属会稽郡。南朝陈为钱唐郡治。隋开皇九年（589年）置杭州，州治余杭县，次年迁钱唐县。唐时置杭州郡，旋改余杭郡，治所在钱唐。五代时为吴越国都，称西府。南宋为行在所，升临安府。元时改为杭州路，明清时为杭州府。

海上丝绸之路可分为南北两部分，北方航线主要是从长江口以北至山东半岛的沿海港口出发到朝鲜半岛和日本列岛，南方航线指的是从长江口以南的沿海港口出发到南洋和西洋地区。杭州作为古代对外出口茶叶、丝绸等商品的重要产地，正好处在南北航线的交汇点，这种地理位置的优越性使得杭州逐渐成为海上丝绸之路的集中转运港和国际大都市。

唐末五代时，杭州就与高句丽、新罗、日本开辟东海海上航线，从北宋到元朝，杭

州一直是东南沿海最大的港口城市之一，不仅设有专门的对外贸易管理机构市舶司，而且还是外来舶货、朝贡品的集中转运港。也就是说，不管外来商品到哪个港口，都要在杭州集散转运。从文献史料来看，中国历史上最早的外贸仓储就出现在南宋临安，即今天的杭州。在元朝，杭州与当时东方最大港口泉州之间还设立过"海站"，专门用来转运舶货贡品到大都。从丝绸之路而来的意大利旅行家马可·波罗曾游历过杭州，其《马可·波罗游记》中对杭州的描述甚至超过了元大都。

处在独特地理位置上的杭州沟通了海上丝绸之路与陆上丝绸之路，其在丝绸之路对外贸易中有着非常重要的历史地位。大运河连接了杭州与开封、洛阳及长安，陆上丝绸之路延伸到杭州。浙东运河沟通了杭州和宁波港，仙霞古道打通了杭州与泉州港的陆上通道，海上丝绸之路延伸到杭州。因此可以说，杭州是海陆丝绸之路交汇的重要节点。

隋朝时期开凿的大运河，在唐代以后发挥了很大作用，使钱塘江水系与长江、淮河、黄河、海河相通，杭州腹地扩大。隋唐、五代时，中国经济重心南移，江南经济飞速发展。钱塘湖（后称西湖）等水利工程，促进了农业生产，并使城市景色更加美丽宜人，于是"上有天堂，下有苏杭"脍炙人口。杭州成为继黄河流域之后新的中心，上贡最多。吴越国在杭置织局，集中工匠300人，专工生产精细丝织物，上贡中原朝廷及自用。越窑青瓷，胎质坚硬精细，釉色纯正均匀，莹润纯净如翠，行销海内外。吴越宫廷所用"秘色瓷"更为精美。

北宋太平兴国初年（约978年）在杭设两浙路市舶司，杭州成为重要外贸港口。蔡襄《双门记》盛赞："道通四方，海外诸国，物货丛居，行商往来，俗用不一。"南宋定都杭州140多年，海外贸易进一步发展。咸淳《临安志》记载，杭州"江商海贾，穿梁巨舶，安行于烟涛渺莽之中，四方百货，不趾而集"。后南宋朝廷不欲外商径直来杭，绍熙元年（1190年）废杭州市舶务。

南宋后期至元代辟澉浦外港，淳祐八年（1248年）在澉浦镇置市舶官。元朝至元三十年(1293年)也设市舶转运司于此，掌管海外贸易与海运。出口货物以丝绸、瓷器、书籍、松子等为多，进口以香料、硫黄、木材等为主。

杭州海外贸易在明清时期进入衰退阶段。主要原因是明清实行海禁政策。清康熙二十四年（1685年）允许浙江的宁波等港出洋贸易，而未许杭州。近代，钱塘江下游航道改变和淤塞，杭州丝茶转运上海、广州、宁波出口。

（五）海上丝绸之路上其他城市的历史作用和地位

1.台州

台州是浙江省辖地级市，位于浙江省中部沿海，东濒东海，北靠绍兴市、宁波市，南邻温州市，西与金华市和丽水市毗邻。

台州虽不能说是海上丝绸之路的始发港，但作为我国瓯越文化中心地的台州，是古代海上丝绸之路的策源地，也是古代海上丝绸之路东线的发祥地。同时，作为古代海上丝绸之路的喂给港、补给港、避风港，台州是古代海上丝绸之路重要的贸易口岸。

古代台州是当时中国最重要的造船基地。三国时期，吴国在临海章安（今浙江台州市椒江区）、罗阳横屿（今浙江温州市平阳县）、建安温麻（今福建福州市连江县）、南海番禺（今广东广州市番禺区）建立了造船中心，所造船只主要为军舰，其次为商船，数量多、船体大、龙骨结构质量高、续航能力强。孙吴灭亡时，共计有战船、商船5000多艘。东晋隆安初年，孙恩率五斗米道徒起义，占据临海、永嘉、东阳等六郡，强盛时有战船千艘、水军10余万。北宋时期，临海造船场年造船都在百艘以上；至南宋后期，台州临海、宁海、黄岩三县纳入征调范围的民船多达6288艘，其中面宽一丈以上的大船1006艘，居沿海各地区征调数之首。

台州得天独厚的自然条件

古代台州发达的乡村经济具备了良好的物资供给能力。在海上丝绸之路开拓时期，孙权雄踞江东，竭力发展经济，章安成为东南沿海的重要港口和物资集散地。在唐、宋、元代极盛时期，台州丰富的物产更是源源不断地输往日本列岛和朝鲜半岛等。3次遣使高丽，与其进行友好交往和海外贸易。及至明代，实行海禁政策，台州对外贸易也与海上丝绸之路一起走向衰落。

2.温州

温州市位于浙江省东南部，属浙江省地级市，南与福建省北部相邻，北及东北与台州市接壤，东边是浩瀚的东海，西边及西北是丽水市山区丘陵。地势由西南向东北呈梯形倾斜，东部江海交汇处分布着城镇、集市和众多的港口，如鹿城城北沿江、龙湾状元、瑞安飞云渡、平阳鳌江、永嘉清水埠、乐清磐石等港口。东海碧波万顷，洞头鹿西、大门、状元岙、三盘、瑞安北龙、北麂、苍南南麂、官山、北关等几百个岛屿星罗棋布，与大陆隔海相望，形成乐清、大渔、北关等海湾，海岸、岛屿之间同样分布着众多的优良港口。温州港口天然条件优越，江阔水深，风平浪静，少雾不冻。

龙泉窑海运

温州作为主港口宁波的一个喂给港，对海外贸易有两个途径：一是作为宁波的喂给港，货物送到宁波中转，再从宁波运往海外；二是从温州港直接发货到海外。温州主要承担的是瓷器运输，另外，也有少量丝绸、茶叶、漆器、金属器等。

清朝，温州港开埠后，海上丝绸之路一直在延续，温州和世界各国各地区源源不断地进行物资和文化的交流，从而带来了近代工业的诞生。温州机械工业的始祖毓蒙铁厂，以及第一家肥皂厂、最早利用蒸汽机作动力的锯板厂等都在这一时期出现。

3.嘉兴

嘉兴位于浙江省东北部、长江三角洲杭嘉湖平原的腹心地带，处于江、海、湖、河交汇之位，扼太湖南走廊之咽喉，与上海、杭州、宁波、绍兴、苏州等城市相距均不到百千米。嘉兴有2000多年悠久的历史，建制始于秦。嘉兴自古为富庶繁华之地，素有"鱼米之乡""丝绸之府"之美誉。研究证明，在宋元时期，特别是南宋与元代，澉浦、乍浦等港口群是海上丝绸之路的重要节点，嘉兴在宋元时代海上丝绸之路中具有十分重要的地位。

嘉兴在内河航运、贸易市场、丝绸生产三个方面较其他港口有明显优势。

内河航运的优势主要体现在江南运河与境内运河水网通联，港口具有海河联运和江河联运的特点。宋元时期，嘉兴境内外贸港口主要分布在南部的杭州湾北岸和东北部的吴淞江沿岸，杭州湾北岸的港口主要是澉浦与乍浦。南宋建都临安，经过100多年的经营，杭州成为南宋政治经济的中心，也是当时世界上繁盛的大都市和消费大市场，国内外货物都汇聚于杭州。杭州虽然位于钱塘江口，临近杭州湾，但是却缺少建设成为港口的基本条件，其原因主要是海潮的影响和钱塘江河口的水道受制于龛山、赭山，变化无常。这就为离杭州不远的澉浦提供了一个历史性的机遇。澉浦位于杭州湾海滨，距离杭州不过百里，当时也就一天的路程，又有内河水路连通杭州，是杭州最理想的海上货物集散替代港，澉浦因此在当时被称为"小杭州"。

市场方面的优势在于嘉兴周边是奢侈品消费最集中的区域。"上有天堂、下有苏杭"，嘉兴就在苏杭的中央。嘉兴在市场方面的优势是显而易见的，这里紧邻南宋都城临安，又靠近江南太湖流域的中心城市苏州。南宋与元代的江南已经成为中国最富饶的地区，除苏杭外，常州、镇江、湖州都是富庶之区，临近的南京、扬州也是金粉之地，这里是当时中国奢侈品消费最集中的区域，对海外的香料、珠宝异珍、贵重木材有大量需求，这也是刺激嘉兴港口贸易发展的市场动力。

嘉兴又是丝绸的重要产地。蚕桑的生产刺激丝织业的兴起，早在唐、五代时，出产于嘉兴崇德附近的一种丝织物就很有名，被称为"语儿巾"。元代实行奖励农桑的政策，嘉兴的丝绸产业保持发展的势头，崇德县与嘉兴县丝绸产业尤其突出。当时丝绸的大量生产与丝绸出口紧密联系。元大德年间（1297—1307年），濮鉴在濮院（今浙江桐乡市）永乐市开设四大牙行，收购丝绸，推动嘉兴丝绸产业的发展。

嘉兴蚕桑生产

此外，邻近嘉兴的苏州、湖州都是重要的丝绸产地，嘉兴的港口也是这些地区最方便的出口港，嘉兴海外贸易的兴盛得益于丝绸产业的优势。宋元时期，其港口直接与最大的消费市场和最主要的丝绸生产中心相联系，又通过大运河与长江、淮河、黄河流域相接，具有无可比拟的综合优势，从而奠定了它在宋元海上丝绸之路中的重要而独特的地位。

同步训练

同步训练 目的：理解浙江在海上丝绸之路上的地位和作用。

专题小结

◎ 框架内容

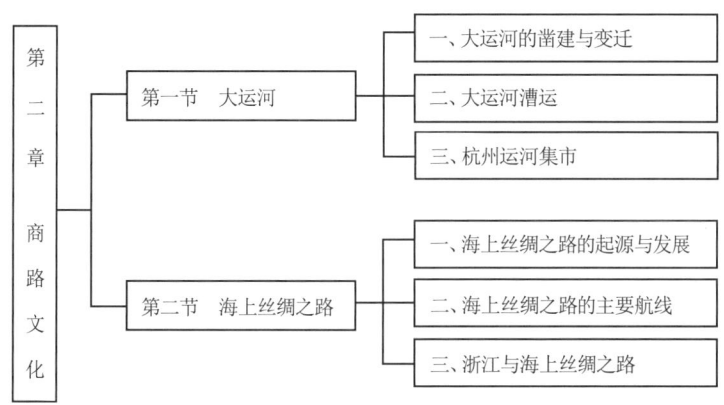

主要术语：商路　京杭大运河　漕运　漕运总督　钞关　集市　征税　海关　丝绸
之路　航线　遣唐使　海外贸易　市舶司

理论自测

第二章
理论自测

◎ 选择题

1. 世界上开凿历史最为悠久、长度最长的人工运河是（　　　）。
   A. 马恩运河（法国）　　　　　　　　B. 京杭大运河（中国）
   C. 伊利运河（美国）　　　　　　　　D. 苏伊士运河（埃及）

2. （　　　）为联合国教科文组织唯一认定的海上丝绸之路起点。
   A. 宁波　　　　　　　　　　　　　　B. 泉州
   C. 广州　　　　　　　　　　　　　　D. 山东

3. 杭州（　　　）区是历史上京杭大运河南端的一个货物集散地。
   A. 滨江　　　　　　B. 拱墅　　　　　　C. 江干　　　　　　D. 上城

4. 在（　　　）时期，支撑海上丝绸之路的主要大宗商品，已由原来的丝绸变为瓷器。
   A. 隋唐　　　　　　B. 秦汉　　　　　　C. 明清　　　　　　D. 宋元

5. "总漕部院衙门"衙址设于（　　　）。
   A. 杭州　　　　　　B. 洛阳　　　　　　C. 淮安　　　　　　D. 天津

6. 嘉兴在（　　　）等方面较其他港口有明显优势。
   A. 内河航运　　　　B. 贸易市场　　　　C. 丝绸生产　　　　D. 茶叶生产

7. 宋代设有市舶司的地区中，海外贸易以（　　　）规模最大。
   A. 杭州　　　　　　B. 宁波　　　　　　C. 泉州　　　　　　D. 广州

8. 隋唐大运河包括（　　　）。

  A. 通济渠　　　　 B. 永济渠　　　　 C. 邗沟　　　　 D. 江南河

9. 中国通过海上丝绸之路向国外输出的主要特色商品包括（　　　）。

  A. 丝绸　　　　 B. 陶瓷　　　　 C. 茶叶　　　　 D. 玻璃制品

10. 杭州运河集市包括以下哪些类型？（　　　）

  A. 米市　　　　 B. 珠宝市　　　　 C. 鱼市　　　　 D. 木材行

◎ 判断题

（　　　）1. 京杭大运河，流经北京、天津、河南、山东、江苏、浙江六个省市，连接了海河、黄河、淮河、长江和钱塘江五大河流，是中国古代最伟大的水利工程之一，也是世界上开凿历史最为悠久、长度最长的人工运河。

（　　　）2. 从隋代开始，大运河的走向由以洛阳为中心的横向大运河向以大都为中心的纵向大运河过渡。

（　　　）3. 漕运通俗地说就是利用水道（河道和海道）调运粮食（以公粮为主）的一种专业运输方式。

（　　　）4. 市舶司是中国古代管理对外贸易的机构。

（　　　）5. 清代政府实行海禁政策，其间明州成为中国海上丝绸之路唯一对外开放的贸易大港。

（　　　）6. 春秋时期，吴国开凿的最早运河叫邗沟。

（　　　）7. 富义仓是杭州目前仅存的最后一个古代粮仓。

（　　　）8. 海上丝绸之路南海航线一直以中国为主导。

（　　　）9. 郑和在明代共下了六次西洋。

（　　　）10. 宋代海上丝绸之路对外贸易中的商品包括陶瓷器、茶叶、丝织品、糖、兵器、酒等。

◎ 理论自测步骤

1. 学生打开浙江省高等学校在线开放课程共享平台 https：//www.zjooc.cn。

2. 点击"登录"按钮，选择"学生"，在对话框中分别输入"用户名""密码"后，检索"浙商文化"，加入课程。

3. 在左侧导航列表中选择"测验"，点击"专题二　商路文化"，点击"去测验"，进入测试页面。

4. 在限定时间内完成测试。测试完毕，系统自动评卷。

应用自测

◎ 总体要求

第二章
应用自测

根据本章节学习的内容，分小组完成京杭大运河的商贸宣传海报。

◎ **自测目标**

　　1. 加深学生对京杭大运河商业意义的理解。

　　2. 让学生对京杭大运河的发展及沿岸城镇、商贸情况有进一步的认识。

　　3. 训练学生搜集、归纳、整理信息及呈现展示的能力。

◎ **背景资料**

　　通过课程学习，同时利用网络、报纸、图书等方式，搜集京杭大运河的相关资料，搜寻沿岸城镇的历史基本情况（发展简史、面积、人口、区位、经济、贸易、商俗民情等），完成应用自测要求。

自我评价

学习成果	自我评价
我已经了解大运河修凿的历史沿革	□很好 □较好 □一般 □较差 □很差
我已经掌握漕运的作用和功能	□很好 □较好 □一般 □较差 □很差
我已经熟悉杭州运河集市的分布、类型	□很好 □较好 □一般 □较差 □很差
我已经了解海上丝绸之路的起源与发展	□很好 □较好 □一般 □较差 □很差
我已经掌握海上丝绸之路的主要航线	□很好 □较好 □一般 □较差 □很差
我已经理解浙江在海上丝绸之路中的地位和作用	□很好 □较好 □一般 □较差 □很差

第三章

商帮文化

引 导 语

　　明清之际曾引发了一场"商业革命"，在这场"革命"中相继崛起了赫赫有名的中国十大商帮。这些平凡又独特的创富团体，用他们的商业智慧写就辉煌，名扬天下，在中国商业发展史上留下了浓墨重彩的一笔。"无远弗届"的龙游商帮、"无宁不成市"的宁波商帮成了个中翘楚，这么多行商坐贾的优秀品质，这么多成功或失败的商业经验，造就了浙江商业的不朽奇迹。新浙商在新时期续写商海传奇，并以人数之众、财富之多令世人瞩目。本章将围绕明清十大商帮崛起、浙江传统商帮的经商风格和商业道德、新浙商的文化渊源等内容展开学习，既有历史的镜鉴也有未来的启发。

学习目标

◎ 理解商帮的含义及商帮崛起的缘由。

◎ 了解明清十大商帮的经营特点。

◎ 掌握浙江传统商帮的经商风格和商业道德。

◎ 掌握新浙商的文化渊源。

◎ 弘扬浙商精神，传承商帮文化。

第一节　明清十大商帮

一、商帮的含义

商帮的含义

中外学者早就注意到了商帮。清人徐珂在他编撰的《清稗类钞》中指出："客商之携货运行者，咸以同乡或同业关系，结成团体，俗称客帮。"这里的"客帮"就是今天我们所说的"商帮"。中国学者卫聚贤、陈其国等早在20世纪30年代就研究了晋商，日本学者也研究了晋商、徽商。张海鹏、张海瀛先生在他们主编的《中国十大商帮》中给商帮下了一个广为接受的定义："商帮，是以地域为中心，以血缘、乡谊为纽带，以'相亲相助'为宗旨，以会馆、公所为其在异乡联络、计议之所的一种既'亲密'，又松散的自发形成的商人群体。"商帮的经营活动是推动商品经济发展的支柱性力量。

（一）商帮出现的时期

商帮是中国历史上特有的现象，始于明清时期。在中国历史上，商业活动很早就出现了，但商帮的形成是明朝之后的事，正如张海鹏、张海瀛先生所指出的："在明朝之前，我国商人的经商活动，多是单个的、分散的，是'各自为战'，没有出现具有特色的商人群体，也即有'商'而无'帮'。"

清朝灭亡之后，原来意义上的商帮已不存在。即使在明清时期，也有许多地方是有商人而没有结成"帮"的，如四川、河南、北京、天津等地。所以，商帮仅仅是商业史的一个问题，不能用商帮史来代替商业史。中国商帮研究仅仅是研究商业史中的一个侧面。无论这个侧面有多重要，都不是中国商业史的全部。

即问即答

历史上一直都有"商帮"吗？

A.是　　　　　　　　B.不是

？　即问即答

（二）明清时期商帮的性质

明清时期的商帮性质是封建商人群体。商帮的一切特征必然要受这个时代背景的限制，并体现出这个时代的特征。

1.各商帮都是从事商品交易的，并没有进入加工制造业

马克思在《资本论》第三卷曾指出，"在那个时代，商业资本'发生过压倒一切的

影响'"，加工制造业附属于商业。由商品交易转向商品生产，由商业资本转入产业资本，发生在由传统农业经济转向现代工业经济之际。中国的绝大多数商帮没有完成这种转型。

2.商帮的经营模式与封建制度相关

中国的封建社会的特征是皇权至高无上，各级官府控制着资源配置的权力。因此，各个商帮最基本的特征就是官商结合。各商帮都具有"成也官，败也官"的特点。

3.中国封建社会的文化是传统的儒家文化，各个商帮的经营模式也体现出儒家文化的特色

商帮的成功体现了儒家文化中优秀的成分，商帮的失败也由于儒家文化中不适于现代经济的因素。各商帮都是封建商人，不同于现代企业家。

资料卡3-1

商帮"以地为名"

商帮既然是以"地"为名，自然是以地域为中心，以乡谊为纽带的。商帮就是某地的商人群体。这里要说明的是：第一，商帮中的某个企业或集团以血缘为纽带，是家族企业，但联系各个家族企业的商帮的纽带不是血缘，而是同乡之谊。第二，商帮以地域为中心是指某个商帮由某地的人组成。这个地域可以是省，如山西人的晋商；可以是州，如徽州人的徽商；也可以是县，如浙江龙游县的龙游商；甚至可以小到镇，如江苏吴县东山镇与西山镇的洞庭商。各个商帮的活动中心可以在本地，但主要经商活动在其他地方。如晋商的中心在山西，但经商活动在全国，甚至国外。也可以是活动中心不在本地，经营也不在本地，如徽商的活动中心在扬州，经营则在全国。我们说某个商帮指的还是某地人所形成的商业群体。

（资料来源：梁小民.走马看商帮［M］.上海：上海书店出版社，2011.）

（三）商帮的核心

商帮的核心在"帮"字上。"帮"字的含义是出于政治或经济目的而结成的集团。"商帮"就是出于商业目的而结成的集团。有"商"并结为集团才能称为"商帮"。这种集团主要是以正式组织的形式出现的。在当地可以称为行会，如粤商的十三行行会。在外地则有会馆或公所，如遍及全国的山西会馆。作为一个正式的组织，内部有各自的行规。加入这种组织的商人要严格遵守行规，如若违反，还有相应的惩罚措施。除了正式的组织之外，一个商帮的不同商人之间还有一些非正式的联系，如不同商人家族之间的姻亲关系。商帮的目的就是通过这种正式或非正式的组织联系实现共存共荣。其作用主要是规范帮内各商人的行为，制止相互之间的恶性竞争，并实现互相帮助。对外则是利用集团的力量为本帮的经商活动创造一个有利的环境。所以，也可以把"帮"理解为相互帮助之"帮"。

三 同步训练

目的：理解商帮的含义。

✎ 同步训练

二、商帮的兴起

顾名思义，商帮是先有"商"，而后结成"帮"。也就是说，商帮形成的基础是商品经济的发展。

我国商品经济发展较早，但一直发展缓慢。纵观我国商业发展史，商品经济出现了三次发展高潮。第一次高潮发生在秦汉时期，出现大商人；第二次高潮在唐宋时期，出现南北商派；第三次高潮为明清时期，地域商人建立会馆，形成各个不同的商业组织或商业团体，俗称"商帮"。

🎥 商帮的兴起

明清时期商品种类繁杂、数量增多，商人队伍日渐壮大，竞争日益激烈。而封建社会统治者向来推行重本抑末的政策，在"士、农、工、商"的社会阶层排序中，商也是位于末位。对于商人而言，国家没有明文法律对其保护，而民间又对商人有"奸商"的刻板印象。因而，在那样的年代，商人利用他们天然的乡里、宗族关系联系起来，互相支持，同舟共济，成为市场价格的制定者与调控者。商帮在规避内部恶性竞争、增强外部竞争力的同时，在封建体制内利用集体的力量更好地保护自己。

📄 会馆

（一）商帮的出现——政策推动的力量

商帮形成的更直接的原因还是政府政策的变化。我国古代封建社会奉行抑商政策，主要体现在两方面：一是以重农抑商为经济政策基础，封建国家的经济基础是自然经济，商人和商业活动始终处于被农耕文化排挤、打压的弱势地位并被制度化歧视。二是获利高的行业由政府直接经营。关于这一方面，还得从春秋战国时期齐国的管仲说起，他是重商主义理论的创始人与实践者，他提出，富国的一个前提一定是富民，即"以民为本"。根据齐国丰富的盐铁资源，他提出了"官山海"的主张，即将山上的铁、海中的盐收归官府管理。其中对盐创制了"民产、官收、官运、官销"的一套官营制度。盐是生活必需品，食盐官营从根本上保证了国家稳定的盐利，同时在客观上也保证了食盐的正常供给，从总体上看，是利国利民的好事。自管仲实行食盐官营后，对食盐官营也多有批评，最著名的为西汉的"盐铁之议"。虽然辩论不休，但官营或专营多为历代效法，其理由在于"为富国之计"。但后来食盐经营上的"国退民进"不是政府自愿的，而是政府被迫无奈的结果。

逼迫明朝政府在食盐经营上"国退民进"的关键是北部边防的需要。"国退民进"的表现就是明初开中制的实施。

📄 开中制

中国北部边境的安防堪称一个古老的问题。从春秋战国到明朝，这一问题始终存在。明朝开国之初，蒙汉交兵，明朝面临着来自西北的军事威胁，尽管多次主动进攻，仍无法毕其功于一役。朱元璋视北方游牧民族为最大威胁，遂将长城沿线划分为九个防御区，称为九边，保障北部边防军事供应也就成了一项长期而繁重的任务。明朝在北边屯驻了近百万大军。《大明会典》记载，仅大同镇就需屯粮51万余石，草约16.9万束，秋青草176万束，此外，还需要大量棉花、布匹等消费品。北部人烟稀少，土地贫瘠，如此庞大的军队粮饷供应，仅靠明初的财政是远远支撑不了的。1370年6月，杨宪提出在大同实行商

九边重镇

人纳粮换盐"开中法"的建议，当时大同的粮储供应需要从当时的山东陵县运到山西马邑，路远费繁。在调动商人转运这一过程中，盐价折抵米价，转运费代纳盐引税。如此，既能解决边区粮饷问题，也不劳民，又不让官府破费，一举多得。朱元璋采用了杨宪的建议，将盐引给粮商，就等于授予其生财之道，这也为山西、陕西和徽州盐商推动各自区域商帮兴起奠定了基础。开中制开始是纳米换盐，根据边区的实际需要，后来还衍生出了纳麦、纳粟、纳纱、纳豆、纳谷草、纳金、纳银、纳茶、纳绢、纳棉花等方式。

开中制运行一段时间后，出现了一系列问题，如官员腐败，故意拖延盐商支盐的时间、守支问题无法解决等，导致开中制失败。到了明朝中期，户部尚书叶淇变法，盐业政策由开中制向折色制转化。政府准许盐商用银两换取盐引，盐商无须再运送军需物品到边境地区，这就是所谓的折色制。政策的转变使得盐商被分为边商与内商，仍在北部边境地区换盐引者叫作边商，在内地纳银换盐引者叫作内商。折色制的实施使内商迅速发展，盐业中心由北部边疆地区转移到两淮、江浙地区，中心在扬州，部分晋商向扬州移民，而后徽州商帮兴起，成为内商主力军。

明初的开中制实施之后，盐商们就形成了自己的行帮，当时称为"纲"。清代《长芦盐法志》中记载："明初，分商之纲领者五，曰浙直之纲，曰宣大之纲，曰泽潞之纲，曰平阳之纲，曰蒲州之纲。"这五个"纲"中，除浙直纲外均为山西人，可见当初晋商之光盛。

开中制给官员利用权力牟利创造了机会，官员滥发盐引，以至于盐产量小于盐引。明朝中后期，有20万盐引未支盐。为了疏清旧引，政府把持有盐引的商人分为十纲，以圣、德、超、千、古、皇、风、扇、九、围命名，每年对其中一纲的旧引支盐，其他九纲只支新盐引，这种制度即为纲盐制。如果说叶淇变法让徽商第一次大批到达两淮流域，那么纲盐制则揭开了徽商第二次成批到达两淮的序幕，这时，徽商成为中国的第二大商帮。

粤商靠对外贸易的垄断权成为富甲天下的商帮之一，其形成也与清朝政府政策变化直接相关。清朝政府闭关锁国，实行严厉的海禁政策，但统治者又想获得海外国家的各种奇珍异宝，就利用商人与洋人打交道，进行交易。1757年，随着乾隆皇帝仅留粤海关一口对外通商上谕的颁布，清朝的对外贸易便锁定在广州十三行。清康熙二十五年（1686年），广东省政府招了十三家较有实力的商人，指定他们代皇帝接受外商贡品，进行贸易，并代征关税，代为管束洋人。这就是十三行的来源，也是粤商形成的原因。

其他商帮与政府政策亦有不同程度的关系，如福建商帮，其以海商为主体，显著的特点是采取了亦盗亦商的武装贸易形式，这也是明朝的海禁政策促成的。又如宁波商帮虽形成于明朝但兴盛在近代，看似与政府政策没有直接关系，但其实是当时商品经济发展和政府放松对商业活动压制的产物。总体来看，中国商帮中主要商帮的形成和发展与政府政策息息相关。

广州十三行

（二）官商结合

在封建社会，商人主要从事流通行业，如长途贩运和开店经营，而不是生产行业。在封建集权社会，政府掌管一切资源，政府对资源的分配也直接决定了商人的命运。商人的崛起，引发了官商关系和各自角色的重新定位。从清初的八大皇商到纲盐制下被包干化的盐商，从十三行商人到被官方分化出来的买办商人，官商如影随形。尽管分工不同，但商人始终摆脱不了作为官方工具的角色，处于农耕文明专制社会下的商人要取得成功，"官商结合"的商业模式是其必然选择。

明清时期官商结合现象非常普遍。政府出于经济上的需要，对商人既要盘剥，又要笼络；商人因为政治上的要求，既要逢迎官场，又要捐纳求名。官员与商人加强了联系，可谋取更大利益；商人积极靠拢官府，达到"借权"的目的，加强经济活动的垄断性。明朝最早经营食盐的晋商，是明朝最早有合法身份的官商，其和后来兴起的盐商徽商，成为明朝势力最强的官商，正因为他们依靠的是封建政府——一座强而有力的靠山，经营的活动属于政府行为，所以风险小、利润大。大江南北的其他商帮，都与政权结成了同盟，官权或大或小，影响中央或地方的决策，如江右商帮的一个显著的特点就是江西人在哪里当官，他们就到哪里经商。

同步训练

目的：理解开中制的含义。

同步训练

三、十大商帮的经商之道

（一）晋商

十大商帮中最早崛起的就是山西商人。历史上，山西商人被称为晋商。晋商是明清时期国内最大的商帮，足迹不仅遍及国内各地，还出现在欧洲、日本、东南亚和阿拉伯国家，完全可以与世界著名的威尼斯商人和犹太商人相媲美。

晋商

山西商业资本开始的时间很早，先秦时期晋南一带就有了商业交易活动；但真正崛起是在明朝洪武年间，至清乾隆、嘉庆、道光时期发展到鼎盛。到清朝中叶，山西商人逐步适应金融业汇兑业务的需要，由经营商业向金融业发展，咸丰、同治年间（1851—1875年）山西票号几乎独占全国的汇兑业务，成为执全国金融牛耳的强大商业金融资本集团，并形成山西北号（票号）南庄（钱庄）两大晋商劲旅。

晋商有自己的经商秘诀：一方面以地域和血缘关系为纽带，凝聚本帮商人的向心力；用传统道德规范经商的行为；寻求政治上的靠山，庇护本帮的经商活动。另外一方面，也是最重要的，就是晋商家族的重要传统之一——学而优则贾。据说晋商家族中一二流的读书子弟去经商，三四流的读书子弟才去参加科举考试，甚至出现过获得功名后不做官而从商的进士。

晋商典范

晋商学而优则贾的理念没有多少文字记载，而是深深隐藏在晋商的心中，融入了他们的血液。正因为如此，晋商的文化程度相对其他商帮而言是比较高的，他们的经营模式也是最先进的，股份制、资本运作等现代经营方式已经在晋商中萌芽。我们从晋商的成功，品出了晋商的文化哲理，一个经商世家之所以经久不衰，是因为这些晋商不仅是商人，也是有学识之人，言传身教，治商有方，并在家族内形成重教之风。

资料卡3-2

以诚取信　以义泽利

做生意、开票号，无疑是为了赢利、赚钱、增殖资本。晋商当然也不例外。但不同的是，晋商始终坚持并严守诚笃与信义的行为准则，绝不蒙虚欺诈、巧取豪夺、以邻为壑、背信弃义。他们在经商过程中能够非常恰当地处理"义"与"利"的关系，坚持义利统一、义利互惠和义利相促，而绝不舍义取利，更不唯利是图。

晋商训道中有一句流传最广的口头禅，便是"君子爱财，取之有道""信义为本，禄利为末"。在遍布全国乃至境外的诸多晋商店铺中，大都书有类似"贵忠诚，鄙利己，奉博爱，举善事""平则人易亲，信则公道著，到处树根基，无往而不利"的箴言，用以告诫自己无论在什么时候、什么情况下，都要"重信义，除虚伪，倡仁智，守良规"，都要"重廉耻而惜体面"，都要"利以义制，商以德驭"，都要"处财货之场而修高明之行"。在晋商中，宁可亏血本也要守信誉，一诺千金、终生不渝，爷辈欠债、孙辈偿还的事例，屡见不鲜。"晋商笃守信用"这句梁启超曾经说过的话，的确揭示了晋商获得成功的一大法宝，并为世人所公认。其实，商界崇敬关公、奉关公为财神，就是滥觞于晋商。这除了关公是山西人之外，更重要的还是关公乃为耿忠和信义的象征。

（资料来源：艾斐.晋商［M］.太原：山西经济出版社，2009.）

（二）徽商

徽商是指徽州的商帮。徽州指明清安徽的六县，即歙县、黟县、绩溪、婺源、祁门、休宁。徽商与晋商齐名，作为中国商界中的一支劲旅，其曾活跃于大江南北、黄河两岸。北临黄山、东靠天目山、南接千岛湖的安徽歙县，是徽商的发源地。与敦煌学、藏学并驾齐驱的三大地域文化显学之一的"徽学"，就植根于这块土地。在歙县附近，现在仍有两处世界文化遗址——黄山和花山谜窟，还有当年乾隆皇帝御书的"锦绣江南第一乡"——歙县棠樾牌坊群。透过至今还保留完好的数千栋古朴清雅的古民居、百余座古祠堂和气势雄伟的牌坊群，可以体会到新安画派、新安医学深厚的文化底蕴，以及徽派盆景、徽墨歙砚的文化品位。汲取着这厚重的文化营养，徽商纵横驰骋于中国商界，创造了他们商业上的辉煌。

晋商与徽商的比较

其商业资本之巨、从贾人数之众、活动区域之广、经营行业之多、经营能力之强，都是其他商帮无法匹敌的，故在中国商界称雄数百年。

徽州人多为经商能手，他们善于分析和判断经济形势，在贱买贵卖的不等价交换中牟取厚利，大规模的长途商品贩运是徽商致富的一个重要途径。

无徽不成镇

徽商与其他商帮的最大不同就在于"儒"。徽州是南宋大儒朱熹的故乡，儒风独茂，因此徽商大多表现为贾而好儒的特点，他们的商业道德观带有浓厚的儒家色彩。徽商以儒家的诚、信、义作为商业道德的根本，这使他们在商界赢得了信誉，促进了其商业资本的发展。

资料卡3-3

贾而好儒

中国商人喜欢把自己称为"儒商"，"儒商"这一名称始于徽商，徽商教子业儒，十分重视子弟的文化教育。"贾而好儒，亦贾亦儒"是对徽商的经典概括。

历史上精通儒学、擅长诗词文学的徽商有很多。他们中间有些是早年习儒，之后走上经商道路的；有些则是亦贾亦儒，在经商的同时，爱好文化和儒术，形成了他们"贾而好儒"的特点。

明万历年间在两淮经营盐业的歙县商人吴彦先，业余时间酷爱浏览书史，乐于与同行纵谈古今得失，连一些宿儒都觉得不如他，因此他博得群商的拥戴，一切营运都奉请他筹划。他不负众望，精心地权衡货物轻重，揣测四方缓急，判察天时消长，且又知人善任，以至于凡得他指示的经商活动，都获利颇丰，一时成了众商的智囊。

明代歙县人黄镛也是一个喜好读书的商人，小时从儒就学，立下经世之志，后来弃儒经商，在闽、越、鲁等地进行商业活动。由于他善于洞察，又由于他"料事十不失一"，一跃成为在扬州独立经营的富商。

徽商通过学习文化知识提高自己的文化素养和品位，使得他们善于从历史中汲取丰富的商业经验、智慧，给自身商业经营带来了很多的便利；同时也增强了经商的理性认识，即他们能够以所谓的"儒道"经商，进而形成良好的商业道德。

（资料来源：欧阳逸飞.中国商道［M］.北京：中国华侨出版社，2011.）

（三）广东商帮

道光十年（1830年），英国议会对曾在中国做过商业贸易的英国商人进行了一次调查，最后得出的结论是：绝大多数在广州进行贸易的人都一致声称，在广州做生意几乎

比在世界上其他任何一个地方都更方便、更好做。海外流传着这么一句话：太阳无时不普照粤人社会。

粤商的辉煌时期，还是在近现代。在近代，由于外国经济势力的侵入，中国缓慢地迈开现代化步伐，晋商、徽商等因为固守传统而日渐式微，而粤商却伴随着近代广东商品流通的扩大、商品经济的发展和海外移民的热潮而崛起，广东商人发迹于东南亚和我国香港、潮汕地区。第二次世界大战期间，广东商人虽然曾一度沉寂，但经过战后若干年的艰苦奋斗，终于在20世纪70年代后重新崛起于我国南部及东南亚。近代粤商发扬了古代广东商人冒险开拓、独立进取的商业精神，而在参与国际贸易的过程中，近代粤商又具有某种开放的心态。在近代广东商人身上，我们看到传统文化与近代商业文化的某种有效的融合，也许正是这种文化的融合与发展，才使粤商在晋商、徽商衰落之后仍能成长并进一步发展。

（四）龙游商帮

当徽商、晋商在商场争雄之时，在浙江西南部崛起了一个颇有影响力的商帮——龙游商帮。历史上所称的龙游商帮，实际上是衢州府商人集团，其中龙游县商人人数最多，经商手段最高明，故称之为龙游商帮。

龙游商帮虽处偏僻之地，却有着开放的心态，在观念上也比较新潮，即在投资上敢为天下先，并拥有海纳百川的肚量。明清时期，许多商人用经营商业所赚得的资金购买土地或者经营典当、借贷业，以获得稳定的收入。而龙游商人敏锐地意识到，要获得更多的利润，必须转向手工业和工矿产业。他们果断地投入纸业、矿业，直接参与商品生产，使商业资本转化为产业资本，给当时的封建社会注入了带有雇佣关系的新生产关系。龙游商人还不排斥外地商帮对本乡的渗透，并且待人友善，吸收外地商人于己帮，推进了己帮的发展。

（五）福建商帮

福建商帮兴起时就与封建政府的官方朝贡贸易和海禁政策针锋相对。他们通过走私进行商业贸易，不能进行贸易时就抢劫。

内外勾结的贸易方式是福建商帮最常用的经商方式，他们广泛联络沿海居民，建立了许多据点，利用据点收购出海货物，囤积国外走私商品，以利销售。他们不仅在海营商，也做陆地贸易。明清福建商人把国内与国外的贸易紧密地结合起来，努力经营，发展多种贸易形式，从而成为中国封建社会晚期一个很有影响力的地方商帮。

随着封建社会的消亡，福建商帮却在南洋、我国台湾等地开辟出新的商业市场。福建商帮中的许多商人，正是以自由商人的身份大无畏地开拓海外市场，终于使福建商帮这棵枯树上开出了新枝，使福建商帮的商业精神在海外华人和在台湾的福建人身上得到延续。

（六）陕西商帮

在明朝的商界，山西与陕西商人为了对抗徽商及其他商人，常利用邻省之好，互相结合，人们通常把他们合称为西商或山陕商帮。西商在明代前期的势力很大，他们从经营盐业中获得了厚利，可惜利益使他们内部开始分化，陕西盐商与山西盐商最终分道扬镳，陕西盐商到四川独立发展，这也为陕西商帮的最终形成奠定了基础。

陕西商帮生财的门道较多，其为综合性的商帮，他们对财富的追求与一般商帮相同：尽可能追逐厚利，如果不行，就退而求其次。陕西商帮以盐商最为著名，此外，经营布业、茶业和皮货业也是陕西商帮盈利的重要途径。

虽然陕西商帮为中国十大商帮之一，且民风习俗与山西商帮相近，但在外人看来，陕西商帮见识短浅，在各个方面都无法与晋商相比。而在商业资本的使用上，陕西商人采取的是"土财主"方式，很少有人投资手工业，这与江南地区商人积极发展手工业的情况不同。

（七）山东商帮

山东商帮，顾名思义就是出自山东的"鲁商"。历史上，鲁商虽不如晋商、徽商那般辉煌，但兴盛时也曾控制北京乃至华北地区的绸缎布匹、粮食批发零售、餐饮等行业，特别在东北地区，鲁商有着地缘、人缘的便利，曾在那片"商场"上纵横驰骋，名重一方。

山东商帮的特点是质朴单纯，豪爽诚实。正因为如此，与别的商帮相比，山东商帮的致富之道显得单纯，直截了当。概括起来，就是长途贩卖和坐地经商的商业经营方式，讲求信用的商业道德及规范的商业行为。

山东商帮的经营总体看有两种方式：一是独资经营，二是合伙经营。在独资经营中，一般情况是本人或本家族是大商人，资本很雄厚，当然也包括不少资本较少的小商小贩。他们规范商业行为主要表现在与生意对象间的信义约束上，按约定俗成的规矩办事；在合伙经营中，山东商帮的规范行为有点像现在的股份公司的做法，合伙人之间先立合伙合同，往往邀亲朋好友作见证，以示恪守信用。

（八）宁波商帮

宁波商帮是中国商帮中的后起之秀。它从形成之时起便显露出其超凡的见识和卓尔不群的经商之道。宁波商帮，是指宁波府的商人以血缘姻亲和地缘乡谊为纽带连接而成的商业集团，是盛行于国内和海外的商帮。宁波商人外出经商的历史悠久，但大规模经商并且结成商帮则相对较晚。鸦片战争后，尤其是民国时期，宁波商帮中新一代商业资本家脱颖而出，把商业与金融业紧密结合起来，从而使宁波商帮以新兴的近代商人群体的姿态跻身于全国著名商帮之列。他们所经营的银楼业、药材业、成衣业、海味业及保险业也是闻名遐迩。

宁波商帮形成的时间较晚，但其发展速度却非常快。他们不断拓展活动区域，最终形成四处营生、商旅遍天下的局面。宁波商帮不仅善于开拓活动地域，还善于因时制宜地开拓经营项目。他们的致富之道非常有特点，也非常实用：以传统行业经营安身立命，以支柱行业经营为依托，以新兴行业经营为方向，而往往一家经营数业，互为补充，使自己的商业经营在全国商界中居于优势地位。

（九）洞庭商帮

在龙游商帮兴起的同时，另一个商帮在中国的洞庭湖边不知不觉地兴起了，它就是洞庭商帮。范蠡就是洞庭商人，他经商成功，给太湖、洞庭湖流域的人们留下了深刻印象。洞庭商帮在明万历年间才初步形成。

洞庭商人善于审时度势，把握时机。洞庭商帮没有与徽商、晋商在盐业和典当经营上争夺市场，而是扬长避短，稳中求胜，利用洞庭湖得天独厚的经商条件贩运米、粮、丝绸、布匹。他们还不断更新观念，开拓经营新局面，向外部世界发展。尤其是在鸦片战争后，在作为金融中心的上海，洞庭商人开辟了买办业、银行业、钱庄业等金融实体和丝绸、棉纱等实业。在新的历史背景下，他们从事着不同于以往的商业活动，由此，洞庭商帮中产生了一批民族资本家，走上了由商业资本向工业资本发展的道路。

洞庭商人十分讲究具体的经营手段，而这些手段非常符合现代经商的要求。洞庭商人非常关注市场信息，时常预测行情，根据市场行情与商品交换情况的变化改变自己的经营策略。他们还会根据当地实际情况，比如商人资金和民风特点，因地制宜地采取独特的经营方式。

（十）江右商帮

江西商帮又称江右商帮，其绝大多数是因家境贫困所迫而负贩经商的，因此，小本经营、借贷起家成为他们的特点。他们的经商活动一般是以贩卖本地土特产品为起点，除少数行业如瓷业比较出众外，其他行业与徽商、晋商等商帮相比经营规模较小，商业资本的积累也极为有限。另外，江西商人浓厚的传统观念、小农意识也造就了他们的资本投向特点，即只求广度、不求深度。所以，尽管江西商人人数众多、涉及的行业甚广、经营灵活，但在竞争中往往容易丧失市场。

江西商人讲究贾德，注重诚信。他们还善于揣摩消费者的心理，迎合不同主顾的要求。以销售尽手中的商品和捕捉商机为原则，这是江西商人发财致富的经验。

📋 **同步训练**

目的：辨析明清十大商帮的经营特征。

✎ 同步训练

第二节　浙江传统商帮

一、龙游商帮

龙游商帮

龙游历史上为姑蔑文化发祥地，更是"入闽要道""金衢处徽之冲"，为古代重要盐道饷道，"通浙孔道，馈饷之所必系"之地，又是浙皖闽赣4省交通枢纽。明人徐复初说："邑（龙游）当孔道，舟车所至，商货所通，纷总填溢。"龙游人在农耕之外，借交通之便，经商乃成谋生重要手段，加之龙游社会上素不贱商，头脑活络之人多选经商之路。龙游有丰富的资源，这也为他们经商提供了物质条件。龙游多山林竹木和茶漆粮油等，这些土特产品成为龙游商人最重要的外贸商品。

资料卡3-4

龙游商帮

龙游商帮是以龙游县来命名的，实指浙西地区的商人资本集团，主要包括衢州府西安、常山、开化、江山、龙游五县，金华府兰溪县等，以及绍兴府会稽县、山阴县等商人，因其中以龙游商人最多，经商手段最为高明，活动范围最广，积累资金最多，故冠以"龙游商帮"之名。

（资料来源：陈学文.龙游商帮研究：近世中国著名商帮之一［M］.杭州：杭州出版社，2004.）

（一）龙游商帮的发展历史

1.龙游商帮的诞生和形成

龙游商帮的形成有一个漫长的过程，经历了三个阶段：发轫于南宋，鼎盛于明清，衰落于清光绪以后。

龙游商人在唐时尚较为稳定，与外界交流不多。南宋初，赵氏宋室南迁，北方大批士族随之南下，将北方文化也带进了浙西地区。如孔子第48代孙孔端友来到衢州后就定居下来，另建孔庙，自成孔氏世系，今称之"孔府南宗"。

宋室南迁后，建都杭州，临安遂成为全国政治、经济、文化的中心，东南经济和文化更趋发展。为了兴建宫殿、官署和官员住宅，大兴土木，大量的木材就需要从衢州、严州（今浙江桐庐县、淳安县、建德市等地）、处州（今浙江丽水市）等地运来。北以衢州为多，龙游木商乘机而起，沿着官府修建的东起京城杭州，西接湘赣的官道（在龙游和寿昌交界的梅岭关入龙游境），经营起贩卖木材的生意来。

杭州自五代、北宋以来已是著名的刻印书籍的中心。杭州、衢州及各地刻书业的发展，需要大量印书的纸张，对龙游造纸业和贩纸业的商人来说大有利益可图。据史料，南宋龙游韦塘人朱世荣，"流寓常州致巨富，置产亘常州三县之半，后归衢江古码里，复大置产，当时以为财雄衢常二府"。

2.龙游商帮的发展

明朝中叶以来，江南经济大有发展，苏杭一带鳌居全国繁华之首。各地风物唯苏杭是瞻，穿着食用、衣饰器物以竞用竞仿苏杭为荣，流风习俗遍及全国。另一方面，世人对商人的看法已有很大改变，不再持贱视态度。龙游处于商品经济发展的大环境之下，为世风所染，从商人数骤增。一个以龙游商人为中心，带动整个衢州地区商人的流域性商业团体闪亮登场。他们以自己的能力和财力，打入全国商帮行列；以血缘和地缘为纽带，联合了以龙游为中心的衢州府各县的商人，以龙游商帮为旗号，活跃于江南、京师、秦晋、云南乃至海外，与各商帮相角逐而称雄于商界，故有"遍地龙游"之谚。据史料记载：明万历年间，"龙丘之民，往往糊口于四方，诵读之外，农贾相半"。明天启年间，"龙游之民，多向天涯海角，远行商贾，几空县之半"。如商人童巨川在嘉靖年间至宣府大同做边贸生意，"一往返旬月，获利必倍，岁得数万金，自是兄弟更相往来，垂二十余年，遂成大贾"。至清乾隆年间（1736—1796年）童氏家族"多行贾四方，其居家土著者，不过十之三四耳"。

3.龙游商帮的衰落

鸦片战争后，外国资本入侵，一些传统的农村手工业产品的销路受到冲击，如棉织品的市场日见缩小，土纱土布为洋纱洋布所取代。

一般来说，龙游外销商品竹、木、茶、纸、油、米、笋七种土特产不会受到太大的影响。然而在鸦片战争后，整个商品市场在萎缩，多少会波及传统商品的外销，这还不是主要的原因。最主要的原因是整个社会经济大环境在变化，交通条件、手段、工具亦在改变，凡是沿铁路、沿海、沿港口的地方，外国资本主义商品输入增多，市场也就会相应地发展起来，而龙游商人仅靠步行和水运，滞后交通工具当然会导致商业的衰落，这必然对龙游商帮有很大的冲击。从此，龙游商帮失去了过去的声势而一蹶不振，走向衰落，正如民国《龙游县志》编纂者所指出的："'遍地龙游'之说久不闻矣……今又安得由此积习。为商贾者，既不轻去其乡，所业甚微细，其稍大之商业，皆徽州、绍兴、宁波人占之，乌在其能商贾也。昔人日以地瘠民贫为忧，而又贱商轻贾，以鸣高尚，此愚所最不解者。"

同步训练

目的：理解龙游商帮的发展历程。

✎ 同步训练

（二）龙游商帮主要经营行业

1.纸商

竹纸是就地取材的龙游县传统商品。纸是衢州的土特产，藤纸、绵纸、竹纸为细品精制纸，尤以藤纸最为著名。

纸商分四类：第一类纸商经营纸行，它们将纸收购过来，然后转卖给客商，从事批发生意；第二类纸商兼造纸手工业主（亦称槽户），这是两种身份兼具的纸商，加工是为了销售，即手工业从属于商业；第三类纸商开纸店从事批发或零售，在本县本地直接与消费者交易；第四类纸商为纸张批发商，资金较巨，委托纸行收购纸张，或从纸行中直接收购，或设点在产纸地收购，然后大批量批发纸张，长途贩销各地，从中获取厚利。当然，这四类纸商仅仅是形式上的区分，有时二者兼具，有时仅是规模大小上的分别而已。

龙游商帮主要经营行业

资料卡3-5

龙游纸业

龙游产纸在国民经济中占很大比重。1939年产南屏纸20万担，花笺纸1.5万担，手工新闻纸5000令，总产值达102.7万元。

花笺纸多用于祭祀；南屏纸多用于北方寒冷干燥地区以裱糊窗壁，每年出口10多万担；元书是文化用纸，用途广，销售量很大。

龙游县在中华人民共和国成立前有纸槽300多条，一条纸槽劳力有20多人，所以一般槽户（主）经营一条槽，也有资金雄厚的可多经营几条。如余景明所开的余恒利纸号就有6条槽，分布在杆栏2条，陈村、凉逢头、杨源、八宝山各1条。余景明从竹园到生产纸张再到销售一条龙经营，拥有竹山数百亩，雇工管理竹山，并有竹工砍竹腌制竹丝。他有料塘110多口，平均每塘可腌制竹丝1万千克，每班（两年）腌制竹丝110万千克。竹丝腌制成后还要在石灰水中冲洗，再行抄纸工序，抄成纸再压去水分，然后焙干。余恒利纸号每两年生产南屏纸1.1万担，销售到杭州、上海、南京、苏州、常州、烟台等地。每担工本费6元，售价7元，可获利1元，两年可获利11000元。

纸行纸店多设在城市、市镇或产地附近的集镇、大村庄。纸业最大的贸易市场是溪口镇，各地客商麇集于此从事纸张的交易，其"繁盛乃倍于城市焉"。除溪口镇外，步坑源也是纸号集中地。

龙游县在光绪二十年（1894年）有纸店近20家，分布于各地。

（资料来源：陈学文.龙游商帮研究：近世中国著名商帮之一［M］.杭州：杭州出版社，2004.）

2.米竹木茶油漆等粮食山货商

龙游山区乡村多产竹、木、茶、柏、漆、油、炭、冬笋等，俗称山货，经加工或半加工成商品，再大量外销。茶圩为重要的山货、米粮集散地。茶圩最大米行为合顺米行，由于资金多，经营得法，很快就成为龙游全县最大的米行，北乡出口米的60%由该

汪裕泰米行

行购销。民国初年，汪益乐创办的汪怡泰米行兴隆起来，取代了合顺米行，1930年累资达20余万银圆，在附近县份中颇有名气。还有龚谨生和汪佐之合办的同顺泰米行、宋恒兴盐店、大丰南货店也经营米行，至20世纪30年代初有米行5家，40年代初曾增至7家。这些米行在经营管理上富有创造，因地制宜，不拘一格，还经营六陈中的大豆、芝麻等，甚至连粮米加工品粉干，以及禽蛋、皮油、花生、芝麻、红糖等都兼营，有些米行还做起农村迫切需要的种子和肥料的生意，这样既方便顾客，又扩大了货源和销售量。大米行则以外销、长途贩销为主，也代客收购，业务面广，方法灵活。同时他们很注意市场讯息，派员驻守兰溪、衢州、临浦等大米市，每天通报市场信息。

龙游县米行业最盛时大米年销量约16万吨（亦有资料说在2万～24万吨），茶圩大米年销量约1.2万吨。龙游是盛产粮食的县份，俗曰："龙游种一年，可吃三年。"龙游粮食大量外销，加上衢江贯流县境中部，上达衢州、江山，下行兰溪、杭州、临浦，每天有500余艘载粮的木帆船来往于茶圩、临浦、兰溪、杭州之间。除茶圩米市之外，还有凤基坤、湖镇等米市。这是一大宗买卖，龙游商人从中获利甚巨。

胡同和号

油业也是龙游商帮经营的地方性商业兼手工业的一类行业。油业商人为了就地加工柏油、菜油等，往往自己收购原料在当地设油坊加工成原油出售，把商业和手工业经营连在一起，很明确是为了市场销售才加工油。榨油坊一开始就带有明显的商品生产性质。油坊主雇用油博士等工匠，实行密集型的商品生产，自由雇佣关系等资本主义生产方式开始萌芽。

山货行在光绪十四年（1888年）已至少有35家较大商行，计有汪福泰、圣昌、源兴、王万顺、朱圣丰、丰泰、益美、周顺泰、王正丰、叶隆盛、叶振大、郑正泰、汪成泰、张恒源、丁福生、汪登瀛、裕生、益生、王同盛、游鼎隆、益丰、王义兴、协成、余松盛、达昌、同新、同裕、林茂益、程大源、乾大生、隆茂、楼恒新、同盛、毛德兴、宋隆顺。

木行是经营木材外销的业务，驿前的张鼎盛号的老板张芬拥有2000亩田、数十间店面，是颇具规模的大木商。

3.药材商

经营中西药的商店遍布龙游城镇与乡村，光绪十六年（1890年）计有如下药材行。

县城：洪义兴、丰泰、福昌溶、黄坤泰、叶隆盛、裕源、春祥、姜隆盛、义生荣、程裕茂、源兴、同益、复隆义、汪成泰、容大恒、吕元兴、费生元、万兴、裕昌、得泰、王文丰、恒裕、福源、应合兴、王同盛、宏兴、张瑞丰、丁福生、王祥源、程万瑞、叶振大、陈嘉盛、汪恒盛。

东乡：源泰、张升泰、益生、福顺、裕号、汪裕盛、同仁堂、刘裕丰、裕盛、元裕、元兴、隆盛、公泰、公盛。

西乡：汪同泰、汪锦昌、汪泰森、汪广和、何大有、汪德泰、德隆昌、德兴、泰源。

南乡：黄裕茂、金万生、余大生、洪永裕、邱益生、黄益茂、程正泰、汪怡松、同顺兴、同昇临、许正元、益大茂、汪怡丰、吴长盛、大昌、张复茂、天福堂、福生堂、傅源和、万兴、郭恒兴、唐玉利、张仁泰、恒盛道、朱广源、叶义源、通和、叶洪达、钟万兴、广和、周保和、周万和、振茂、振源、唐同亨。

北乡：胡正隆、裕恒昌、王德源、黄元泰、徐长泰、恒泰衍、龙盛、怡顺兴、季瑞茂、顺兴隆、张松茂、范瑞兴、李同兴、同亨协、同茂、叶益昌、协泰源、胡万茂、协成、徐裕兴、叶万泰、徐和茂、协丰、洪源怡、洪茂、蒋顺昌。

明末清初，金华府兰溪县药商最早开始经营中药材。相传诸葛亮的后裔寓居兰溪县诸葛镇，五代后周广顺二年（952年），诸葛亮十四世孙诸葛浰任浙江寿昌县令，为浙江诸葛氏之始祖。至元代又迁至兰溪，1340年前后择居诸葛镇诸葛村高隆岗，世代经营中药材业，后来他们与其他药商几乎垄断了衢州府五县的药材业，如衢县高家的诸葛懋生堂、大洲的童万源堂、杜泽的胡培元堂、上方的徐葆生堂。他们拉帮结派，熟悉业务（加工药材、识别质量、经营药堂），当时有"三溪药帮"（金华兰溪、宁波慈溪、徽州绩溪）垄断中药材业之谚。后来龙游各地也开设了龙游商帮自己经营的药店。

清光绪年间由余恩鑅创办的龙游滋福堂就是很有名的药堂。余恩鑅出身官宦，曾任广东番禺、潮州等地知州。他于1883年出资1000银圆在龙游镇石板街创办了滋福堂，聘用兰溪方志利负责经营管理。余恩鑅逝世后，滋福堂由于管理不善而亏损。1919年由余福溥（余恩鑅之子）之孙余绍勤和余绍宋合股经营。1930年聘请兰溪名医姜本耕为经理。姜本耕懂医理，又善管理，经营得法，滋福堂名声远播，由衰转盛，成为龙游一带最有名的药堂，其配制的片、丸、膏、丹很受群众欢迎。这是龙游商帮经营的一家名药堂。

4.丝绸棉布商

龙游丝织、棉织、麻织基本自给，无法与苏、杭、嘉、湖匹敌。龙游商帮主要从事于流通领域中的贩销活动，将苏杭的丝织品贩销到湖广等地。纺织品有关民生衣着，是畅销商品，也是有钱可赚的行业，龙游商帮自然有不少人投身于此行业中。

龙游县城闹市区有一间百年老店——盖益大广货店，以经营绸布为主，兼营烟油等，并设有钱庄染坊等，是金、衢、严三府的名店。该店由姜德明于同治六年（1867年）创办，后因经营不善，抵债给胡广发号的胡光炎经营，协议仍保持姜益大店号。经胡光炎、胡廷機、胡筱渔三代人的努力，事业大有发展，全盛时职工达80余人。胡氏经商重信用，商品不二价，老少无欺，薄利多销，店誉遐迩闻名。此人又重义疏财，优惠职工。职工尽心，有敬业精神。这是龙游最有名气的绸布店。

5.书商

明代浙江为刻书、印书的四大中心之一，绍兴、衢州也有许多书坊刻印书籍。所刻之书质量上乘，能打入刻书业颇为发达的江苏等地。书贾常常是用船载书沿运河北上苏、冀、鲁等地贩销。

龙游书商从事文化传播行业，从中取利。他们以贩书为业而成为国内著名书贾，引起明朝著名文人王世贞等人的重视。王世贞为明朝江南一代名士、曾任南京刑部尚书，他对亦儒亦贾的书贾给予很高的礼遇和评价。龙游书贾童珮就是著名的书商。他一生淡泊处世，不求仕途，不攀龙附凤，嗜书且以校书、刻书、贩书为好。王世贞为童珮写传，传曰："童子鸣者，名珮，世为龙游人。龙游地垎薄，无积聚，不能无贾游，然善以书贾。而子鸣之父，曰彦清者，最称为儒雅，不寝然诺。"

龙游丝绸商 李汝衡

另一个书贾胡贸，初以刻书为业，后才从业书贾。唐顺之记："书佣胡贸，龙游人，父兄故书贾。贸少，乏资不能贾，而以善锥书，往来贾书肆及士人家。"他后来也成为出色的书贾。

还有专门开书店经营书业的，如龙游望族余氏曾在江苏太仓州娄县开书肆。他的书肆兼书坊，肆卖书，坊则校刻印书。他们多方搜求好书善本，延揽一些学者为他校勘考证，力求提高书的质量。

龙游刻书、印书、贩书在江南颇具名气，他们所刻之书质量上乘，其销售能力也强，可以与杭州书商相媲美，明人胡应麟就说："越中刻本亦希，而其地适东南之会，文献之萃，三吴七闽典籍萃焉。诸贾多武林，龙丘巧于垄断，每晌故家有储蓄而子姓不才者以术钩致，或就其家猎取之。"明代除杭州外，全省有11家著名刻书坊，嘉兴、宁波、台州各一家，而衢州就有七家，加上龙游童珮一家，不论在数量上还是在质量上，衢府和龙游均居重要地位。

6.珠宝商

明中叶以来，宫廷王公贵族、官僚、富商豪绅生活奢靡，追求穿着、器用之华丽，互相夸耀以示富贵，多有逾制之举，珠宝更是贵族冀求的宝物。对于珠宝、古董、文物等，他们趋之若鹜，千方百计搜求，像猫眼等都需从海外进口，珍宝走私猖獗一时。贩卖珠宝最易获利，最大市场在京师。

珠宝、古董、文物真假难分，有的一块小珠宝价值连城，有的则一文不值，而真正能识货者不多，大多是互相诓骗，金银虽有价可依，但制成首饰后价格就难定了。珠宝、古董、文物不仅是赏玩品、装饰品，它还可充当贿赂官员、进身之礼物而充斥于官场。珠宝的盛行，表现了社会财富的积累和生活水平的提高，但在某种意义上反映出明清政治的腐败和民风的颓丧。贩卖珠宝还需与海外贸易商有联系，许多珠宝来自海外走私，无怪乎龙游商帮中就有一部分是海外贸易商。从事珠宝业需有较巨的资金，还要有鉴赏识别珠宝、古董、文物的眼力，这不是一般无文化、无巨资者所能胜任的。

龙游桐冈坞 童氏商人

龙游商人能跻身珠宝业，亦见其经商的能力。自明中叶以来，龙游商帮中的珠宝商在此行业中占有一席之地，且已具名气了。

7.海外贸易商

龙游虽不靠海，但龙游商帮从事海商者不少，故龙游商帮中经营珠宝商者当与海商从事海外贸易中进口珠宝货物有关。另外事实也说明龙游商帮中确有一批从事海外走私贸易的海商，在嘉靖朝倭寇之患中曾发现通倭浙闽海商中已有龙游商人。据嘉靖时人王文禄说："今寇渠魁不过某某等数人，又每船有船主……其他胁从大约多闽、广、宁、绍、温、台、龙游之人，或乏生理，因凶岁，或迫豪右，或避重罪，或素泛海，或偶被掳。"

同步训练

目的：理解龙游商帮的主要经营行业。

✎ 同步训练

（三）龙游商帮的经商风格和商业道德

1.不辞辛劳，无远弗届

为了扩大商品销售渠道，占领市场，龙游商帮携亲带戚，结伴同行来到遥远的地方经商。"贾挟资以出守为恒业，即秦晋滇蜀，万里视若比舍。""龙游之民，多向天涯海角，远行商贾。"他们行商到全国各地，长期不归。如，胡松"商于外，久不归"，其父长途跋涉去看望他，病殁于途，至老死未回故里，妻周锦姑以纺织自养，至71岁而殁。又如，童子鸣也长期贩书于江南各地。更有数万人远赴云南经商或开垦。

🎬 亦商亦儒的经商文化

2.有守本精神

凡经商者必须有守本精神始能发家致富，不能朝秦暮楚，经常变易地方或行业。当然为了适应环境，也不固着于一地，拘泥于一土，应当因地因时因人制宜，但不能轻率变易行业。明朝商贾很注重守本精神，有一本商书则曰："平昔生意，惯熟货物，虽然利微，抑或遇而不遇，切不可轻易丢弃，改换生理。暴入别行，而货物真假未必全识，价值低难以逆料，以致倾覆财本，大有不可量也。然作客贩货官，固守本行为是。"固守本业，熟悉业务，易辨真假优劣，对市场行情了解，便会有相对稳定的销售渠道和顾客。经常变易行业，易亏本失利，故常有数代累世为某一行业的商贾，龙游商帮中也不乏其例。如林品茂、林巨伦一族，从祖父林品茂自福建上杭县迁入龙游后，与其弟祥茂、琼茂三人共事纸业，至第三代林巨伦长期经营纸业，经验丰富，技术精当，故林巨伦"刻意经营，积资累巨万"。就是亏了本，暂时失利也不轻易放弃其业，如盖益大广货店，当原店主姜德明抵偿给胡氏兄弟时还坚持不让店号改名，经胡氏同意，由胡氏接办的商店仍用"姜益大"之名。

3.重视商品质量

商品质量是商品的生命力，商品能否畅销当以质量为第一，龙游商帮很注意商品质

量。如书商童珮自小从父贩书，自学成才，"尤善考证诸书画、金石、彝敦之属"，无所不精。书籍是特殊商品，考证其真伪及其版本之优劣，这非有专精的知识不可，还要有良工刻刊，每一环节都要坚持高标准。童珮深得其理，加上他家藏书极富，这是校书的必备条件。所以书贾其本人必须是学问家，如明代著名藏书家、学者兼书贾汲古阁主毛晋，所刻之书皆为上乘。童珮也是如此，"子鸣有藏书万卷，皆其手所自雠校者"。因此他所刻的书畅销江南，成为书家争购的商品。此外，龙游纸商也很注意纸的质量，多道挑拣，次品不出售。纸商傅汉机为了保证纸质，防止假品，凡经检验外销的纸品统一加印"西山傅立宗"印信，以保证质量。滋福堂药店重金延请名医坐堂。中药品是人命攸关之物，特殊商品必须精益求精，配药要精确不误，店员药工分工细密，层层把关，严加检查，使药品质量可靠，服之有效，货真价实，人人放心，因此，人们也愿意到此店购药、配药，生意特别兴隆。职工有时忙得连吃饭时间也没有，只能以粽子、包子充饥，而脸无不快之色。职工互相帮助，店堂忙时后坊的刀工等都会自动来帮忙。

4.重信誉，重然诺

在经商活动中，信誉是很重要的，商品的字号也体现了商家的信誉，比商品广告还有实效。商家凡一次失信，第二次的买卖就不成了，买家绝不会上当。在商业竞争中，劣商往往以假、冒、骗等行为图短期之利，或短斤缺两、以次充好，或反悔成交、不按期交货款等，这历来都是商海竞争中的陋规弊习，但是龙游商人决不取之，而是很讲信用，重然诺。

如纸商傅家来开设的傅立宗纸号，坚持产品质量，决不马虎，纸张又均匀又薄，白净坚韧，同一件纸在纸张、刀数、长阔尺寸等规格相同的情况下，比别的纸号轻约5千克，其产品行销大江南北。为了防止他商假冒，在纸件上加印"西山傅立宗"或"行傅立宗"等字样，保持商品的信誉。自从胡筱渔接管姜益大广货店以来，特别重视信誉，多次提出该店一定要坚持不二价、童叟无欺、薄利多销的原则，被誉为"金、衢、严三府第一家"。为了防止银圆有假，特聘了三名有经验的验银工，凡验过的银圆加印"姜益大"印记，表示真银圆不假，让顾客放心上店购物。

5.乐善好施，宽容待人

乐善好施、宽容待人都属于道德范畴的"仁"，而仁是孔子的核心思想，是伦理规范中的最高准则。龙游商人在聚积了财富之后，慷慨解囊，投身慈善事业。在商业竞争中，自然不可避免地存在排他性，而龙游商帮多能本着公平合理、共同经营的理念，兼容其他籍商人进入商帮，并能融洽相处。在衢州或龙游就有徽、赣等籍商人融入，如徽商程廷柱于康熙年间率三个兄弟来浙经商，他们"创立龙游典业、田庄，金华、兰溪两处盐务，游埠店业，吾乡丰口盐业"（《程氏孟孙公支谱·程廷柱传》）。龙游外籍商人为数甚众，据氏族志不完全统计，从外地徙入者至少有83姓430族，其中不少为从商者，他们长期寓居于龙游，很快就融入龙游社会。龙游商人在经商中善于处理人际关系，以仁为出发点，宽容、平和、诚实、乐善好施，如胡筱渔经营姜益大广货店时，对店中职工十分关爱，对职工中年长者以叔伯相称，对平辈以兄弟相称，对晚辈以弟侄相称，年终给职工发"红利压岁钱"以示关怀，过年还给每名职工一匹布作为奖励金。余氏滋福堂亦如此，给年老退休店员每月汇寄退休金。如此融洽的氛围有利于调动职工店员的积极性，这都体现了龙游商人的儒学涵养。

同步训练

目的：理解龙游商帮的经商风格和商业道德。

✎ 同步训练

二、宁波商帮

📹 宁波商帮
史话

宁波在浙江省的东部，简称为"甬"，所以"宁波商帮"也叫甬商，泛指明清以来旧宁波府所属鄞县、奉化、镇海、慈溪、象山（南田）、定海六县旅居外埠从事工商业活动的宁波人。宁波商帮是中国传统十大商帮之一，也是浙商祖辈中最具代表性的源头。它以上海为活动基地，在京、津、汉有很大影响，商业遍及全国乃至世界各地。"无宁不成市"便是对宁波人"善贾"的最好说明。他们活跃在工商界，在航运、金融领域影响尤其大，在中国经济发展中起着举足轻重的作用。1916年，孙中山对宁波商帮有过很高的评价："宁波人对工商业之经营，经验丰富，凡吾国各埠，莫不有甬人事业，即欧洲各国，亦多甬人足迹，其能力影响之大，固可首屈一指也。"宁波商帮不仅历史悠久、经济实力雄厚，而且是唯一一个实现了集团性或整体性近现代化转型的传统商帮。

（一）宁波商帮的发展历史

1.宁波商帮的形成

明清海禁，使宁波延续了几百年的繁华渐渐衰落。由于中外贸易的中断，大批宁波商人只得纷纷前往沿海与内陆各省寻找商业机会，为富余的生产力和就业人口寻找出路，于明末清初逐渐形成宁波商帮。具体分析，主要有以下几点原因。

其一，宁波是滨海港口城市，因而古代宁波商人主要从事海外贸易，但在国内各地经商的也并非少数。

其二，明朝政府对沿海各地厉行海禁。洪武年间曾三令五申："敢有私下诸番互市者必置之重法。"明廷对外商来华贸易也严加控制，只有建立"朝贡"关系的国家才允许来华贸易。在明廷厉行海禁的情况下，宁波商人纷纷转向内地贸易。

其三，嘉靖年间，明廷多次剿捕盘踞宁波沿海岛屿从事走私贸易的海商。双屿港、烈港和岑港等贸易活动场所被摧毁，宁波商民依附从事海上贸易的很多，经受多次打击，这些商民除少数潜往南洋外，大多转为经营国内商业，从而使在内地经商的宁波商人急剧增加。

其四，清初，清廷为阻遏郑成功等反清势力，于顺治十八年（1661年）迫令江、浙、

闽滨海民户内迁30里，并严禁商民出海，"片板不许下海，粒货不许越疆"。宁波府属各县滨海民户背井离乡，流离失所，生计无着，只好外出谋生。

其五，一些儒生科场失意，弃儒从商。孙春阳即因在明万历中应童子试不成，于是抛弃举业之途，改为从事商贸。又如康熙年间，慈溪人董汉醇，兄长经商致富后，资助他一意读书，志在求取功名。后来董汉醇怀才不遇，名落孙山，兄长携他外出经商，教授其经商之道，带着资本往来于楚蜀，家业自此富裕。此外，入清以后，在抗清志士的影响下，也有一些宁波人耻于在清朝为官，放弃科举转而从事工商业。

资料卡3-6

宁波商帮形成的标志

宁波商帮初始形成的主要标志是宁波商人在北京创设鄞县会馆。鄞县会馆创立的时间在明朝万历到天启这一时期，创办者是鄞县在京的药业商人。宁波裁缝兴起于明初，到明朝中后期时，逐步垄断了北京的成衣业，并在清初成立了北京的成衣会馆，即浙江省慈溪县成衣行业商人会馆，简称浙慈会馆。因此，明末清初为宁波商帮初始形成阶段，其主要活动地域在北京，主要经营行业是药材业和成衣业。

红帮裁缝

（资料来源：王婉芳. 中国商贸与文化传承［M］. 北京：中国人民大学出版社，2015.）

2. 宁波商帮的发展

鸦片战争后至辛亥革命前，是宁波商帮迅速发展的时期。鸦片战争前，宁波商帮尽管在京津地区和长江中下游商业重镇有相当势力，但毕竟未能突破旧式商帮的格局。鸦片战争后，清政府被迫开埠，现代工业进入中国，加上洋务运动对近代军用、民用工业的推动作用，宁波商帮活动的地域进一步拓展，群体实力进一步增强，新兴行业涌现，航运业、金融业崛起并成为支柱产业。

这一时期，宁波商帮的活动地域已不限于北京及沿海通商大埠和长江中下游大中城市，而是扩展到全国各地，包括市镇、乡村和山城，甚至远达海外，全力开拓和占领新的市场。他们不仅在上海经商，还不畏风浪险恶、海盗凶残，以巨额资财自行置办南北号商船，从事南北洋埠际贸易，北抵天津、营口，南达厦门、汕头。

3. 宁波商帮的鼎盛

辛亥革命后至中华人民共和国成立前，宁波商帮大规模创办工商业，百业鼎盛，经营行业进一步更新，在商界地位进一步提高，并快速实现了从传统封建商帮集团到近代工商资本家群体的转型，这是宁波商帮的鼎盛期。

民国时期，宁波商帮中新一代实业家脱颖而出。这批人生长在通商口岸，从小受西方资本主义经营思想熏陶，具有西方经营理念和现代管理技术，对新生事物极为敏感，能不失时机地开拓活动地域，更新经营项目，充分发挥自身在人才、行业、资金、货源等方面的优势，充分认识到钱庄、银行对融通商业资金的作用，把商业与金融业紧密结合起来，经营规模扩大，营运资本雄厚，名店遍布各地，并且经营理念和经营方式也在发生深刻变化，集体向近代化转型。从而使宁波商帮以新兴的近代实业家群体的姿态跻身于全国著名商帮之列。

宁波"三宝"

这些宁波商帮实业家不仅具有强烈的参政意识和保障自身权益意识、强烈的同乡联合共同对外竞争意识，他们中的很多人充任买办，往往以此致富后再经营他业。这些买办绝大多数属于从事对外贸易的新式商人，他们当中不少人后来都转化为民族资本家。可以说，买办和当过买办的民族资本家是宁波商帮的一大人才优势。他们在与外国商人的接触中，学到了一套近代商业经营管理经验，往往经营得法，管理有方，企业富有活力。

宁波商帮
会馆

宁波商人不仅善于开拓活动地域，还善于开拓经营项目。鸦片战争后，欧风东渐，社会风尚有了新的变化，市场需求也有了新的变化，宁波商人预感到并看准了这种变化的趋势，在保持传统行业特色的同时，不失时机地更新经营项目，重点投资新兴行业，并且往往一家经营数业，互相融通，使宁波商帮经营的许多行业在国内实业界居于优势地位。

第一次世界大战爆发，在中国的洋商纷纷回国，列强无暇东顾，这对我国民族工商业的发展是一个难得的机遇。据1935年国民政府中央工业检查处统计，上海已有工厂5418家，占全国的85.4%，许多行业开始兴起。"宁波帮"商人在1911—1936年这20多年间纷纷抓住这一机遇振兴百业，一时名号如林，名牌迭起，名人辈出。著名的有"五金大王"叶澄衷，航运业巨子虞洽卿，"火柴大王"刘鸿生，药业兼娱乐业名人黄楚九，橡胶业先驱余芝卿，造纸业巨擘竺梅先、金润庠，商务印书馆创办人鲍咸昌，还有战胜洋商肥皂的项松茂，提倡国货运动的李康年，首创国产灯泡的胡西园等。

4.宁波商帮在港澳台及海外

长期以来，宁波商帮的活动地域并不限于中国，在海外分布也很广。宁波人去海外经商的历史悠久。明朝嘉靖年间，宁波一带商民趋海利从事走私贸易，在双屿、烈港、岑港相继被明朝政府派兵摧毁后，这些从事贸易的商人大部分转为经营国内商业，但也有一部分流落到海外经商。近代以来，宁波人去海外经商蔚然成风。五口通商以后，宁波商人足迹遍布全国，以及南洋、欧美各地。特别是在19世纪末与20世纪40年代前后，宁波商人有两次较大规模的海外创业高潮。

19世纪末20世纪初，一批宁波人为生活所迫去海外谋生，地点以日本和南洋为主。这批人多为手持理发刀、厨刀和裁缝剪刀的下层劳动者。他们奋斗多年，依靠自身的勤劳和灵活的经营手段，创造出了不凡的业绩。其中的杰出代表有20世纪初在日本有"关西财阀"之称的华侨巨商吴锦堂、"鱼翅大王"张尊三和20世纪三四十年代在南洋一带曾经与陈嘉庚、胡文虎齐名的新加坡巨商胡嘉烈。

20世纪40年代前后，宁波商帮仍然处于鼎盛时期，但由于社会经济环境的急剧变化，大批宁波商帮实业家迁徙海外，与早先在海外发展的宁波商人一起形成海外宁波商帮。海外宁波商帮继承宁波商帮重视乡谊、和衷共济的观念，弘扬宁波商帮把握机遇、

奋进不息的创业精神，相互扶持，风雨同舟，在海外经营的业务不断拓展。海外宁波商帮崛起于20世纪40年代末50年代初，基本完成现代转型，在海外重振雄风，成为国际社会一个不可忽视的华人群体。这第二次大规模迁移使宁波商帮的活动重心由内地转移到了海外。据不完全统计，目前海外宁波商人广泛分布在日本、新加坡、马来西亚、印度尼西亚、菲律宾、泰国、美国、英国、法国、德国、丹麦、瑞士、葡萄牙、澳大利亚、加纳、毛里求斯等50多个国家和地区，总人数超过50万人。

从20世纪二三十年代起，宁波商人先后在日本东京和新加坡成立同乡会，此后，宁波商人在世界各地纷纷建立起相应的同乡会组织，在同乡互助、沟通商情、共谋发展、从事公益及建设家乡方面起到了积极的作用。

在海外的宁波商人不仅拥有巨额财富，而且具有很高的社会地位，与各国政要交往频繁，在自己经营的行业中具"王者之尊"。

🔲 同步训练

目的：理解宁波商帮的发展历史。

✎ 同步训练

（二）宁波商帮主要经营的行业

1.沙船业及后来的轮船航运业

"沙船"始于元代。元朝建都北京，其粮食、财赋主要依赖东南沿海供应。至元十九年（1282年），朝廷命上海管军总管等人督造60艘平底海船，先后运粮4600余石至北京，开创了南北海运的历史。这种航海的帆船卸货后，即载大量黄沙压舱，使船下沉，利于海上平稳航行，这就是"沙船"名之由来。这种船在海上航行时充分利用了风帆的轻捷平稳，最大的好处是能坐滩，即不怕搁浅，"持沙行以寄泊，因底平稍搁无碍"，特别适宜航行于航道水浅多碛的北方沿海。从明中期到清初，政府实行"海禁"，南北海运受阻。清康熙后，政局稳定，取消"海禁"。清末，漕粮运输因大运河经常性堵塞改为海运，从而使沙船业迎来了其发展的高峰。乾嘉时期"南北物资交流，悉借沙船。南市十六铺以内，帆樯如林，蔚为奇观。每日满载东北、闽广各地土货而来，易上海所有百货而去"。

宁波沙船航运业主要集中在上海，早在鸦片战争前，上海的沙船航运业已是颇具规模的行业，有人估计当时该行业资本约为3000万元，从业人员5万～10万人，船东万余人。鸦片战争后，上海开放为通商口岸，其特殊的地理位置，便利的交通条件，使它很快取代广州成为我国最大的商港。在漕粮海运的刺激下，宁波船商更加活跃，陆续产生了慈溪董氏、费氏，小港李氏、盛氏等一批著名的船业家族。后来轮船兴起，代替了沙船，虞洽卿等创办宁绍、三北、鸿安等轮船公司，三北轮船总吨位曾达到9万余吨，为当时我国三大民营公司之一。航运业促进了城乡、南北物资的交流和对外贸易的发展。

📹 宁波商帮
经营项目
和地域

2.钱庄业及后来的银行保险业

在商业发展中，宁波商人逐渐意识到商业经济的发展离不开金融资本的支持。宁波的钱庄起源于明朝中后期，清朝时期有了长足发展。鸦片战争后，以大同行为代表的宁波钱庄实行过账制度，客户款项收付不用现金，只要双方各自把登记入账的账簿交给开户钱庄就可以，不仅手续方便，还可以弥补市场上现钱的不足，对丝茶等大宗物品的交易有利。宁波的大同行钱庄还通过存放汇划业务为商业融通资金，宁波商人经营的很多贸易都需要巨额资金，往往都得益于钱庄的放款。

"宁波商帮"中不少商人自己也经营钱庄业，如镇海方家、慈溪董家、镇海叶家、江东严家、湖西赵家等，这些商人家族集团既经商又开办钱庄，资本日益雄厚。他们除了在宁波本地开办钱庄外，还到上海、武汉、杭州等地开办钱庄十多家。1921年，上海钱庄共有69家，其中宁波人开办的钱庄就有16家。宁波商帮商业、钱业相互为用，用商业赚的钱开办钱庄，钱庄的钱支持商业发展，从而在他们的活动地域形成一股强大的经济实力。这些钱业资本家集团以上海为其业务活动中心，成为上海重要的金融力量。上海钱业同业公会是左右上海金融活动的机构之一，而历任会长中不少为宁波人，如慈溪人秦润卿任上海钱业公会长达20年之久。

在中国的金融领域，近代银行出现后，宁波商人创造了许多中国第一。1897年，严信厚、叶澄衷等人投资创办了中国第一家华人银行——中国通商银行，这家银行的成立标志着我国的金融业向近代金融经济体制演化。李云书、虞洽卿等人创办四明银行，为扩大商业经营和兴办新式企业融通资金。宁波商人还长期担任新式银行的重要职务，镇海人盛竹书，曾任交通银行分行经理、浙江兴业银行经理，并一度当选为上海银行公会会长。宁波人孙衡甫，长期担任四明银行董事长兼总经理。慈溪人秦润卿，任中国垦业银行董事长。

民国时期，在上海乃至全国的金融领域，以宁波金融家的活动最为活跃。他们占据了强大的金融资本，社会上将他们通称为"江浙财团"。

3.工商实业

"十里洋场"的上海自开埠以来就是洋货倾销舞台，充斥市场的洋货，对中国民族资本工业带来了巨大的压力。宁波帮的先行者们借助这个平台，坚持民族产品，高唱国货品质，抵制外货倾销，在工商业领域与洋商一决高下。在工业方面，宁波帮商人经营有火柴、煤矿、造纸、化工、制药、纺织、毛绒橡胶等行业；在商业方面，则涉足五金、颜料、煤炭、水产、绸布服装，以及保险、证券交易所等领域。近代实业家刘鸿生，祖籍浙江定海，清末为开平矿务局上海办事处买办。第一次世界大战期间，刘鸿生以经营煤炭起家，被称为"煤炭大王"。此后，刘鸿生投资火柴、水泥、毛织等行业。1920年起陆续创办上海水泥公司、上海章华毛绒纺织公司、大中华火柴公司等企业，还投资码头、搪瓷、航运、金融及保险业。到1931年投资额已达740余万元，被称为"中国火柴大王"和"毛纺业大王"，资产达2000万元。

4.经营民信局

所谓民信局就是民间自发经营的通信组织，它从明朝永乐年间（1403—1424年）兴起。民信局的出现是由于商品经济的大发展，不少商人需要一种业务上的联络，特别是在货物运输及资金的周转出现问题时。民信局最早由宁波商人开办，以后有以宁波商人为主的经营者，到"清朝道光、咸丰、同治以迄光绪初年为最盛"，此时"全国大小信家无虑数千家，其营业范围除国内各都会市镇外，且远及于南洋诸岛，而吾甬商实在执其牛耳也"。近代，上海崛起以前，宁波一直是民信局的中心所在。上海崛起后，民信局活动中心转向上海，但宁波商人牢牢把握住了民信业。

民信局既是一种民间邮递机构，也是商人用来盈利的行业。民信局开办时，在陆路用车运，在水路用船载。到了近代，则分为两类，一类是专营内地的普通信局，一类是轮船信局，主要通过轮船邮递信件，往来沿海沿江各埠。民信局"资本少则数千元，多则几十万元"。民信局初以邮递信件为主，后逐步发展，兼营其他行业。主要有：普通信业，如信件、包裹、契约、金、银等；运送货物；发行报刊；承接银钱汇兑等。

民信局的创办和经营，满足了大批外出经商者的需要，素有"票号为山西人特有，民信局为宁波人独占"的说法，可见当时宁波商帮实力之雄厚。另外，宁波商帮商人还经营银楼业、中西药业、洋布西服业、南北货业等事业。

同步训练

目的：理解宁波商帮的主要经营行业。

✎ 同步训练

（三）宁波商帮的经商风格和商业道德

1.勇于开拓，善于创新

宁波商人善于开拓市场、占领市场，足迹遍及海内外。继上海成为宁波商帮的主要活动地域后，20世纪40年代，香港又成为宁波商人活动的大本营。此后，一批宁波商人进一步向日本、东南亚、南北美洲和大洋洲等地拓展，把自己的企业发展成为全球性的企业。他们思想机敏，经营灵活，顺应时代潮流，适应市场需求，及时更新经营项目。但宁波商人并非洋奴，而是民族立场坚定，敢于跟洋人竞争较量。

🎥 宁波商帮：团结开拓勇于创新

资料卡3-7

邵逸夫

"影视大王"邵逸夫，面对20世纪30年代有声影片全是好莱坞和西方生产的洋货，而华人影片公司和自己公司生产的仍然是无声影片的情况，他决意生产自己的有声影片。1933年，由邵醉翁执导、邵氏兄弟联袂拍摄的天一影片公司在香港的创业之作——第一部有声国产影片《白金龙》问世。《白金龙》先声夺人，同时在香港和上海隆重推出，场场爆满，格外走俏，连续数月公演，持久不衰，为天一影片公司带来巨额收入，利润突破100万元大关。这个100万元，在当时可是个天文数字。20世纪30年代，香港百姓的月薪才二三十元，那年头买一栋房子也只需上万元，有100万元在香港可算是大富翁了。一部《白金龙》不仅为邵氏创造了票房奇迹，也使中国电影从无声影片进入有声影片的新时代。

（资料来源：庄丹华.宁波商帮文化教程［M］.北京：北京理工大学出版社，2016.）

2.艰苦创业，克勤克俭

宁波商人历来有吃苦耐劳、知难而进、艰苦创业、克勤克俭的品质。绝大多数宁波商人一开始都是最底层的劳动者，"出门谋生但求一枝之栖，为僮为仆在所不计"。许多宁波商人都走过一条坎坷而艰辛的创业之路。难能可贵的是，他们在事业有成之后依然简朴节俭，宁可一掷千金捐办公益事业，自身却从不奢侈挥霍。

宁波商帮成功完成转型的原因

3.以诚为本，务实取信

清浙东学派形成的"最重人格、最重良心"的学风，哺育了一代又一代宁波商人重视信与义，主张以诚信为本，从义内求财的经商理念。历史上宁波人在上海开设的钱庄信誉卓著，所开出的庄票通行沪上及各埠。为此，他们执掌上海钱业至首要地位而多年不衰。同样，宁波人的信誉支持了上海民信事业的发展。钱庄业和民信业的盛况反映了宁波人"重然诺，尚信义"的职业精神。

资料卡3-8

诚信驶得万年船

诚信推动了宁波商帮自身的发展，也成为宁波商帮的人文特色。宁波商人向来有"信义经商""信用经商"的美誉及"信用码头"的别称。宁波商人开办的老字号中，诚信经营的传统贯穿始终。

商品精良是商业信誉的重要一环，宁波同仁泰百货店就十分重视商业信誉。由于当时民族工业还不发达，产品多是半机械或手工制作，同时原材料不稳定，所以产品质量不稳定，同一牌子甚至同一批、同一包产品，长短、厚薄、质量也相差悬殊。而同仁泰百货店在进货时就很注意这些问题，进货时极少失误，又实行厂店挂钩，商品如有质量问题，可以直接与工厂商量调换。其经营方针赢得许多"回头客"，诚信进货为之树立了信誉。

宁波方聚元银楼店货真价实，划一不二，老少无欺，笑脸相迎，百挑不厌，所以声誉日上，生意鼎盛。中华人民共和国成立前，宁波黄金足赤牌价完全听命于上海金市。上海金市收牌价为每两100元，方聚元银楼店挂牌大约售出为102～103元，收进为98～99元，进出相差约4元；有时进多出少，价格调为售出101～102元，收进97～98元。一进一出，两笔交易营业额约为200元，而毛利仅为4元左右，确实利薄，但这获得了顾客的信任。无独有偶，新宝华绸布店实行"薄利多销"的营业方针，在薄利上争信誉，在多卖上求利润，规定"著名商品贴价卖，大众商品平价卖，高档商品赚钱卖"。

宁波寿全斋国药号是有200多年历史的闻名遐迩的老店，坚持"货真价实""尊古炮制"的经营方针。接方撮药时，如一张处方要撮药五帖，其一味用三钱，就一次称一两半，分配第一帖三钱后，一定要复秤戥中尚存的一两二钱，再依次递减到第五帖，保证每味药秤对无误，在处方单上签章后，方可包扎。新宝华绸布店专门设立复尺台，规定营业员必须填好三联账单，注明单价、数量、金额，其中一联交复尺台，凭单核对单价和数量，存根则作为统计奖金的依据。不论商品大小，都不直接包装，必须经过复尺台这一关，此种做法得到顾客的信任。宁波其他的老字号也坚持诚信经营，如一言堂，以明码标价、不讨虚价、顾客无须讨价还价、"一言"定买卖著称。这是宁波商帮得以在海内外蓬勃发展的重要原因之一。

（资料来源：编者根据相关资料整理）

4.敦重乡谊，结帮经商

宁波商人重乡谊，外出经商互相帮衬，回家互托携带钱物，店主、厂主多喜雇用同乡人，在商业交往和人生道路上更是同声相应、同气相求。宁波商帮所建的会馆、公所，不仅叙同乡之谊，联同业之情，恤嫠赡老济贫，还作为同业集议场所，研讨商情，联络商务，团结同乡，维护共同利益，以求"有利则均占，有害则共御"的团队合作精神。

5.爱国爱乡，回报社会

宁波商人是热忱的爱国者。在历史上，宁波商帮人士中，有在民族危难中舍生取义的，有热心慷慨解囊相助公益事业的。20世纪以来的包玉刚、邵逸夫、包从兴、赵安中等在事业成功后，捐巨资兴办国家和家乡的社会事业，邵逸夫向国家教育事业和其他公益事业捐资达26亿多港元，包玉刚创建了宁波开埠以来的第一所综合性大学。他们的义举体现了"宁波帮"对祖国母亲的一片赤诚。

📖 同步训练

目的：理解宁波商帮的经商风格和商业道德。

✎ 同步训练

第三节　新浙商

在我国的商业文化发展历程中，晋商、徽商、粤商都曾书写辉煌。如今，浙商则成了中国各种商业排行榜的主角。毋庸置疑，作为新兴商帮的"浙商"，在当今中国经济领域已有着举足轻重的地位。"浙商"是传统的浙江地域文化和商业精神与现代市场意识结合的产物，他们驰骋南北，纵横天下，改变了中国的经济版图，书写了一段又一段的传奇。充满活力的浙商正在成为中国民营经济一部活的教科书，"敢为人先，勇争天下强"的浙商创业精神是浙江精神活的载体和生动表述。

即问即答

你认为浙江省内不同县市之间的人文传统是否有差异？
A.有差异　　　　　　　B. 无差异

? 即问即答

马克思指出："由于自然条件不同，即由于土地肥力、水域或陆地、山区和平原的分布不同，气候和地理位置、有用矿藏的不同，以及土地的天然条件的特点不同，又有了劳动工具的天然差别。这种差别造成不同部落之间的职业划分。"[1]

不同地域历史人文传统的差异，不仅表现在各省之间和县市之间的不同，即使在同一县域内，区区一两千平方千米的国土范围，都会呈现明显的人文差异，进而引起经济活动的差别。浙商是以共同文化伦理为纽带组成的企业家群体，从地域来说，其内部由不同的板块构成。浙江县市之间历史文化经济呈较大差异性，因此内部各板块的浙商也有相应的差异，其历史渊源、形成过程、行为习惯、经济特色都有个性化的呈现。正是各地"二级浙商"的差异性，使得浙商整体内涵更加丰富深厚。

一、温州商人走遍四海：温商的历史文化渊源

温州商人致富思维

温州是一块有灵性的土地，是"中国数学家的摇篮""中国山水诗的发祥地""中国南戏的故乡"，同样也是商人的摇篮。

温州文化以其深厚的底蕴和独创的经济思想最为鲜明，东晋时中国山水诗开山鼻祖谢灵运为官永嘉（今浙江温州市永嘉县），在温州兴水利、勉农桑，弘教化，同时创作了大量优美的山水诗，对温州文化的形成和发展产生了积极而深远的影响。南宋时期农

[1] 中共中央马克思恩格斯列宁斯大林著作编译局 . 马克思恩格斯全集：第十七卷［M］. 北京：人民出版社，1979：334.

业和手工业的发达，造就了一片繁荣的商业景象。这个时期经济思想绽放光彩，以叶适为代表的永嘉学派进一步为商品经济的发展打开了思想上的窗口，他们主张以功利统一仁义，主张通商惠工，以国家之力扶持工商业，反对以义抑利、重农抑商的思想，同时注重研究实际问题，提倡事功，反对空谈义理心性。正是这种重实际、求实利、讲实效的思想渊源，演绎出了一系列诸如敢为人先、唯实务实、敢担风险、勇于拼搏、不等不靠、吃苦耐劳的温州特有的人文精神，且逐渐在社会实践中形成能够维系、引导和推进温州商业发展的源源不断的驱动力。

追溯温州的商业史，最早可到2000多年前，温州是我国开展海外贸易较早的地区之一。东晋南朝时期，中原名门士族、达官贵人纷至沓来，中原文化、移民文化与本土文化交融，促进了温州经济和文化的发展。南朝时期，永嘉已是"东南之沃壤，一都之巨会"，制瓷技术已趋成熟，所产青瓷釉色淡青，晶莹泽润，享誉国内。唐朝时期，温州以海外贸易最为兴盛。五代时期，吴越钱氏实行"保境安民"政策，境内"休兵乐业二十余年"。温州成为吴越国重要港口之一，设有博易务。两宋时期，温州经济达到鼎盛，"一片繁华海上头，从来唤作小杭州"，商贸繁荣、店肆林立，并与日本、高丽、东南亚各国贸易往来频繁，成为我国东南沿海的主要手工业、商业城市，以瓯陶、瓯绸、瓯绣、木雕、石雕、砖雕著称。元朝时期，温州城"百货所萃，廛氓贾竖，咸附趋之"，以至清朝开关后，"商贾辐辏"，"贾客四方民"。

改革开放后，温州成为中国市场经济发展最活跃的城市之一，温州商人则被视为浙商乃至中国商人的典型代表。事实上，温州本土经济的相对落后与发达的温州人经济，形成了鲜明的反差：省内浙商地理分布突出的特点是温州的"落后"，温州个体工商户和私营企业"密度"均位列全省第八，仅排在丽水、衢州等之前。

温州商人
郑胜涛

温州文化兼有对外开放性和对内收敛性的特征，而温州人的族群归属感很强。通俗地说，就是温州人同乡观念很强，温州人之间做生意特别容易成交。温州人内部的这种互相认同感丰富了社会资本，降低了交易成本。这些群体性人文取向，使得温州企业家资源发现成本和流动成本较低，弥补了信用缺失和制度不足等要素制约下缺损的市场效率问题。这是温州人打遍天下的秘密武器之一。

温州商人是浙商群体中全球地域分布最广的一支。其中影响力最大的温商代表人物南存辉、胡成中、郑胜涛、王振滔、尤小平、高天乐等，虽然事业版图扩展至全国，但创业起步在温州，现总部及基本业务仍然在温州本土。

二、台州商人刚柔并济：台（台州）商的历史文化渊源

习惯上，我们很多时候将"温台"并称，但台州人认为他们跟温州人还不太一样，他们还打出了"新台商"的旗号（以区别于被称为"台商"的台湾商人），并列出了一大堆的事实和依据。台州自古以来以"海上名山"著称于世，"文章名胜声震东南"。台

州文化重要影响因素之一来自于其三面临山（天台、雁荡、括苍）、一面滨海的独特自然环境，在漫长历史中渐渐孕育出了台州人山的"硬气"和海的"灵气"，无私无畏、敢于冒险、博采众长。资源贫乏的现实让他们更务实，早在中唐时著名诗人寒山子就发出了"丈夫莫守困，无钱须经纪""极贫忍卖屋，才富须买田"的"治生"呼声，在中国古代自然经济条件下，寒山子的传统致富理念，在当时是行之有效的。

台州商人
陈立钻

另一方面，长期远离政治中心，一定程度上削弱了封建教化在价值观、思维习惯等方面的同化作用，使台州人保持了感知世界和事物的一种天然本真，从而保持了思维的独立性、创造性和不张扬性。北宋时便有天台县令郑至道最早提出"四民皆本"论。商品经济的发展，自然而然地反映到意识形态之中，是产生"四民皆本"的经济基础，而天台宗佛教伦理"治生即道"思想及"入世"精神，是产生"四民皆本"论的思想基础。台州人自古就逐渐形成了自强不息、开拓进取、敢于创造、低调务实的个性特质。

台州的商业史始于港口贸易，秦汉时古港口章安是我国东南沿海最早崛起的名港之一，港口规模大于当时北面的宁波港和南面的温州港。三国时，东吴孙权派遣大将卫温、诸葛直率军队2万余人，从章安（今浙江台州市海门港北岸章安）出发到达今台湾，可见古时章安港口的盛况。唐代"安史之乱"后，全国经济中心南移。至宋代，传统坊市制瓦解，城乡商贸日渐繁荣，台州出现了"逢州日日市，逢县三六九"的商贸盛况。台州的工商业在唐宋时期进入鼎盛时期，在南宋时达到顶峰。唐宋时期，台州的制盐、造船、造纸、纺织、制瓷、印刷、酿酒等行业均较为发达。尤其是制盐与造船业，更是当时台州的两大支柱产业。

改革开放之后，台州是一个敢于闯关的地方。全国第一张股份制企业营业执照，第一份股份制政府文件，全省第一家农村金融服务社，全国第一家县级民航站，全省第一家个体联合运输车队，全国第一家股份制医院等，都体现了"敢冒险、有硬气、善创造、不张扬"的作风，与台州精神一脉相承。在台州商人身上，山的硬气和海的灵气融为一体。李书福、叶仙玉等均为台州籍浙商的典型代表。

三、宁波商人源远流长：甬商的历史文化渊源

宁波历史悠久，是具有7000多年文明史的"河姆渡文化"发祥地。宁波文化荟萃，四明学派、阳明学派、浙东学派等在历史上产生较大影响，出现了虞世南、高则诚、王守仁、朱舜水、黄宗羲、万斯同、全祖望、张煌言等一批文化名人。

宁波商人
李如成

宁波也是一座有着悠久商业文明的城市，浙东学派源于儒学却革新儒学，把儒学和经世济用相结合，使儒学发展成为更有利于国计民生的实用之学。所以宁波人义利兼顾，尊儒而不轻商的文化价值观一直延续至今。明代哲学家王守仁（号阳

明）提出"四民同道"论，主张知行合一，反对"冥行妄作"，反对"侵商""困商"的行为，诘问"独商人非吾民乎"？明清浙东学派代表人物黄宗羲批判封建君主专制制度，提倡民主革新的启蒙思潮，反对空谈心性的"世儒"所崇行的"重农抑商"思想，主张"工商皆本"："世儒不察，以工商为末，妄议抑之。夫工固圣王之所欲来，商又使其愿出于途者，盖皆本也。"这种以"经世致用"为核心的价值观念，深深地烙印在了每一个宁波商人身上，促成了他们善于审时度势、灵活善变、敢于冒险的性格。宁波的商业史可追溯到唐宋，唐宋时期的明州，是我国重要的对外贸易港口。《四明志》有"海外杂国，贾舶交至"的记载，1974年和义路出土的唐代精美瓷器，就是经由宁波港出口的外销瓷。宋代还在明州设立了专门管理外贸的机构——市舶司。当时从明州登陆来朝贡和贸易的，包括日本、高丽和一些东南亚国家。明州、泉州和广州在当时并称为全国三大对外贸易港，也是全国建造海船的重要基地。

浙东自古以来就有以商为业、以商为荣的风气。"宁波帮"形成于明朝万历至天启年间（1573—1627年），盛于"五口通商"之后，"无宁不成市"的说法驰名海内外，是历史上的著名商帮，也是现代浙商的主要历史源头之一。从19世纪中后期开始，宁波人迁沪经商者达40万人，他们所经营的工商企业分布极广，在许多行业中占有重要地位。20世纪初的民国时期为甬商的鼎盛时期，20世纪中叶，"宁波帮"的重心逐渐移向海外。

宁波人历来注重实效，不爱空谈，崇尚少说多做，埋头苦干，不事张扬，低调务实。改革开放初期，当很多地方还在为"姓资姓社"的问题争论不休的时候，宁波人却把争论先搁到一边，真抓实干，实践"以经济建设为中心"；20世纪90年代中期，当人们还在为到底是学"苏南模式"还是"温州模式"举棋不定的时候，宁波已经无声无息地开始了对乡镇企业的改制，奠定了民营企业的主体基础；21世纪初，当大部分地方正如履薄冰地对国有企业进行改革的时候，宁波的国有企业改制已经基本结束。如今甬商的杰出代表，如雅戈尔集团的李如成、杉杉集团的郑永刚、方太集团的茅理翔、奥克斯集团的郑坚江等都是浙商群体里的著名人物。

四、绍兴商人外圆内方：越商的历史文化渊源

文化名人众多一直是绍兴的品牌，绍兴是闻名遐迩的"名士之乡"、"戏曲之乡"和"书法之乡"。事实上，自古以来，绍兴一直是一个出师爷和商人的地方。鲁迅先生曾言："我总不肯学做幕友或商人，这是我乡衰落了的读书人家子弟所常走的两条路。"

越文化的一个重要内涵是它的重商传统。先秦越国范蠡和计然的商品经济思想，一开始就体现了不尚虚功、求实利的风格，他们甚至提出了"农末（商）俱利"的政策，让农民和商人实现双赢，发展经济。经过千百年的浸染，浙东学派的"经世致用"思想已经深入人心，越文化传统造就了绍兴人刚柔相济、外圆内方的行为方式，进而兼容并蓄，"有胆识，权机变"，敢于创新、善于创新的个性特质，成为一种绍兴的人文精神。

绍兴的商业历史，可以追溯到2500多年前。春秋末期，范蠡辅佐越王勾践击败吴

国，功成名就后急流勇退，泛舟商海。因经营有道，不久即成为富甲天下的陶朱公，成为中国历史上著名的实业家和经济思想家，被后人尊为"商圣"。范蠡当政时，以"农末俱利"的思想治理经济，使越国有了发达的纺织、冶炼、酿酒等手工业。魏晋南北朝时期，绍兴成为海内大邑和名士荟萃之地，南北融合，使会稽郡成为与当时首都建康（今江苏南京市）双峰并峙的两大都会之一，绍兴人口密集，经济繁荣，越瓷、越绫风行天下，特别是"越青瓷"名播海内、远销海外。两宋时期，绍兴进一步成为鱼米之乡、丝绸之府，曾作为南宋的临时首都。元、明、清三朝，绍兴民间经商之风更加浓厚，布业会馆、药业会馆、酱园会馆等商会逐渐从绍兴本地扩展到全国，同时，绍兴的"染缸、酒缸、酱缸"等"三缸"行业也有着举足轻重的地位。

绍兴向为文化之邦，绍兴人处世精明，治事审慎，工于心计，善于言辞，具有作为智囊的多方面能力，故清代以师爷为业者多系绍兴人，诚如龚未斋在《雪鸿轩尺牍》中所云："吾乡之业斯者，不啻万家。"绍兴师爷的特征与后世的企业家颇为神似。某种意义上说，著名的绍兴师爷，就是古代的实业家。

我们仔细观察绍兴师爷的知识结构、职业技能和行为价值观可以发现，绍兴师爷与企业家经营者非常相似。与同时期的其他封建官僚相比，绍兴师爷的基本工作就是处理钱粮刑名，其实就是一个以实务效率作为职业标准的经营管理者。

绍兴师爷的崛起，使得绍兴民间低调务实的价值观进一步深入人心，因为除了读书科举之外，一样可以有前途。在改革开放后工商业成为社会主流的时代，这种善于处理实务、平衡各种关系的职业技能就转化为自主创业的行为倾向和具体行动。

改革开放后，绍兴创业群体大面积崛起。但绍兴有一个独特的现象，可以称之为"有名企，有名牌，却没有名人"。虽然绍兴整体实力很强，绍兴的上市公司数量居全国前列，但与之形成鲜明对比的是，绍兴公众知名度很高的老板却不多。在浙商当中，绍兴浙商是"隐藏"最深的。

五、舟山商人海洋文明：舟商的历史文化渊源

舟山商人
王海斌

舟山有着悠久的人类历史文明，早在五六千年前，舟山马岙就创造了"海岛河姆渡文化"，被誉为"东海第一村"。而这座由上千个岛屿组成的"千岛之城"，是中国海上丝绸之路的中转站，素以"中国渔都""贡盐之乡""海天佛国"闻名于世。舟山得天独厚的渔港海洋资源，孕育了舟山特色鲜明的海洋佛教文化和闯荡四海的海洋商贸文化。这些又转变成为舟山人"冒险开拓、求变创新、兼容并蓄"的精神和团结互助的人文品格。

舟山历史上曾是"海上丝绸之路"的重要通道，徐福东渡、鉴真东渡、遣唐使往来、郑和下西洋都曾将舟山作为始发站或中转站。明朝嘉靖年间的六横双屿港，是当时亚、非、欧各国商人云集的世界最大的国际贸易港之一，在中国海洋经济历史上占有重要地位。

六、金华商人婺学浸润：婺商的历史文化渊源

诗人李清照曾这样描述这座千年古城："水通南国三千里，气压江城十四州。"金华自古出俊杰。文学、诗词、戏曲、书画、科学……人才荟萃，代有名家，人文思想上更是异彩绽放，以宋元时期为兴盛期。这一时期，金华逐渐发展成为东南地区著名的文化和学术中心，被人们誉为"小邹鲁"。

金华商人
章树根

金华古称婺州，受"婺学"全面兴起的影响，婺商文化中以吕祖谦为代表的"吕学"和以陈亮为代表的"永康之学"最为耀眼。吕祖谦力倡均田恤劳、农商并举；陈亮认为义理存在于功利之中，"功到成处，便是有德；事到济处，便是有理"。这些思想与传统的儒家正统思想形成鲜明的对照，集中反映了婺州人在长期社会实践中所形成的价值观和行为方式，成为商文化的重要思想源流，代代相传，潜移默化地影响了婺州人的社会心理，形成了重商的文化传统。

金华是百工之乡，自古手工业发达。古代婺商发端于唐、宋时期，至明万历年间，八婺大地的工商业已形成相当规模，交易兴旺。金华古代的工商业大抵起源于农副产品加工，以及陶瓷、纺织、造纸、印刷等传统产业。从宋朝开始，八婺大地的农村已形成一定规模的集市。至明万历年间，这些乡村集市的范围进一步扩大，估计已拥有近百个。乡村集市的出现，推动了商品批发中心"兰溪"市场的形成，可以说"有水就有市"。

从宋朝开始到民国时期，金华的商帮曾出现过三次崛起，首先是徽商的初兴，然后是"龙游帮"的崛起，最后才是"金华帮"的崛起。

婺商的代表人物大多是典型的草根出身。横店集团创始人徐文荣也是农民出身，因为家境不好，16岁那年他就跟着一位木匠只身来到诸暨学手艺；上海最大的民营企业掌舵人，东阳籍的上海复星集团董事局主席郭广昌，是吃着霉干菜考上大学的；浪莎集团董事局主席翁荣金、总裁翁荣弟兄弟俩，从义乌老家出发到广州纺织品市场"沙里淘金"；婺商代表人物中的楼金、胡济荣、章树根、倪捷等也都经历了艰辛曲折的创业历程。

七、杭州商人兼容并蓄：杭商的历史文化渊源

杭州是中国历史文化名城，中国八大古都之一，被誉为"人间天堂""丝绸之府""中国茶都"。自秦设县治以来，已有2000多年历史。杭州是五代吴越首都，南宋王朝在此定都100多年，"上有天堂，下有苏杭"，表达了古往今来人们对这座美丽城市的由衷赞美。

杭州文化具有本地文化与外来文化不断开放融合、创新发展的特点。原杭州市委

书记王国平同志在其《弘扬杭州人文精神，推进杭州创业发展》一文中曾提到，秦汉时期，杭州文化吸收融会了越文化、吴文化。杭州是越国、吴国的交界地，以会稽为中心的越文化与以苏州为中心的吴文化，对杭州文化发展有重大的影响。魏晋隋唐时期，杭州文化又融会了佛教文化和道教文化，佛教、道教文化融合于城市建筑、园林文化之中。南宋时随着宋室南迁，杭州文化吸收融合了以中原文化为主的北方文化和皇家

杭州商人吴国平

文化，产生了南方文化和北方文化、皇家文化与市民文化的大融合。元明清以来，杭州文化在不断吸收国内其他地区文化的同时，又吸收了伊斯兰文化、基督教文化及以科学技术为主要内容的西方文化等。杭州文化在开放中融合诸多外来文化而得以不断发展，又保持了自己的独特个性。可以说，开放兼容、和谐创新是历史上杭州文化发展的重要原因。

杭州商业历史，以隋炀帝开凿大运河为始，拉开了杭州繁荣昌盛的序幕，运河成了杭州政治、经济、文化与全国开放交流的最佳通道，它把杭州纳入了南北经济、文化交流的大循环，尤其是把经济较为发达的苏州、无锡、杭州等城市连成一片，促进了杭州的大发展。到了唐代，杭州已成"咽喉吴越、势雄江海"的东南名郡。五代十国时，吴越国三代五王实行"保境安民"的基本国策，使得杭州在政局稳定、社会安定中迅速繁荣。

在传统经济上，杭州精致的丝织工艺、制茶工艺、造纸工艺甚为发达，丝绸、纸张都被列为贡品，雕版印刷、制瓷、铸钱、酿酒等手工业日益兴盛。国内商业和对外贸易相当繁荣，"钱塘富庶，盛于东南"，成就了经济繁荣、文化荟萃的"东南形胜，三吴都会"。

北宋时期，杭州是中国四大商港之一，有"地有西湖美，东南第一州"之称。南宋是杭州历史发展的第三个高峰，杭州成了中国的政治、经济、文化、科技的中心。当时杭州由于中原人口的大量迁入，城市人口急剧增长，到南宋后期人口已逾百万。在经济上，工商业繁荣居全国之冠，工商业门类齐全、分工精细，有"京师四百四十四行"之说，来自40多个国家的外国人长期定居杭州，从事经济、科技、文化、宗教等方面的交流。尤其是丝织业，除大规模的官营绫锦院外，私营手工业作坊更多，织造技术高超，花色品种繁多，美不胜收。制瓷的官窑，有"瓷器明珠"之誉。对外贸易也发展兴旺，商港桅樯林立、船舶云集。

杭州一直是浙江省的省会城市，也是世界闻名的风景旅游城市。世界文化遗产西湖、中国大运河和良渚古城遗址为杭州带来了难以替代的巨大优势。除了风景绝胜、人文深厚之外，杭州的经济实力也甚为突出。目前，杭州还成为多家中国民企500强总部所在地及多家浙江省百强企业总部所在地。在浙商代表人物中，以在杭州创业的最为集中和典型，鲁冠球、徐冠巨、宗庆后、冯根生等创业在杭州的杭商，均是浙商群体的标志性人物。

同步训练

目的：理解新浙商的历史文化渊源。

同步训练

专题小结

◎ **框架内容**

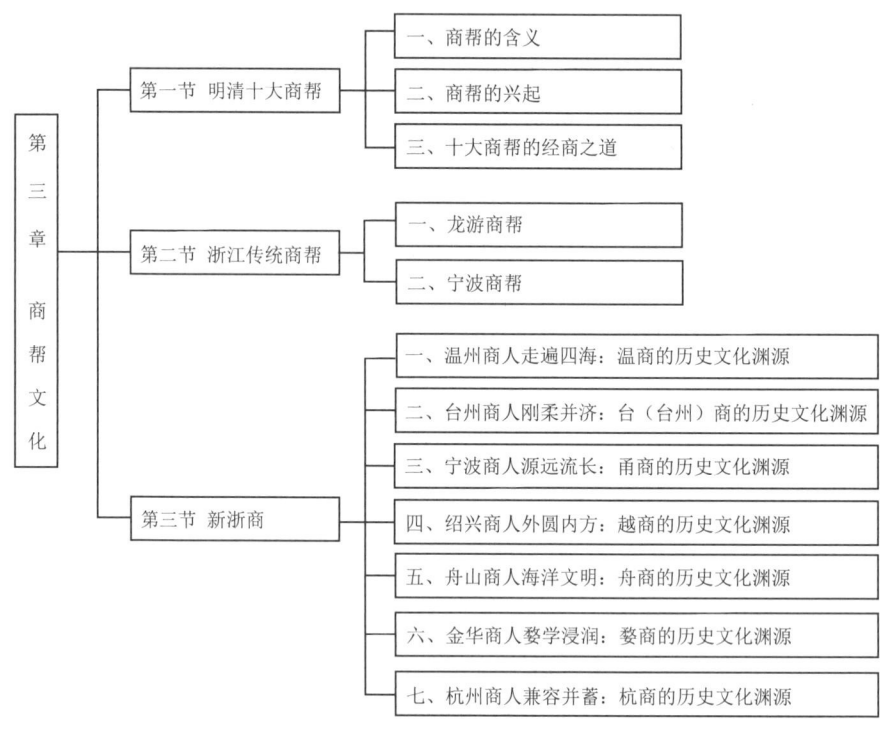

```
                        ┌─ 第一节 明清十大商帮 ─┬─ 一、商帮的含义
                        │                      ├─ 二、商帮的兴起
                        │                      └─ 三、十大商帮的经商之道
第                      │
三                      ├─ 第二节 浙江传统商帮 ─┬─ 一、龙游商帮
章                      │                      └─ 二、宁波商帮
商  ─────────────────────┤
帮                      │                      ┌─ 一、温州商人走遍四海：温商的历史文化渊源
文                      │                      ├─ 二、台州商人刚柔并济：台（台州）商的历史文化渊源
化                      │                      ├─ 三、宁波商人源远流长：甬商的历史文化渊源
                        └─ 第三节 新浙商 ──────┼─ 四、绍兴商人外圆内方：越商的历史文化渊源
                                               ├─ 五、舟山商人海洋文明：舟商的历史文化渊源
                                               ├─ 六、金华商人婺学浸润：婺商的历史文化渊源
                                               └─ 七、杭州商人兼容并蓄：杭商的历史文化渊源
```

主要术语： 商帮　会馆　开中制　折色制　九边重镇　纲盐制　广州十三行　官商结合　以义制利　贾而好儒　遍地龙游　乐善好施　无宁不成市

理论自测

◎ **选择题**

✎ 第三章
理论自测

1. 明清十大商帮中最早崛起的是（　　　　）。

　A. 徽商　　　　　　　B. 晋商　　　　　　　　C. 广东商帮　　　　　　D. 宁波商帮

2. （　　　　），山西运城人，以一介武夫而成了神，是因为他的行为体现了中国文化中的忠义精神。

　A. 刘备　　　　　　　B. 范蠡　　　　　　　　C. 关羽　　　　　　　　D. 张飞

3. 以下不属于明清十大商帮名称的是（　　　）。

    A. 福建商帮   B. 江右商帮

    C. 洞庭商帮   D. 浙江商帮

4. 贾而好儒是哪个商帮的人格特征？（　　　）

    A. 徽商   B. 晋商

    C. 龙游商帮   D. 宁波商帮

5. 鸦片战争后，当清王朝灭亡，其他商帮纷纷衰亡时，（　　　）成功实现了转型，由封建商人转变成现代企业家，在中国近代商业史上称雄，至今仍活跃在商界。

    A. 徽商   B. 晋商

    C. 龙游商帮   D. 宁波商帮

6. 下列不属于宁波商人的是（　　　）。

    A. 叶澄衷   B. 虞洽卿

    C. 李汝衡   D. 刘鸿生

7. 下列不属于台州商人的是（　　　）。

    A. 陈立钻   B. 郑胜涛

    C. 李书福   D. 林中华

8. 绍兴（　　　）的特征与后世的企业家颇为神似。

    A. 少爷   B. 老爷

    C. 舅爷   D. 师爷

9. （　　　）是百工之乡，自古手工业发达。

    A. 金华   B. 杭州

    C. 宁波   D. 湖州

10. （　　　）被誉为"东海第一村"。

    A. 金华   B. 舟山

    C. 绍兴   D. 温州

◎ 判断题

（　　）1. 在中国历史上，商业活动很早就出现了，而且一直有发达的商业，但商帮的形成是清代之后的事。

（　　）2. 商帮是先有"商"，而后结成"帮"。也就是说，商帮形成的基础是商品经济的发展。

（　　）3. 九边重镇是明朝同蒙古残余势力防御作战的重要战线。

（　　）4. 电视剧《乔家大院》的主人公是乔贵发。

（　　）5. 徽商指的是明清时安徽籍商人。

（　　）6. 中国商界"遍地龙游"的说法是指龙游商人敢于到各地做生意，足迹遍及全国各地。

（　　）7. 民信局就是民间自发经营的通信组织，它从明代永乐年间兴起。

（　　）8. "浙商"在当今中国经济领域已有着举足轻重的地位。

（　　）9. 温州人同乡观念很弱，温州人之间做生意不容易成交。

（　　）10. 当今的杭商不是杭州地域文化的直接产物，而是一种异质文化的综合载体。

◎ **理论自测步骤**

1. 学生打开浙江省高等学校在线开放课程共享平台https://www.zjooc.cn。

2. 点击"登录"按钮，选择"学生"，在对话框中分别输入"用户名""密码"后，检索"浙商文化"，加入课程。

3. 在左侧导航列表中选择"测验"，点击"专题三　商帮文化"，点击"去测验"，进入测试页面。

4. 在限定时间内完成测试。测试完毕，系统自动评卷。

应用自测

第三章
应用自测

◎ **总体要求**

根据本章节学习的内容，完成"新浙商"历史文化渊源特征的梳理。

◎ **自测目标**

1. 加深学生对"新浙商"的理解。

2. 让学生对不同区域"新浙商"历史文化渊源有进一步的认识。

3. 训练学生搜集、整理、提炼信息的能力。

◎ **背景资料**

通过课程学习，同时利用网络、报纸、图书等方式，搜寻温州商人、台州商人、宁波商人、绍兴商人、舟山商人、金华商人、杭州商人的历史文化渊源特征，完成应用自测要求。

1. 根据本章节学习的内容，完成下列"新浙商"历史文化渊源特征的梳理。

新浙商	历史文化渊源特征
温州商人	
台州商人	
宁波商人	
绍兴商人	
舟山商人	
金华商人	
杭州商人	

2. 简要概括宁波商帮的发展历程。

自我评价

学习成果	自我评价
我已经理解商帮的含义	□很好 □较好 □一般 □较差 □很差
我已经理解商帮崛起的缘由	□很好 □较好 □一般 □较差 □很差
我已经了解明清十大商帮的经营特点	□很好 □较好 □一般 □较差 □很差
我已经掌握龙游商帮的经商风格和商业道德	□很好 □较好 □一般 □较差 □很差
我已经掌握宁波商帮的经商风格和商业道德	□很好 □较好 □一般 □较差 □很差
我已经掌握新浙商的文化渊源	□很好 □较好 □一般 □较差 □很差

第四章

商号文化

💡 引 导 语

商号文化首先是一种商业文化。它随着商业的产生而产生，随着商品经济的发展而成长，商品经济是孕育商号文化的肥土沃壤。对于一个国家而言，商号文化发达与否由商品经济发展的水平决定。我国虽早有使用商号进行商事交往的历史，但直到近代才出现"全聚德""同仁堂"等商号群族，反映了早期工商业者励精图治、振兴实业、强国富民的理想。中华人民共和国成立后，以"老字号"为代表的传统名商在经营思想、管理模式、经营风格和水准上形成了自身的特色，经历了历史的洗礼与岁月的雕琢，它们不仅是历史的见证者，也是中华文明的传承者；此外，以阿里巴巴为典范的现代名企也在不断变化的环境下，拥抱时代，创造价值。本章将围绕浙江的传统名商和现代名企展开，探索其中孕育着的丰富且优秀的商号文化基因。

🎓 学习目标

◎ 理解中华老字号的定义和认定条件。

◎ 了解浙江传统名商的文化传承、经营之道。

◎ 了解浙江现代名企的管理创新和价值观。

◎ 能够通过信息检索、社会实践等方式，对商号进行分析，提出改进策略。

◎ 弘扬浙商精神，传承商号文化。

第一节　中华老字号

中华老字号的定义

一、中华老字号的定义

企业商号，即字号，是企业名称中除行政区划、行业或经营特点、组织形式外，显著区别于其他企业的标志性文字。而在中国的企业商号中，最受瞩目应该是"中华老字号"。

根据商务部2006年《"中华老字号"认定规范（试行）》的规定，中华老字号（China Time-honored Brand）是指历史悠久，拥有世代传承的产品、技艺或服务，具有鲜明的中华民族传统文化背景和深厚的文化底蕴，取得社会广泛认同，形成良好信誉的品牌。

即问即答

即问即答

你关注到的老字号品牌有哪些？

中华老字号标志（见图4-1）图形轮廓依据中国印章造型进行深化，外形为巧妙地连接了两个汉字"字""号"的组合，"字""号"图形贴切地表达出中华老字号的意义。"字""号"紧密结合，自成一体，显示出中华文化的博大精深，也预示着传统文化的魅力在现代社会的旺盛活力。同时，金石篆刻的手法显示出老字号的历史感，突出其久远悠长的韵味和时间积淀。"字""号"图形上下融会贯通，体现出了商业流通与老字号之间相互影响、共同发展的美好前景。

字号文化

图 4-1　中华老字号标志

二、中华老字号的认定条件和方式

（一）申请对象

中华人民共和国境内的有关单位（企业或组织）。

（二）认定条件

（1）拥有商标所有权或使用权。

（2）品牌创立于1956年（含）以前。

（3）传承独特的产品、技艺或服务。

（4）有传承中华民族优秀传统的企业文化。

（5）具有中华民族特色和鲜明的地域文化特征，具有历史价值和文化价值。

（6）具有良好信誉，得到广泛的社会认同和赞誉。

（7）国内资本及港澳台地区资本相对控股，经营状况良好，且具有较强的可持续发展能力。

中华老字号的认定条件

（三）认定方式

（1）由商务部牵头设立"中华老字号振兴发展委员会"（以下简称振兴委员会），全面负责"中华老字号"的认定和相关工作。

（2）中华老字号振兴发展委员会下设秘书处、专家委员会。秘书处设在商务部商业改革发展司，负责振兴委员会的组织、协调和日常管理工作。专家委员会由各行业专家、法律专家、商标专家、品牌专家、企业管理专家、质量专家、历史学家等组成，主要负责"中华老字号"的评审，并参与相关工作的论证。

（3）原经有关部门认定的"中华老字号"要重新参加认定。

三、中华老字号的认定程序和动态管理

（一）认定程序

具备"中华老字号"认定条件的单位，向所在地市级商务主管部门申报，并由省级商务主管部门（含计划单列市商务主管部门，下同）审核后报振兴委员会认定。程序包括：提出申请、资料提交、调查鉴别、认定评审、公示、做出决定、复核、注册存档、核发证书等。具体步骤如下。

1.提出申请

有关单位根据自身情况填写申报表，并报所在地市级商务主管部门。

2.资料提交

所在地市级商务主管部门对提交的申请进行初评，确认申请有效的，指导申报单位按照规定格式提交有关资料，并报所在省级商务主管部门。

3.调查鉴别

省级商务主管部门组织有关机构、专家对申报单位提交的资料进行调查与鉴别，并提出初步评估意见报振兴委员会。

4.认定评审

振兴委员会组织专家对资料进行分析，必要时对有关内容进行现场调研，提出评审意见，撰写认定报告。

5.公示

在有关媒体公示拟认定为"中华老字号"的企业和品牌名单，任何单位或个人对名单有不同意见的，均可向振兴委员会提出异议。

6.做出决定

拟认定为"中华老字号"的企业和品牌在公示期间无异议或者异议不成立的，由振兴委员会做出决定，认定为"中华老字号"。

7.复核

申报单位对认定结果有疑义的，可向振兴委员会提出复核，复核结果在接到复核申请后30天内做出。

8.注册存档

认定过程涉及的所有资料均由振兴委员会存档保留，并负责管理。

9.核发证书

对通过认定的"中华老字号"以商务部的名义颁发牌匾和证书。

商标与商号的区别

（二）动态管理

（1）"中华老字号"所在单位须于每年3月15日前向振兴委员会提交上一年度经营情况的报告，由振兴委员会审核备案。

（2）"中华老字号"所在单位出现严重的违法违规、失信行为，或未按规定提交年度经营情况报告的，经振兴委员会核定后责令其整改。6个月内未见明显效果的，振兴委员会可以暂停或取消相应的"中华老字号"称号，并予以公示。

（3）有关"中华老字号"的具体管理办法另行制定。

四、中华老字号的保护与振兴

中华老字号保护与促进工作

作为金字招牌，中华老字号承载了太多的文化情怀与记忆。老字号是一个国家的商魂所系、商道所在。老字号不仅是商品，更是文化。每一个老字号背后几乎都有一个美好的故事，时间的积淀让它更像一坛滋味悠长的老酒。

但在时代的更迭中，许多老字号经营业绩不佳，不少甚至处于"僵尸"状态，空有品牌，离市场轨道越来越远。据统计，目前商务部认定的中华老字号中发展良好的仅占20%～30%，受困于缺资金、缺人才和缺品牌三大问题，多数企业经营情况欠佳。在纷繁复杂的市场竞争中，老字号更应眼睛向内，固本培元，守正出新，借力借势借智，用创新思维打造新时代的文化精品。从这种意义上看，振兴中华老字号不仅是对一个品牌、一个行业的振兴，更是对民族自信、文化自信的有力弘扬。因此，国家出台相关文件，从以下方面入手，大力落实老字号振兴计划。

（1）充分认识保护和促进老字号发展的重要性和紧迫性。老字号所传承的独特产品、精湛技艺和经营理念，具有不可估量的品牌价值、经济价值和文化价值。老字号承载着优秀的中华民族文化，更是新时期开展诚信兴商、弘扬商业文明的核心内涵和宝贵财富。

（2）建立保护体系，优化老字号的发展环境。将老字号发展纳入城市规划及城市商业网点规划，通过增加城市人文景观和商业功能，完善旅游服务功能，弘扬民族商业文化；加大对老字号文化遗产的保护力度，将符合条件的老字号技艺优先纳入非物质文化遗产体系，将老字号传统建筑、老字号集中的商业街区纳入物质文化遗产体系。

（3）建立促进体系，推动老字号增强市场竞争能力。加快推进老字号企业改革，鼓励老字号创新经营方式和技术工艺，健全营销网络，拓展业务领域；鼓励和支持老字号企业挖掘文化内涵，加快技术改造，确保产品质量和安全，大力开发特色突出、质量上乘、符合消费者需求的产品和服务；完善老字号人才发展机制。

（4）挖掘老字号内涵，传承发展老字号特色。建立老字号名录体系；加强对老字号的宣传；加强老字号文化和技艺的研究、保护和传承工作。

（5）加强领导，形成多方协调的有效工作机制。发挥政府部门的主导作用，加大地方政府的支持力度，鼓励社会各界参与，充分调动老字号企业的积极性。

老字号的价值在老，出路在新。在经济全球化的今天，品牌不仅是企业自身的事，更事关国家的形象，是一张张生动的国家名片。作为全球第二大经济体，我国更需要打造兼具软硬实力的民族品牌，来引领文化振兴和未来发展。

🔲 同步训练

目的：理解中华老字号的认定条件。

✎ 同步训练

第二节　浙江传统名商

浙江，依长江、临东海，自古繁华，字号云集。浙江社会经济的良好环境给老字号提供了一块肥沃的土壤，浙江省涌现了杭州胡庆余堂、楼外楼、张小泉，绍兴咸亨酒店、古越龙山，嘉兴五芳斋、源大、三珍斋等在全国乃至全球有影响的老字号。近30年来，"春天的故事"演绎浙江巨变，一批历史悠久的字号由此重生并重新扬帆起航。这些走过半个世纪或传承百年的老字号，拥有世代传承的产品、技艺或服务，具有鲜明的中华传统文化背景和深厚的文化底蕴，赢得了社会的广泛认同。在新的时代下，浙江的传统名商掌门人充分发扬浙江精神，使老字号焕发出新的生机。

浙江省在保护和传承中华老字号方面，主要采取了以下举措。

第一，拥抱新政策。

政府层面在保护。2017年的《政府工作报告》中明确提出要"打造更多享誉世界的中国品牌"。"一带一路"倡议的提出，也赋予了老字号打造国家名片的时代使命。浙江省商务厅《关于印发〈浙江老字号认定办法〉的通知》中指出，政府加大扶持，给予各种税收和政策上的优惠。浙江成立了老字号企业协会，以帮助老字号的发展。2017年，联合基金与浙江省老字号企业协会共同成立中华老字号振兴基金。

第二，开拓新市场。

在浙江省政府实施老字号"走出去"与"引进来"并举的开放战略后，老字号开始学习"走出去"。海外用户不仅提供了产品的流通渠道，其个性化需求也指导了老字号产品研发的方向。按照市场需求继承传统，同时实现产品和服务创新，老字号要创新经营方式以提高品牌影响力，努力提高市场竞争力，只有这样才能保持老字号的长盛不衰。

杭州老字号企业协会

第三，牵手新零售。

老字号的变化起源于"上网"。当品牌企业决定开一个天猫店，天猫与其背后的阿里生态体系，会帮助企业实现四个方面的重构：改善营销方式；打造覆盖国内一二三线城市消费者，甚至乡村和国际消费者的销售渠道；实现线上线下互通商业形态；构建数据驱动的全新供应链。商家在以天猫为基础，包含蚂蚁、菜鸟、阿里云等的阿里巴巴生态体系中，正在亲历消费者交互方式和营销方式、新通路和新渠道、线上线下商业形态的连接、供应链等方面的变革。人、货、场深度互动，变化牵引变化，商业逻辑正在被重新书写。

第四，强化新记忆。

老字号发展滞后的根源，主要在于"品牌老化"：品牌知名度下降，导致市场销量下降，销量下降又进一步降低了品牌的知名度，如此便形成了恶性循环。对于品牌老化，唯一的解决方案是进行品牌重塑，品牌重塑的唯一方法是产品创新。对于中华老字号企业而言，产品创新就是把老字号的工匠精神和技术传承通过新的产品形式，结合现代消费特点，将技术、原料和工艺通过新的载体转化为新的产品，进而完成产品创新，重新塑造老字号的"新记忆"。

老字号的精髓在于其丰富的文化内涵，传承精湛的技艺和精益求精的精神。但另一方面，老字号企业要按照市场需求继承传统，实现产品和服务创新，要创新经营方式以提高品牌影响力，努力提高市场竞争力，才能保持老字号的长盛不衰。目前，浙江省大力振兴老字号企业，建设以老字号为主的省外浙江名品中心，培育老字号特色商业街，搭建老字

浙江老字号

号电子商务平台，树立重点老字号品牌，构建浙江省老字号现代物流和连锁经营的网络，打造以老字号为主的诚信浙商商业文化体系，探索保护和促进老字号开放战略的新抓手。在政府的支持下，浙江老字号必将继续传承其品牌精髓和文化内涵，成为家喻户晓的"传统名商"。

一、胡庆余堂的经营之道

胡雪岩和
胡庆余堂

清同治十三年（1874年），当时的大清首富、"红顶商人"胡雪岩在他事业鼎盛之际自筹药店。他选择在毗邻西湖的吴山脚下，精心筑造了气势恢宏的建筑群。店名"胡庆余堂"出自《周易》，"积善之家，必有余庆；积不善之家，必有余殃"，既合胡雪岩开药店之初衷，又与药号的营业特色相称。

资料卡4-1

胡光墉

胡雪岩及胡庆余堂资本变迁之路

胡光墉，字雪岩，生于1823年，卒于1885年，安徽省绩溪县湖里村人。他幼时家境贫寒，经亲戚推荐，在杭州一家钱庄当学徒。他结识了王有龄，还把替钱庄收回的银子借给王有龄上京谋官。老板大为恼火，要胡雪岩立下字据，如果王有龄到期不还，就要胡雪岩赔偿。不到半年，王有龄得官归来，还升到了浙江粮台总办，他归还了银子，鼎力支持胡雪岩创办了"阜康钱庄"。胡雪岩由此开始起家，竭力经营丝绸、茶叶生意，经苦心经营，很快跻身于江浙大贾之列。在左宗棠西征收复新疆时，他是左宗棠的"总后勤"，因调度有方，保证了各类军需物质的及时供应，经左宗棠保举被皇帝赏给一品顶戴和黄袍马褂。他由商而官，亦官亦商，终成显赫一时的"红顶商人"。

1874年，胡雪岩在杭州吴山大井巷创办了胡庆余堂国药号，由于他坚持"戒欺"、"是乃仁术"和"真不二价"等撑门立户宗旨，成功地经营了胡庆余堂，于是有了"江南药王"的美誉。

1880年，胡庆余堂资本发展到了280万两银子，达到了和同仁堂比肩的高度，于是有了"北有同仁堂，南有庆余堂"的说法。而胡雪岩也因其勇于探索的精神，以一个不熟悉药业的人的身份，在中国药业史上写下了灿烂的一笔。

（资料来源：戎彦.浙江老字号［M］.杭州：浙江大学出版社，2011.）

（一）药业以"仁"为先

胡庆余堂中药博物馆营业大厅高大的青砖门楼上镌刻"是乃仁术"四个大字。这四个字出自《孟子·梁惠王上》："无伤也，是乃仁术也。"在中国传统文化观念中，医者因"济世救人"而具有崇高的社会地位，"不为良相，则为良医"就是这种理念的鲜明写照。中国古代儒教社会中儒家的核心思想——"仁"就是教育贤人志士"穷则独善其身，达则兼济天下"。胡雪岩在事业鼎盛之时花几十万两银子创办胡庆余堂，正是为了实现其"兼济天下"的理想。作为胡庆余堂经营的座右铭，"仁"，也是胡庆余堂得以成功并名垂后世的原因。

办药业者，须以"仁术"为先，药堂的管理者首先要具备此种经营理念。当年胡雪岩"三聘经理"折射出的正是胡雪岩"仁术"为先的经营思想。胡雪岩为聘到合适的大药堂经理，在上海《申报》等报章上刊登广告。第一位前来应聘的声称自己精于算计，如当经理，保证两年内可赚10万两银子，被拒聘；第二位应聘者是位小店老板，他的经营经验

诚心为民：
是乃仁术

是以稳求胜，先赚小钱，再赚大钱，又被拒聘；后胡雪岩听说当时松江余天成药号的经理兼股东余修初很有魄力，便亲去松江登门求教。余修初提出办药业者，须以"仁术"为先，不应为蝇头小利而斤斤计较，如此，上天才会给以回报。胡雪岩一听大喜，当即以重金聘其为胡庆余堂第一任经理。

"三聘经理"充分表明胡雪岩办药堂不只为赚钱，而是他实现"兼济天下"、为黎民百姓施"仁术"的理想。在湖州一带瘟疫大起之时，胡雪岩派伙计到水陆码头等交通要道向百姓免费赠送痧药三年。店内职工对胡老板如此大方赠药颇为不解，经理余修初笑道："是乃仁术！"

正是因为秉承"仁术"为先，胡庆余堂店誉才会蒸蒸日上，在当时名噪一时，成为"北有'同仁堂'，南有'庆余堂'"的名牌药字号。

（二）服务以"人"为本

办药业以"仁"为先，实际上就是要体现服务以人为本。药店经营必须以优质的服务来争取顾客，顾客的口碑直接关系到生意的盈亏。胡雪岩将"顾客乃养命之源"立为胡庆余堂店规，要求店员把顾客当作活命源泉、衣食父母来尊敬。胡庆余堂要求店员做到以下待客之道。

第一，礼貌待客。在胡庆余堂，"学徒刚进店，就要学习如何接待顾客"，"顾客到店虽未到柜，店员就要先站立主动招呼顾客，绝不能背朝顾客；顾客上门，不能回绝，应尽力促成买卖成交；顾客配药，不能缺味，一定使顾客满意而回；只有礼貌待客、服务周到，顾客满意，才能招客生财"。

第二，仁义待客。胡庆余堂开张之初，胡雪岩本人头戴花翎、胸挂朝珠、身穿官服郑重其事地亲自接待顾客。一次，一位湖州来的香客在药堂买了一盒胡氏辟瘟丹，打开一闻面露不满神色。胡雪岩刚好在场，即上前询问，原来是新换药柜引起药物串味，胡雪岩再三致歉后，令店员另换新药。恰好此药这天已卖完，胡雪岩考虑到香客远道而来

便请他留住，并保证三天内赶制出新药。三天后胡雪岩把新药亲自送到顾客手中，令香客满意而归。

第三，热忱待客。胡庆余堂把顾客作为"养命之源"，服务热忱，一切为顾客着想，随时为顾客服务。每逢冬季半夜三更，总有身患气管炎、支气管炎、哮喘的病人敲门求药，值夜药工为急诊病人现熬鲜竹沥：劈开新鲜的淡竹，在炭炉上文火烘烤，通常熬制竹沥需两个小时，待竹沥慢慢渗出，再用草纸过滤，当场将熬好的药端给病人服用。如果病人多，药工仍是不厌其烦、满腔热忱、耐心细致地为病人服务。

（三）经营以"诚"为重

商人言利，天经地义；商人讲义，聚财得利。"君子爱财，取之有道。"胡雪岩深知经商得利，必以诚实守信、坚守职业道德为重，诚实守信是立身行事之本。以"诚"为重成为胡庆余堂经营取胜的法宝。

在胡庆余堂创办之初，胡雪岩就亲自书写"戒欺"匾，上书："凡百货贸易均着不得欺字，药业关系性命，尤为万不可欺……不至欺予以欺世人。""戒欺"匾高悬在店堂内侧，时时告诫员工。此广告牌现存于胡庆余堂中药博物馆内。

📹 诚信为人：戒欺

胡庆余堂高悬的"真不二价"匾也同样引人注目。"真不二价"来源于韩康卖药的故事。相传我国古代有个叫韩康的人，深谙医道，以采药卖药为生。当时卖药者常常以次充好，以假乱真，顾客因此也讨价还价，争执不休。而韩康所卖货真价实的药材，却不许顾客讨价还价。说来也怪，病人吃了韩康的药，往往药到病除，于是"真不二价"也就传开了。

📹 诚实为商：真不二价

在胡庆余堂刚开业的一年冬季，本该是药店销售的旺季，可胡庆余堂营业额反而有所下降，经理余修初讲道："胡庆余堂老对手叶种德堂在压价竞争，其他一些药店也在低价销售，胡庆余堂是否也采用此法竞争？"胡雪岩听后笑笑，讲了韩康"真不二价"的故事，安抚余经理说："放心吧，顾客心中自有一杆秤，我们还是靠真取胜。"果然，压价竞争的药店由于物非所值，后来门可罗雀，而胡庆余堂却顾客盈门。"真不二价"之匾也就从此高挂于胡庆余堂营业大厅之上。"真不二价"反过来也可读为"价二不真"，提醒消费者不要为所谓"拆房价、血本价、跳楼价"而诱惑上当，尤其是与生命息息相关的药品，更来不得半点马虎。

（四）修制以"精"为准

办药堂经营药品，药品的质量是关键，在药品的原材料上，胡庆余堂不仅严格把关，务必保证药材是真材实料、地道药材，而且在药材的加工、炮制过程中更是讲究"修制务精"。"修"，即炮制和制剂，一丝不苟。"生药材"入药时，大黄削皮、杏仁除尖、莲子去芯、麦冬去心、麻黄去节、肉桂去皮、五倍子去毛等，确保中药的色、香、味和疗效的独到之处。"制"是对"生药材"漂、煎、熬、煮等每道加工工艺精工细做，严格按药用要求炮制成丸、散、膏、丹、酒等成药。

胡庆余堂在试制杭州城另一家名药店叶种德堂的"紫雪丹"时，疗效一直不理想。胡雪岩虚心请教许多名医、药师研制药方，后听一位老药工讲，制作紫雪丹最后一道工序不宜用铜铁锅煎熬，用金铲银锅才能保持药效。胡雪岩不惜工本，请来杭城最有名的金银匠，耗资黄金133克、白银1835克铸成金铲银锅，专门用来制作该药材，确保了药品质量。

正因为胡庆余堂对所经销的药品质量力求"采办务真、修制务精"，才能成功推出一大批名牌药品。今天走进杭州胡庆余堂旧址，在长廊廊壁上悬挂着一长溜黑底金字的丸药牌，这全是胡庆余堂的名牌产品，有诸葛行军散、胡氏辟瘟丹、八宝红灵丹、神香苏合丸、外科六神丸、安宫牛黄丸、十全大补丸、大补全鹿丸、小儿回春丸……黑底金字的丸药牌共有36块。

诚恳为业：采办务真，修制务精

同步训练

目的：理解胡庆余堂的经营之道。

同步训练

二、张小泉的改革之道

"磨剪子嘞，戗菜刀！"20世纪七八十年代起，大街小巷经常传来这样嘹亮的吆喝声。在民间还有个广为流传的俗语，"南有张小泉，北有王麻子"，指的就是近代中华大地剪刀行业涌现的两名"状元"老字号——"张小泉"和"王麻子"。然而，因经营管理不善，北京王麻子剪刀厂于2003年宣告破产，保留下来的"王麻子"品牌的重生之路也举步维艰，在市场上逐渐销声匿迹。而"张小泉"顽强地活了下来，但内部机制老化、品牌意识薄弱、科技含量低等因素严重制约了"张小泉"的发展，企业销售业绩严重萎缩。2000年，企业顺利通过转制，杭州张小泉集团有限公司（以下简称张小泉集团）宣告成立，向现代企业制度迈出了决定性的一步。"死水微澜"的老字号急需注入源头活水。

传统企业要焕发活力，首先要解决体制问题。张小泉集团原先是国有企业，2007年富春控股集团入股后，慢慢转变为民营企业，中高层管理团队经历了大换血，任用了一大批年轻干部。这些年轻干部上任后，积极进行改革。

张小泉和张小泉剪刀

（一）往国外跑，向国际知名刀剪企业取经

走出去，才能看到自己与世界一流刀剪企业的差距，也才会有动力奋起直追。张小泉集团在选择国际对标企业时，既没有选择瑞士军刀，也没有瞄准德国的双立人。原因是，瑞士军刀所主打的小刀门类并不是张小泉集团涉足的领域，两者的生产工艺不同，而双立人曲高和寡的高端路线，也不是"张小泉"这个百姓品牌想走的主道路。张小泉

集团决定对标旗下拥有关孙六、旬刀、KAI（修眉刀）等知名品牌的日本贝印株式会社，因为两者的产品线比较接近，都拥有厨房类、个护类、园艺类刀剪工具，以及铜制品、铁制品等。

（二）反向全球化

张小泉集团全球化战略的第一步是反其道而行之，先把海外的产品引进中国。现在，张小泉集团成为许多知名国际刀剪具的代理商。所以，在张小泉集团的门店里，还可以看到关孙六、韩国777等产品。张小泉之所以采取这样的做法，还是出于学习知名企业管理文化和产品质量的考虑。通过给它们做代理，增加与国际知名企业的接触与交流，碰撞出思想火花，发掘新的机会。

（三）海外需求指导产品研发

2014年，张小泉集团重启外贸业务，以一般贸易和跨境电商的方式出海。在出海过程中，接触到了海外消费者，给张小泉集团带来了思想上的碰撞和触动，产生了意外收获。中国人的消费习惯是"一把刀剪走天下"，尤其是老一辈的人，剪鱼、拆快递、剪衣服都是一把剪刀。但是海外消费者几乎是每一个动作都要有一个单独的工具，剪粗枝的、剪细叶的、斩骨头的、切肉片的，甚至剪刀都分左手剪和右手剪……这就启发了张小泉集团在产品开发和规划上开始尝试做细分市场，取得了不错的效果。

（四）电商平台品牌曝光，促进贸易

海外贸易这块，张小泉集团这几年刚刚涉足，所以销售额还不是太大。海外一般贸易的年销售额是4000万元，跨境电商的销售额是月均50万元左右。张小泉集团于2018年1月参加"天猫出海"项目，从最早的每月只有几单，到后来每月销售额有几万元，现在增长至每月销售额约20万元，销售增势十分喜人。

（五）大数据洞察，迎合年轻消费者

张小泉集团于2011年开通线上业务，成立了杭州张小泉电子商务有限公司，第一年销售收入才20多万元，经过七八年的努力，到今天，线上销售额达到2亿元，电商团

队人数也由1人增加到50多人。业务在线化以后，公司就可以拿到更多的消费数据，根据客户画像做精准的产品投放和研发。比如，张小泉集团在天猫的官方旗舰店，利用阿里巴巴的"生意参谋"工具，发现现有的消费群体以女性居多（60%以上），"85"后到"90"后年龄段占比更高（40%以上），且白领较多。根据这样的数据，张小泉集团在产品开发中就会添加这些群体所青睐的元素，去做一些年轻人更喜欢的产品。

张小泉：一把刀两代人

（六）打造新中式文化

张小泉集团在建设新中式的品牌文化中关注两点：一方面保持老字号的底蕴和精髓，显得更有中国味道；另一方面也不能忽视年轻人的诉求。正是本着这样的原则，张

小泉集团推出了自己的品牌IP形象——戴着墨镜、穿着中式马褂长衫的卡通形象"泉叔"，既中国又现代。在张小泉集团推出的手机壳、文创袋、冰箱贴、红包袋、门神画等衍生产品上，都有这位可爱的泉叔形象。过年时，泉叔会化作财神，推荐礼盒装，将"送菜刀"变为"送财到"。只有民族的才是世界的，只有历史的才是永恒的，所以张小泉集团在求新的过程中还是要把老的元素充分挖掘出来。

（七）打铁还需自身硬

无论是拓展海外市场，还是俘获年轻消费者，都离不开一个关键要素——产品品质。当初老字号也是靠出色的产品品质赢得代代相传的口碑，如今借助现代化技术，张小泉集团将"良钢精制"的祖训继续发扬光大。张小泉集团一方面继续保护好非物质文化遗产剪刀锻制工艺，另一方面每年在智能化改造上投入1500万元，升级技术和设备。张小泉集团的目标不是要做"中国的双立人"，而是要做"世界的张小泉"。

🗨 同步训练

目的：理解张小泉集团的改革之道。

✎ 同步训练

三、楼外楼的成功之道

楼外楼创建于清道光二十八年（1848年），至今已有170多年的悠久历史。取自宋代名诗"山外青山楼外楼"的店名，使它与中国的传统文化融会在一起，楼外楼是由中国文化孕育和滋养的。

（一）把企业的经营个性定位在自身的历史文化上

一个老字号品牌必然带有一定的文化背景，它可能源于历史，也可能出自环境。文化是老字号赖以生存与发展的基础。

清代著名文学家、美食家袁枚诗曰："江山也要伟人扶，神化丹青即画图。"现代文学家郁达夫在楼外楼也曾赋诗："江山也要文人捧，堤柳而今尚姓苏。"江山都要伟人、文人来捧，百年老店更需要文化宣扬。

170多年来，楼外楼接待过无数闻名中外的政治家、艺术家、文学家、科学家，成就了一段段脍炙人口的佳话，孙中山、俞樾、章太炎、鲁迅、何香凝、宋庆龄、吴昌硕、柳亚子、郁达夫、竺可桢等都曾在楼外楼留下身影。周恩来总理"十上楼外楼"的故事也广为流传。

📄 楼外楼的
发展历程

楼外楼的左邻右舍都是文化雅地，文气荟萃，风景优美，再加上中国文人名士素来喜好雅集，楼外楼自然成了他们的首选之地。170多年来，无数的政要名士、文人墨客登楼把盏，纵论天下大事，盛赞美景佳肴。他们或诗文唱和，或即兴书画，留下了珍贵墨宝和动人佳话，使楼外楼翰墨飘香，美名远播。

在现代社会，文化越来越成为事业发展的重要动力源。从某种程度上说，人文环境决定经营业绩和竞争力。在"以文兴楼""文化创牌"的实践中，楼外楼把企业的经营个性定位在自身的历史文化上，进而使先进的人文精神在百年老店得到进一步的激发和释放，迸发出劲猛的创业动力。

（二）临西湖而兴，因文化而盛

楼外楼十分重视发挥名楼的历史底蕴和文化优势，"以文兴楼"，"文化创牌"，开展了独具个性的企业文化积累和展示活动。

楼外楼临西湖而兴，因文化而盛。楼外楼在环境设置中始终珍视名楼的文化传统和人文、自然资源，悉心增添文化氛围。在楼外楼总店的大堂内，设置了宋嫂的塑像和苏东坡的诗句。在宴会厅凭窗眺望，湖中三岛、六桥烟柳，尽入眼帘。为此，楼外楼特意将50多个包厢取出有文化内涵的名字，刻成匾额，要求服务员能讲出该匾额的含意，加深了用餐环境的文化氛围。餐厅及包厢里，悬挂了周总理在楼外楼接待外国元首的历史照片和社会名流为楼外楼创作的诗词书画，突出了百年老店的文化历史底蕴。

为了传承和弘扬我国源远流长、丰富灿烂的饮食文化，从1992年开始，楼外楼连续举办了各种大型饮食文化和烹饪技艺的研讨交流活动。其中有南北特色菜肴荟萃的食品节，有高层次的饮食文化学术交流活动，如浙江饮食文化技艺研讨会、杭州与台湾饮食文化技艺研讨会、楼外楼创办150周年庆典暨亚洲饮食文化技艺研讨会及中国六大古都老字号饮食文化研讨会等。研讨范围从楼外楼名菜到海峡两岸、亚洲各国的餐饮，以及21世纪的中国和世界饮食文化。

名人与楼外楼

名人、名菜、名楼在楼外楼的历史文化中交相辉映，异彩纷呈。开发这种人文资源既是传承薪火、续写文脉的举措，也是名楼继往开来的历史责任。近年来，楼外楼先后举办了"西湖和饮食文化笔会""楼外楼新十大名菜比赛""文化名人与楼外楼"等活动，还多次邀请全国的书画名家相聚一堂，吟诗作画。现在，楼外楼已收藏名家书画数百幅。楼外楼人深谙"楼以文兴"之道，他们把这些书画作品视作文化艺术的瑰宝，精心收藏保护，每当节庆日或重大活动，楼外楼便将收藏的文化名人书画拿出来展览，观者踊跃，满堂生辉，尽显名楼风采。

楼外楼近年迅速发展的内在原因之一，在于其独特的文化底蕴在改革开放的实践中产生出的巨大的创造力和推动力。为了使历史文化推动企业的发展，楼外楼邀集专家、学者，以及新闻、出版、文化界人士，评析策划，先后编写出版了《名人笔下的楼外楼》《中国杭州楼外楼》《楼外楼创办150周年纪念画册》《杭州楼外楼名菜谱》《楼外楼珍藏名家书画选集》《西湖全书——楼外楼》等系列书籍，特别是楼外楼创办160周年期间，组织班子编著了《品味楼外楼——名人与名楼》《品味楼外楼——历史与文化》《品味楼外楼——环境与陈设》三部特大开本的精装书籍，对楼外楼的创业历程、文化传统、历史名人、改革创新、经营管理等各个方面进行了理性梳理和文化审视，既起到了宣传企业形象、提升名楼品格的效果，又以文化效应推动了企业经济的更快发展。楼外楼还投资250万元，与浙江省有关部门和单位联手拍摄电视连续剧《红顶商人胡雪岩》。

在"以文兴楼""文化创牌"的过程中，楼外楼始终坚持"以人为本"，着眼于员工文化素质的提高和服务意识的强化，倡导员工在工作中实现自我价值，使每个员工充分认识到楼外楼与其他企业的不同之处，在于她与历史文脉相传承、与西湖名胜相交融的文化。在世界经济下行对我国餐饮业造成严重影响的情况下，楼外楼用积极向上的文化力量来抵御危机，坚定不移地落实中央保增长、扩内需、调结构的要求，克服困难，积极应对，努力实现新发展，新跨越。

（三）"以文兴楼"是实施品牌战略的核心

品牌，是一种标志，是一种植根于消费者心中的良好形象。它代表文化，代表竞争力。通过它可以与消费者建立一种完全信任的关系。

"西湖醋鱼东坡肉，莼鲈之思楼外楼，何日更重游？"凡有尊客嘉宾来到杭州，主人必请其到楼外楼品尝杭菜风味。外地游客游览西湖，更以到楼外楼品尝杭州美味佳肴为荣幸。这说明作为江南餐饮名楼，楼外楼的菜品特色早已为消费者所认可并喜爱，楼外楼菜肴是杭州名菜的代表。

楼外楼的品牌意识是从确立"以文兴楼"的发展方针和杭州名菜的品牌地位开始的。从名菜、名店到名牌的探索和建设过程中，楼外楼人深切感悟到品牌是企业参与市场竞争的通行证，是企业信誉及其产品质量的化身。因此在具体工作中，下定决心，努力开掘能适应市场发展趋势、具有鲜明特色和创新优势的"楼外楼"品牌的崭新内涵。公司领导班子经过认真的调查研究和市场分析，结合公司的自身实际，理清思路，确定发展战略，那就是坚持走以餐饮为龙头，集工、商、贸为一体的多元化经营之路，依托文化优势，实施品牌战略。

名菜名宴是楼外楼品牌的主体部分。楼外楼始终把菜品宴席的品牌、质量的开发和提高作为打造、维护品牌的"重中之重"。楼外楼的菜肴不仅注重色、香、味、形、质，而且讲究品种多样，除西湖醋鱼、龙井虾仁、宋嫂鱼羹、东坡肉等传统名菜之外，近几年来还创制了数百种风味特色菜和创新菜。同时还创研开发出乾隆宴、仿宋宴、东坡宴等一批古今宴席。

楼外楼还邀请了四个与苏东坡生平密切相关的外省城市的同行，在西湖边举办了一次中华"东坡宴"荟萃展，最后有55道东坡菜在楼外楼做了展示。然后，从中选出了15道精品东坡菜，组成了一席"中华经典东坡宴"。这席"东坡宴"有不同的地域背景，不同的口感口味，用不同的原料及烹饪手法制作，但在文化内涵上，都和东坡饮食文化紧密连在一起。

美食与典故

在楼外楼打造的豪华大游船上，饮食烹调在游船内完成，游客可以在设施现代化、装饰古色古香的豪华游船上赏西湖美景，品名楼名菜。同时，楼外楼还投放了一批摇橹船。春光明媚的四月天，楼外楼以"西湖船宴"飨客，让游客游弋在西湖碧波之上，令人陶醉在"佳肴与美景共餐"的意境之中。

楼外楼实业有限公司对下属食品有限公司加大了科技投入，不断引进先进的食品生产机械设备，创建一流的现代化食品厂，加大产品科技含量。现在楼外楼食品公司的常规供应品种已达30余种，而且产品质量显著提高。真空包装的名菜系列，"宋嫂厨艺"

半成品系列，腌腊制品等都实现了食品工业化生产，使楼外楼的品牌广受用户欢迎和喜爱。

楼外楼名菜经一代又一代厨师之手的调和烹制而盛传天下，在杭州市非物质文化遗产保护领导小组办公室的推荐下，"杭州楼外楼传统菜肴制作技艺"目前已完成省级"非遗"申报工作。

按照"立足浙江市场，扩大华东市场，辐射国内市场，进入国际市场"的品牌策略，把楼外楼的真空包装食品等产品打出去，把楼外楼的品牌、管理、技术输出去。楼外楼自1988年在澳大利亚、新加坡举办美食节开始，每年都在国内外举行美食节、食品节。楼外楼把举办美食节作为展示品牌、推销品牌的重要举措。

楼外楼坚持"以文兴楼""文化创牌"的经营之道，以历史文化推动企业发展，努力保稳定、保增长，千方百计巩固和扩大消费市场。

⊟ 同步训练

目的：理解楼外楼的成功之道。

✎ 同步训练

四、都锦生的创新之道

1922年，爱国工业家都锦生在杭州创立都锦生丝织厂，都锦生织锦是浙江杭州传统的丝织工艺品，也是著名的织锦之一。都锦生既是人名，又是工厂名，更特指一种工艺及其制品，同时，也代表一种精神。都锦生织锦之所以能在国内和国外受到广泛的认同，缘于都锦生大胆的风格创新和工艺创新。都锦生认识到，要有所突破，必须以开阔的视野，走面向市场加快产品研发和创新的道路。

都锦生利用传统审美的特征，吸收了传统风景织锦和西方像景织物的精髓，兼收并蓄、博采众长。在民国时期，丝织艺术发展经历了前所未有的中西文化大碰撞，这种碰撞使大众的消费观和审美观发生了革命性的转变。像景织物源于欧洲，后传入日本，都锦生在访日期间，从日本像景织物中得到了灵感和启发，开始着手创作中国特色的像景织物。在美国费城国际博览会获奖之后，都锦生对法国的棉织油画风景进行了深入的技术拆解和分析，在此基础上借鉴法国棉织油画风景的织法，研制出油画质感强烈的《白海石塔》，轰动一时。这种博采众长式的改造，既反映了丝织行业发展历史背景的变迁，也极大地迎合了公众审美观念的转变。当然，这种创新并非凭空虚构，而是从中国传统织锦的历史积淀中寻找契合点。中国较早就出现了以西湖风景为题材的风景织锦，清代杭州就有"西湖十景"的丝织作品，清代钱塘人厉鹗在《东城杂记》中提到当时有一种称为"织成西湖景"的织物。都锦生织锦很多取材于杭州的本土风景，其创意正是来源于对传统风景织景的改造，将中国传统风景织锦和西方像景织物的精髓巧妙地结合在一起。

都锦生还找到了传统文化与现代产业、高雅艺术与市场的结合点。尤其是将艺术品产业化、将日用品艺术化的举措，成为该行业历史性的创举。都锦生非常重视中国的传统文化元素，善于根据国人文化心理的特点，选择极具民族吉祥文化意味的形式来展现自身的作品。可以发现，在都锦生织造的作品中，除了主流的西湖风景之外，更多的是表现福、禄、喜、寿等民间愿望的作品。除了将传统文化与现代文化融合外，都锦生还运用传统技艺和现代设计手法，将都锦生织锦运用到服饰等日用品的开发中，在满足大众审美需求的同时，也促进了艺术品的市场推广。可以发现，都锦生所创的品牌产品，不仅是高雅的艺术品，同时也是普通的日用品。除了五彩、黑白丝织风景和人物画外，还有织锦领带及台毯、内衣料、织锦缎旗袍料、丝质翻领衫和内裤、织锦竹伞、绸扇、织锦手袋等产品，这些无疑都属于大众日常实用的消费品。如当时女士的手袋，属于都锦生的创举，风靡一时。手袋设计的初衷原本是节省原料，但是后来独具匠心地绣上兰花、翠竹等花卉图案，再借助《浙江商报》《杭州市政周刊》等报刊的宣传，其市场反响极佳。与此同时，都锦生创造性地在日用品中融入了他的构思和创意，使其又成为具有艺术价值的工艺产品。1929年的《西湖博览会总报告书》高度赞扬都锦生丝织厂的领带印花与织花各式皆备，图案新颖、色泽尚佳，为一般着西装者所乐用的实用品。

都锦生的发展历程

开端：都锦生的创新与决心

都锦生也非常重视传统工艺与先进技术的结合，实现在工艺上的创新。中国传统丝织行业由于长期未能摆脱手工织造的束缚，生产效率低下，产品瑕疵较多，另外织物的细腻程度也因此受到相应的制约。而近代工艺的改进，有效地解决了这一系列问题。都锦生也意识到传统手工织造衰落的历史潮流已经无法扭转，因此必须要重视借力先进技术，继续挖掘传统工艺特色。在创办丝织厂后，都锦生从日本引进贾卡提花织机、从法国引进全铁电力机，发挥机械生产的优势，提高制造效率，这为传统工艺与先进技术的结合及创作一流的作品提供了坚实的技术支撑。

发展：审时而动，以技扬名

都锦生丝织厂在抗日战争期间遭到了毁灭性的破坏，1943年5月，都锦生在悲愤中因病离世，但都锦生的织锦工艺还是保留下来了。中华人民共和国成立后重建的都锦生丝织厂，继续传承着创新的历史传统，并注重融入新的时代元素。特别是随着社会的发展和人们审美水平的提高，高档工艺品越来越受到人们的喜爱，有鉴于此，都锦生丝织厂更加重视面向消费者的产品开发，在不断创新织造工艺、渲染艺术效果的同时，积极主动地运用现代设计理念进行创新开发，使产品满足更高层次的市场需求。可以看到，中华人民共和国成立后都锦生丝织厂仍然保持着锐意创新的时代观念，不断赋予作品新时代的内容，在产品题材和风格样式上不断推陈出新，开发出一系列既有浓郁的都锦生风格，又富有时代气息的全新作品。

都锦生企业精神传承

2001年，都锦生丝织厂改制为杭州都锦生实业有限公司，保留都锦生丝织厂作为第二厂名。如今，杭州都锦生实业有限公司利用现代元素推进创作作品风格的转变，满足多元化的艺术追求，具体包括：继续发扬中西合璧的优良传统，实现新时代元素下的重新组合型创造，都锦生丝织厂将古老的丝织工艺和现代西方油画艺术完美地结合在一起，创新出更多富有时代色彩的作品，如凡·高的《向日葵》、达·芬奇的《蒙娜丽莎》等作品。在生产原料上，打破单一使用蚕丝织物的传统，逐步加大对天然丝、人造丝、合纤产品等新型材料的利用，这不仅降低了原材料成本，而且赋予了都锦生织锦更浓郁的时代感。在艺术表现手法上，杭州都锦生实业有限公司努力探求更具有时代性、生活性的艺术美感形式，以及更多、更富有民族特色的表现手法，特别是注意吸收传统织物技艺的精华，将织锦、刺绣、棉织等各种技艺结合在一起，并综合运用现实主义、浪漫主义、现代主义等各种表现手法，对织锦的内涵进行了多方位的诠释，满足更加多元化的市场需求。在生产工艺上，杭州都锦生实业有限公司与浙江大学、浙江丝绸科学研究院合作研究，开发出了黑白像景纹制的自动化技术，实现了技术引导下的工艺改造，极大地提高了生产效率。此外，杭州都锦生实业有限公司还开发出了意匠图的计算机读入系统，成功实现了对传统意匠设计工艺的保存和传承。在价值转变上，杭州都锦生实业有限公司完成了织锦与现代生活的完美结合，推动工艺价值向经济价值的转变。

坚持：乱世中的爱国之心

在漫长的探索中，杭州都锦生实业有限公司从市场出发，充分利用杭州"丝绸之府"的历史传统和旅游业发达的独特优势，开发出一系列具有杭州地方特色、民俗风情的新产品，包括以西湖为代表的旅游纪念品、装饰品、工艺品等丝绸文化相关产品。在题材内容上，注重彰显艺术品个性，扩充和丰富题材，杭州都锦生实业有限公司开发的挂历、年画、屏风，以及《西游记》人物系列、《红楼梦》人物系列、奥运五福娃、京剧脸谱等一系列装饰物，极富东方文化的古典韵味和时代气息，深受市场顾客的喜爱。不可否认，杭州都锦生实业有限公司就是在不断寻求变革和创新的历程中，获得了生命的活力。

同步训练

📑 同步训练

目的：理解都锦生的创新之道。

五、毛源昌的发展之道

数百年来，"毛源昌"三个字已经成为杭州几代人心中眼镜的代名词。如今，这家始创于清同治元年（1862年）的眼镜老字号坐落在杭州西湖边一个不起眼的院落里。一座四五层的小楼，百来号人。虽然没有敞阔气派的门面，但一个多世纪的历史，到底是有些讲究的，哪怕围墙上层层叠叠的爬山虎，也沾染了些历史气息。只是这股子气息而今更多的是带着一种落寞，仿佛美人迟暮，在繁华大街孑然回首。事实上，这也是许多老字号企业共同的命运。历经时世变迁，历史成了荣耀，但也成为阻碍变革和发展的藩篱。破、立之间，该延续什么，该放弃什么？"毛源昌"亦在等待一场属于它自己的变革和发展。

（一）迎接新时尚、新科技

拥有着深厚历史积淀的毛源昌，并没有故步自封、裹足不前。在行业多变的今天，毛源昌也主动尝试新形式，不断寻求最符合自身的发展方式。

在供应商的选择上，毛源昌优先选择大品牌来合作，这需要双方的理念一致，且产品质量过硬。于是，符合条件的PORTS EYEWEAR就赢得了毛源昌的青睐。毛源昌从2000年便开始与PORTS EYEWEAR成为合作伙伴。多年来，双方也是相互学习，共同进步。

（二）用专业征服消费者

在毛源昌总部的楼下，有一个很不起眼的服务部。就是这样一个深藏于民居里面的服务部，一个月的营业额在15万～18万元，整个服务部的工作人员也只有一个人。据说，来这里的消费者都是毛源昌忠诚的老客户，有的住在很远的地方，为了配镜转车过来。这种客户黏性，靠的就是其专业性。

毛源昌的
发展历程

毛源昌内部有着明确的晋升阶梯，学习考核跟职业生涯挂钩。值得一提的是，每一个毛源昌门店的员工必须从最普通的销售员做起。毛源昌上下所有的员工不但要接受公司内部的培训考核，供应商也会不时地过来进行培训。PORTS EYEWEAR就是一个典型的代表，PORTS EYEWEAR在每年新品发布上市后都会定期派市场督导前来进行产品培训。培训形式会用情景模拟的方式呈现，对于新的结构，还会有拆装练习。而且培训内容也是经过严密布置的，包含了每一年的眼镜流行趋势、搭配和陈列等方面的内容。为了确保培训的效果，培训师课后会在微信里解答员工的疑惑。

除了传统的讲师授课外，毛源昌还会在线上开设微课。也会把课程拍成视频，对一些新结构、新材料会发布一些小视频，让店员可以用碎片时间进行学习。总之，"授人以鱼不如授人以渔"，毛源昌尽最大可能让 线销售人员能够掌握最新的销售知识。

（三）细化市场，争夺年轻消费者

毛源昌的客户中40岁以上的约占70%，客户群主要有两类：一类是五六十岁的忠实客户，对毛源昌一直很信任；另一部分是十七八岁的客户，受家长影响消费。而中间20～35岁（"85"后、"90"后）的消费者对毛源昌不是很了解，"对毛源昌有误区，认为它比较老"。

毛源昌要发展，既要保留自己的专业性，又需要创新吸引年轻客户群。于是，毛源昌投入了1亿多元更新设备，对店面重新进行装修，培训店员的服务意识，最关键的是加大了研发力度。原来毛源昌老花镜占有的市场份额比较大，后来进行资源整合和重新转型、研发，又增加了6个产品线。现在毛源昌自有品牌不但有老花镜，还有太阳镜、金属镜架、眼镜片等。

"Hello 新
时代"改革
开放四十周
年：毛源昌
的焕新秘密

不仅如此，毛源昌如今在全国有300家左右的门店，其中浙江有两百七八十家。每家门店都实行差异化策略，精品旗舰店、社区街铺专业店和商场快时尚店，是毛源昌开店规划的三种标准。精品旗舰店，如毛源昌湖滨店，店面面积800～1000平方米，走高端、时尚路线，每个城市也就一两家，产品定价在1000元以上，甚至几千上万元。社区街铺专业店主要开在社区附近，店面面积80～100平方米，要先对顾客做专业的眼检，对顾客的工作、眼镜用途等各方面进行了解，根据眼睛状况和各方面需求提供方案；销售过程传统，但要进行眼检，适配度数，尤其是隐形眼镜的配置要充分考虑消费者眼部状况；除了配镜，还提供眼镜保养、维修等服务。而商场快时尚店则是针对35岁以下的年轻人，走快时尚、轻奢侈的路线，主要以开架为主，自主挑选。

毛源昌见证了风雨、见证了历史变迁，依然可以做到屹立不倒，究其根本原因，在于其一份简单的崇尚光明的匠心，并积极努力改革创新，以专业精神征服消者。

≡ 同步训练

✎ 同步训练　　目的：理解毛源昌的发展之道。

第三节　浙江现代名企

企业是国民经济的主要创造者，也是财政税收的主渠道和来源，经济建设离不开企业的贡献和发展壮大，所以经济发达地区必然企业数量多，企业经营状况优良，而浙江省的企业不仅数量多，而且企业规模和效益更是处于领先地位。可以说，浙江企业是浙江技术创新体系的核心主体，是提高自主创新能力的核心骨干，是引领创新发展与经济转型升级的核心力量。

📄 浙江省民营企业100强排行榜

一、阿里巴巴的"新六脉神剑"

2015年，九位企业家和著名学者共同发起创办了湖畔大学，学校坚持公益性和非营利性，主张坚守底线、完善社会，以"从实践中学习"为研学理念，通过对中国特色的商业实践开展战略、组织、运营等方面的专题研究，为创业企业提供经营管理类的咨询和服务，助力它们持续健康成长，积极践行国家战略。湖畔大学开学第一课的主题一直围绕"上三路"——使命、愿景、价值观，"下三路"——组织、人才、KPI。使命是要回答"我们这个组织到底要追求什么，我们这帮人在一起到底想干吗？"的问题。愿景是组织的共同目

🎥 阿里巴巴

标，这个目标不是半年、一年的战术目标，而是至少五年的战略目标，直至更长远的大愿景。而价值观是一个企业里的人共同做事的方法和原则。它体现了一个组织的价值取向，根植于企业的核心思想体系，是企业员工长期认可并在行动中贯彻执行的准绳。

规章制度只能解决技战术问题。如果一家公司要创新发展，需要有担当和领导力的人才，就必须要有强大的价值观。而六脉神剑就是阿里巴巴的价值观。

2001年初，有17年GE（General Electronic Company，美国通用电气公司）工作经验的关明生加入阿里巴巴担任COO（chief operating officer，首席运营官）。上任没几天，他就谈起阿里巴巴的使命、愿景、价值观。在关明生的建议下，阿里巴巴创始人团队提炼了阿里巴巴第一版价值观，即"独孤九剑"：创新、激情、开放、教学相长、简易、群策群力、专注、质量、服务与尊重。这一版价值观大多产生自真实的业务场景，是对业务中遇到的问题进行的梳理与提炼。

2004年夏天，在微软担任HRBP（human resource business partner，人力资源业务合作伙伴）的邓康明加入阿里巴巴，担任HRVP（human resource vice president，人力资源副总裁）。他进来之后做的第一件事便是升级价值观。邓康明启动了第一次价值观升级，关键变化就是价值观产生的方式。邓康明专门组织了一次由一两百位管理者参加的会议，历时两天的共创与讨论，产生了新的价值观，命名为"六脉神剑"：客户第一、团队合作、拥抱变化、诚信、激情、敬业。针对这一版价值观，还形成了一张结构图，如图4-1所示。

阿里巴巴
发展历程

图4-1　阿里巴巴的"六脉神剑"

2004年9月10日，阿里巴巴成立5周年时，发布了新版价值观，并将之前的愿景从"做一家80年的公司、成为世界十大网站之一、只要是商人就一定用阿里巴巴"升级为"成为一家持续发展102年的公司"。

2014年，阿里巴巴在纽交所上市，此后抓住了移动互联网和云计算大数据的战略机遇，成长为一家横跨B2B（business to business，企业对企业）、电商、支付、物流、大文娱、本地生活等多元业务的经济体。如今，随着阿里巴巴经济体内业务的多元化与复杂性不断提高，组织规模迅速增长，阿里巴巴生态体不断扩大，新人占比越来越高，近三年内约有数万新人入职阿里巴巴，包括大量新的管理者。启动新一轮价值观升级的任务迫在眉睫。2019年9月10日，阿里巴巴在成立20周年之际，正式公布"新六脉神剑"，宣布全面升级其使命、愿景、价值观。

相比"老六脉神剑"，"新六脉神剑"的内核不变，变的是表述形式，并阐释了更丰富的内涵。以下是"新六脉神剑"的具体内容。

（一）客户第一，员工第二，股东第三

这是"老六脉神剑"第一条的完整表述，是阿里巴巴对于公司、客户、员工和股东关系的思考。客户是衣食父母，站在客户的立场思考问题，在坚持原则的基础上，最终达到客户和公司都满意。当把"客户第一"单独提出来的时候，很容易落空成一句口号；当将其放到与员工、股东对比的角度来看，才能明白客户价值的优先级与重要性。

（二）因为信任，所以简单

这也是"支付宝"的口号。2004年，为了解决淘宝上陌生买家与卖家之间的付款问题，支付宝首创"担保交易"的方式，成为中国网络交易信任的起点。此后阿里巴巴一直致力于通过科技的力量去重构信任关系。如今，这条口号成了阿里巴巴新的价值观，也成为阿里巴巴员工为人处事的原则。

（三）唯一不变的是变化

与"老六脉神剑"里的"拥抱变化"相比，新的表述解释了其背后的根本原因："无论你变不变，世界在变，客户在变，竞争环境也在变。我们要心怀敬畏和谦卑，避免看不见、看不起、看不懂、追不上。"

（四）今天最好的表现是明天最低的要求

阿里巴巴核心价值观

2001年，阿里巴巴COO李琪创造性地设计出了"金银铜牌"考核制度，B2B销售员当月的业绩决定提成比例，但其提成的基数要以其下个月的业绩为准，由此驱动销售员不断努力，超越自我，创造奇迹，同时管理人员也可以更聚焦团队价值观和文化的塑造，打造出一支"中供铁军"。这句话不仅帮助阿里巴巴度过最困难的时期，此后也激励阿里巴巴不断突破常规，用创新的方式实现高速增长。

（五）此时此刻，非我莫属

1999年9月14日，阿里巴巴在《钱江晚报》上发布了第一条招聘广告。上面的广告语是：If not now, when？If not me, who？此时此刻，非我莫属。它体现了阿里人对使命的相信和"舍我其谁"的担当。现在提出来，更强调每个人在剧烈变化中的责任担当精神。

（六）认真生活，快乐工作

每个人都有自己的工作和生活态度，阿里巴巴尊重每个阿里人的选择。阿里巴巴的工作节奏很快，很多人会抱怨工作与生活无法兼顾，这一条价值观想强调的不是简单的时间分配，而是面对工作与生活的态度。"像享受生活一样快乐工作，像对待工作一样认真生活。"

"六脉神剑"价值观的更新，也是阿里巴巴围绕使命和愿景所设三大战略的一部分，是成为一家102年的好公司的基础。面向未来的102年，阿里巴巴将迎接更大的挑战，把业务战略、组织战略、文化战略高度融合。

同步训练

目的：理解阿里巴巴的价值观。

同步训练

二、吉利集团的企业文化与价值观

企业规模小的时候，是不同企业总经理之间的竞争；到了一定规模的时候，则是不同企业团队之间的竞争；规模再扩大之后就是文化的竞争、核心价值观的竞争。浙江吉利控股集团有限公司（以下简称吉利或吉利集团）在快速发展壮大的进程中，其人才发展战略、理念和文化价值备受关注。

（一）寻找文化同路人

奋斗者文化是吉利企业文化的核心。奋斗者以用户为中心，以结果为导向，追求卓越，持续创造价值，着力成为受尊敬的人。

所谓奋斗者文化，就是奖勤罚懒。吉利有一个"2521"原则机制。即对前20%的优秀奋斗者实行高激励政策；对胜任岗位/业绩良好的50%的员工进行常规激励政策；对业绩一般的20%的员工不激励；对业绩不达标不能胜任工作的10%的员工负激励，推行末位培训再激活政策。鼓励全体员工"人人争当奋斗者"，秉承"高绩效、高压力、高回报"的价值衡量与分配机制，将奋斗者文化深入人心、高效落地。在这个过程中，吉利设置了星级奋斗者激励机制，倡导员工持续奋斗，奋斗者绩效表现越优异、越持久，奋斗者激励越高，星级奋斗者最高可以达到五星，五星奋斗者得到的回报是最高的。

值得一提的是，吉利还有奋斗者追赶计划，即末位淘汰再培训的制度。每个部门、系统、单元，都有业绩最不好的人，对不积极、业绩差、不胜任的10%的员工，公司为其设置专门的培训项目，引导他从价值观、专业能力、团队配合、管理能力方面进行追赶。如果经过培训可以胜任，就回到公司内部，回到本岗或其他岗位；如果还不能胜任，就要进行淘汰。在绩效中，吉利一直对标华为。华为以奋斗者为本的文化深深烙刻

吉利集团
发展历程

在吉利的经管层心中，公司绩效考核非常严格。吉利控股集团副总裁魏梅曾提到，业务目标每年不增长30%，那是无法容忍的。无论上一年获得了怎样的成绩效果，KPI都是要往上提升的。就连招聘部门也是没有铁饭碗的，要根据招的人来分配绩效。

吉利在湖南湘潭有一个学校，承接下岗再培训的任务，采取逐层递进、建立互信、能量转化、重塑激情、效能激活的教学方式，封闭式培训得以让员工去重新审视工作和人生目标，重新去学习企业文化和各种管理规范。

（二）快乐经营体：充分发挥每个人的价值

"快乐人生、吉利相伴"是吉利的核心价值理念。所谓快乐人生、吉利相伴，指的是要把每一辆车造好、把每一个零部件质量把牢、把每一个用户服务好、把每一个员工培养好，让上下游合作伙伴高兴，让每一个用户快乐。只有这样，全体吉利人才快乐。

内化在人才理念上就是尊重人、成就人、幸福人。这是吉利一直遵循的人力资源之道。尊重人，出发点在于"万事在于人"，"人人是老师，人人是学生；人人是人才，人人可成才"；成就人，是通过企业发展为员工提供施展才能的平台和空间，尽可能地成就每一个想成功的员工；幸福人，是倡导员工"快乐生活，快乐工作"，号召员工做快乐奋斗者。

与之一脉相承的是吉利的创新管理模式——"经营体"模式，即让员工真正成为企业的主人，参与到企业的经营当中去，共享企业发展成果，打造组织与个人发展的命运共同体，最终实现员工个人的幸福和"快乐人生，吉利相伴"的企业核心价值理念。在这种理念下，吉利推出了多种"经营体"。

第一，快乐经营体。吉利自2014年开始推行快乐经营体，贯彻执行"高绩效、高压力、高收入"的经营思路，以市场占有率论英雄，以用户满意度为导向。根据业务性质不同，分销售、研发、采购、制造等模块经营体方案，经过多年的推广运行，员工的自主经营思想、观念及工作积极性正在发生转变，高收入、高绩效、高压力的薪酬评价与分配体系逐渐形成。

第二，共享服务经营体。共享服务中心按照市场监管与调节机制，实现从公司集中管控到独立核算、自主经营、自负盈亏的方式转变。经营体有"五到位"，以经营体划分到位为前提，以资源量化到位为基础，以内部价格体系建立到位为核心，以系统结算方式到位为工具，以激励与发展挂钩到位为目的，从而降低人工成本、日常办公成本、折旧成本、管理成本。

第三，招聘经营体。即根据招聘的难易程度将招聘团队划分为两个群体进行管理，设计不同的激励方案，按月度和年度不同比例兑现。"让每个人成为经营体的主导，给有能力的人以权力。人是资本，不是成本。"吉利控股集团副总裁杨学良指出，实施招聘经营体后，2018年上半年不仅降低了对猎头的依赖程度，还在成本上节省了4000万元，大大提高了各类业务人才供给的服务效率，也建立了大量的人才共享数据库。

第四，其他经营体。人事服务经营体，充分利用信息化和互联网技术，实现员工自助服务，建立高效统一的共享服务平台，形成有市场竞争力的高效运营团队，是员工人事薪酬服务的运营管理和实施部门；征信服务经营体，每个员工入职之前都会进行尽职调研，防范风险；还有技能人才经营体、企业大学经营体等。

吉利的"经营体"模式以"自主经营，自负盈亏"的市场化经营为理念，精耕细作人力资源系统的经营体激励模式：以集团经营管理和业务发展为契机，以第三方服务的工作标准开展人力资源工作，充分发挥人力资源系统的积极性和创造性，整合内外部资源，提高工作效率，节约经营成本，实现集团和员工的双赢。

吉利的用人理念和文化价值皆衍生于"快乐人生，吉利相伴"。它看起来朴实，实则意味深长。不管是"奋斗者"，还是快乐经营体，都在唤醒员工的自我驱动。千管万管，不如员工自我管理。有一支快乐的、能自我驱动的人才队伍，企业更有旺盛的生命力和无限可能。

📑 同步训练

目的：理解吉利企业文化与价值观。

✎ 同步训练

三、娃哈哈集团的"家"文化

杭州娃哈哈集团有限公司（以下简称娃哈哈）之所以能取得飞速发展，正如宗庆后所说，文化是企业大厦的地基。从创业之初就一直不懈努力培育、建设的娃哈哈"家"文化，鼓舞着娃哈哈人克服前进道路上的一个又一个困难，凝聚了娃哈哈团队，打造了娃哈哈品牌。

（一）"家"文化定位

企业经营，首先要面对的就是员工与企业、企业与社会的关系。如何正确认识和处理这两种带有根本性的关系，是每一个企业都不得不思考的问题。娃哈哈对此有这样的认识：首先，每个员工"小家"都要凝聚起来，而凝聚起来的目的是发展企业"大家"，也只有企业"大家"的发展才会有员工"小家"的幸福。员工与企业，可以说是相辅相成、皮毛相依的关系。其次，作为社会的一个组成细胞，在企业自身发展的同时还要回报社会、报效国家，为国家和社会尽责。正确认识和处理这三"家"之间的关系（娃哈哈经营哲学），是娃哈哈整个"家"文化系统的逻辑起点和总括。

（二）"家"的含义

（1）娃哈哈宗旨：娃哈哈，健康你我他，欢乐千万家。

（2）娃哈哈精神：励精图治，艰苦奋斗，勇于开拓，自强不息。

（3）娃哈哈经营哲学：凝聚小家，发展大家，报效国家。

（4）娃哈哈座右铭：先将诚信施于人，才能取信于人。

（5）娃哈哈工作要求：认真、严格、主动、高效。

（6）娃哈哈行为准则：忠诚、创新、负责、亲情。

📄 娃哈哈集团
发展历程

（7）娃哈哈工作作风：拉得出，打得响，过得硬。

（8）娃哈哈人才观：唯德唯才，有用即才，人皆为才。

（9）娃哈哈团队意识：道相同，心相通，力相聚，情相融。

（10）娃哈哈核心价值观：敬业爱岗，能上能下，崇尚科学，精益求精。

（三）"先将诚信施于人，才能取信于人"

娃哈哈在市场中诞生，在市场中成长。长时期的市场实践，使娃哈哈深刻体会到"诚信"对于市场经济发展的重要性。实际上，在娃哈哈看来，"诚信"是市场经济的道德基础，同时也是我们民族的优良传统，整个人类的美德。所以，"先将诚信施于人，才能取信于人"便很自然地成为娃哈哈的座右铭。

（四）"忠诚"是组织基石

娃哈哈在"二次创业"进程中，企业规模迅速扩大，人员大量增加，外地分公司数量急剧增多，物流、资金流、信息流等各种信息爆炸式增长。在这种情况下，各个环节严格按照指令执行，对于企业秩序的控制就显得非常必要了。娃哈哈认为，令行禁止的思想基础是每个员工对企业的高度忠诚，它是娃哈哈公司的组织基石。

娃哈哈员工黄渭强的"家"故事

为了鼓舞广大干部员工的工作干劲，也为了广泛而有效地调动大家的工作积极性，娃哈哈公司开展了大量的文化活动，如春节团拜会、集体婚礼、春风行动、庆功宴、出国旅游、三峡游等。这一系列活动形成了浓浓的"互助、互爱，一家亲氛围"。同时，娃哈哈还通过党、团员宣誓，年终考核评比等多种手段，加强忠诚意识教育。娃哈哈"家"文化绝不单单是几句空洞的、无着落的口号，而是实实在在的、有骨有肉、有血有气的一个完整的文化系统，其在企业的物质、行为、制度、精神四个层面上都有着丰富的展现。娃哈哈在革命老区、国家级贫困地区及三峡库区建起的十几家对口支援企业，直接解决上万人就业，是娃哈哈"对社会负责"理念的直接体现。

这顿年夜饭，宗庆后请了32年

（五）民主的工作作风

娃哈哈集团自下而上建立起了权力相对集中的权威性管理体制。集团实行总经理负责制，下面不设副职，由总经理直接领导各职能部门。一般情况下，各职能部门也只设正职领导，部门领导直接对总经理负责。这种组织结构保证了政令畅通和令行禁止，实现了"上有命令，下有行动"的极强的执行力。为了避免权力简单集中、组织运行陷入僵滞，娃哈哈强调集权的同时还兼顾发扬民主，凡是涉及员工切身利益的重大决策，宗庆后都广泛征求意见，听取呼声，消除歧见，做到"决策前人人有主意，决策后拧成一股绳"。处理好企业组织中民主与集权的关系，使它们相辅相成、相得益彰，是宗庆后企业家风格的又一实际体现。

（六）"宽严相济，以人为本"的管理文化

娃哈哈集团在推行经营管理硬性规章制度的同时，也实行关心人、理解人、尊重人、体贴人的"以人为本"的软性管理制度。在干部政策上，娃哈哈推出了"公平竞争，提供均等晋升机会、能上能下、能出能进"等超常规的人事政策；在员工政策上，娃哈哈将股份作为一项奖励措施，分配给对企业有突出贡献的员工；在人员安排上，尽量做到使每个员工都学有所用，实现人尽其才。平日，集团千方百计地解决员工的困难，每年都要拿出几十套住房分给员工，员工子女从幼儿园到小学毕业的费用都由公司支付。有新闻媒体说过这样的话："娃哈哈最大的成功之处，是对人的尊重，即尊重全体员工的主人翁地位，注重调动全体员工的积极性和创造性，培养员工的责任感和参与意识。"正是在这种"宽严相济，以人为本"的管理文化的指导下，娃哈哈集团产生了巨大的凝聚力，使五湖四海的英才汇聚到"娃哈哈"的旗帜下，不断为娃哈哈注入新的活力与生机。这种管理文化也正是娃哈哈集团能实现超常规发展的根基所在。

同步训练

目的：理解娃哈哈集团的"家"文化。

✎ 同步训练

四、正泰集团的"以客户为中心"

客户这个词并不像一般人想象得那么简单，仔细推敲起来，可以说每一个人，每一个单位，甚至每一个国家都有自己的客户。对于企业来说，谁是客户呢？正泰集团股份有限公司（以下简称正泰集团）从企业的角度认为"客户"主要包括以下几个层面。

（一）客户第一个层面：企业所服务的外部对象

企业的产品和服务提供的对象是一般意义上的客户，即企业的"外部客户"。企业外部客户范围很广，具体来讲，可以分为潜在客户、意向客户、现实客户、新客户、老客户、短期客户、长期客户、战略合作伙伴类型的客户等。一家企业能不能发展，以及发展得怎么样，主要就是看能不能加强、深化和这些外部客户的关系。因为企业的外部客户是企业利润的来源，企业如果失去了外部客户，那就失去了存在的意义。正泰集团作为一家民营企业，从1984年开始创业，一路走来，一直把服务好自己的客户作为企业的根本经营之道。正泰集团能够走到今天也正是得益于此。

当年乐清求精开关厂（正泰集团前身）创建之初，温州地区有几千家电器企业，产品质量参差不齐，市场一片混乱。当时面对这种情况南存辉深感忧虑。因为他有过给别人修鞋的经历，他知道作为一个修鞋匠，如果鞋修得不好人家可是要骂的。做企业和修鞋的道理是一样的。所以，虽然在那时候产品供不应求，但是南存辉却不像别人那样不顾产品质量，一心只顾挣票子，赚昧良心的钱。

为了能够生产出优质的产品，南存辉多次到上海去请退休的老工程师们。他们问南存辉是"要票子还是要牌子"，南存辉说都要，但是牌子最重要，如果只是为了票子南存辉就不来请他们了。南存辉的诚意最终打动了王中江、蒋基兴、宋佩良三位老工程师。在产品供不应求的年代，很多同行对南存辉的这个行为表示不理解。后来，正泰集团花了好几万元，投资建立温州第一个热继电器实验室，在温州同行中轰动一时。很多同行对正泰搞实验室不以为然，认为产品又不是卖不出去，为什么要花钱费力地去搞什么实验室？

正泰集团
发展历程

一个企业如果连自己的产品都不愿意改进，只盯着票子而不想着为客户负责，又怎么能够服务好客户呢？在这种只要票子的风气下，温州电器产品一度成了假冒伪劣产品的代名词。不过，这种情况并没有持续很久。就在正泰获得国家机电部颁发的生产许可证后不久，国家为了加强产品质量监管，出重拳打击温州的假冒伪劣产品，同时大力扶持优秀的生产企业。求精开关厂因为产品质量过硬，得以脱颖而出，快速崛起。

不忘初心，方得始终。任何一个企业，如果连"以客户为中心"这样的最基本的道理都忘了，不能服务好自己的客户，注定是走不远的。

（二）客户第二个层面：企业的内部客户

正泰集团有"两个上帝"：一个是外部的客户，一个是内部的员工——正泰把企业员工看作是企业的内部客户。

企业要重视内部客户。企业只有重视并维护好员工的切身利益，才能充分调动员工的积极性、主动性、创造性，才能为企业的持续健康发展提供内在动力支撑。

正泰集团提出了"财聚人散，财散人聚"的价值取向，"价值分享文化"从此成为正泰企业文化的一大特征。

针对员工的不同情况，企业采取差异化的激励措施来满足员工发展需要，从多个方面让员工分享企业的发展成果，努力解决员工的后顾之忧。对于财富，南存辉始终保持着一颗平常心。为了让更多中高端人才加入正泰，他多次稀释自己的股权，同时通过管理入股、技术入股及经营入股等各种方式，吸收各种类型的股东加盟进来。

"求精求专"：
正泰"经营
之道"

无论对分公司、合资公司，还是员工，正泰集团第一步是把大家变成利益共同体，利益共享。第二步再逐渐将企业和员工变成命运共同体，要坚持以客户为中心，不断超越自我，帮助企业走得更快、更好、更远。作为一家民营企业，正泰集团从最初的8位员工发展到现在的3万多名员工，年销售额从不到1万元到突破700亿元。在不断实现转型升级的背后，正泰集团以人为本、价值分享的文化起着巨大的作用，没有这样的文化，就没有所谓的命运共同体。可以说，把员工也看作"上帝"是正泰集团的核心竞争力之一。

正泰集团所形成的这种核心竞争力包括互为支撑的两个方面：一是正泰集团把内部员工当作"上帝"；二是内部员工把正泰集团当作"上帝"，把和自身业务相关的内部同事当作"上帝"，把和自身业务相关的兄弟部门及兄弟公司当作"上帝"。正泰集团把

"以客户为中心""服务好客户"的理念落实到每一个员工的身上，比如在流水线上，下一道工序是上一道工序的客户，诸如此类。一个企业，如果认识不到、处理不好和内部客户的关系，必然很难处理好和外部客户的关系。让企业中的每位员工都能充分认识并服务好和自己业务相关的内部客户，是企业服务好外部客户的重要基础。

（三）客户第三个层面：服务于国家和社会

客户第三个层面的意思是指服务于国家和社会，承担企业的社会责任。企业的社会责任包括法律责任和道德责任。法律责任包括依法纳税、保护员工合法权益等。道德责任包括注重员工的福利待遇、保护环境、对产品负责等。一个企业，不仅要履行法律责任，同时要承担道德责任。企业只有主动听从国家政策指引，自觉承担起时代赋予的社会责任，才能树立良好的企业信誉和企业形象，才能得到社会各界的接纳和认可，才能更好地为社会创造财富。

正泰集团作为改革开放的受益者，多年来，除了为希望工程、环境保护工程，以及扶贫济困、抗洪抢险、抗震救灾等捐款捐物来承担社会责任外，还在帮扶产业链发展方面做了许多积极的探索和努力，也取得了可喜的成果。企业弄清楚了什么是客户，谁是客户的问题以后，还要弄清楚如何服务好客户的问题。

多年以来，正泰集团服务客户主要是从以下三个角度来把握的。

第一是打造正泰"质量文化"。1993年，企业提出"重塑温州电器新形象""宁可少做亿元产值，不让一件不合格品出厂"的口号。从那个时候起，正泰的品牌逐渐在客户中树立起来。在国内同行业中，正泰集团率先通过ISO 9001质量管理体系、ISO 14001环境管理体系和OHSAS 18001职业健康安全管理体系认证，先后获得"中国驰名商标""全国质量管理奖""中国工业大奖"等荣誉。

第二是打造正泰"诚信文化"。正泰集团把诚信看作是企业的无形资产。正泰集团的"正"字（即经营要走正道，为人要讲正气，产品要做正宗）就体现了对诚信的坚守。从根本上来说，正泰集团的质量文化，也就是一种诚信文化。诚信是企业的第二生命。特别是在今天的诚信经济时代和信息化时代，一个企业在大众中的第一印象首先就是诚信印象。可以说，没有企业的诚信就没有企业的品牌，诚信既是企业的软实力，也是企业的硬实力。

第三是打造正泰"创新文化"。正泰的"创新文化"集中体现在两句话：鼓励创新，宽容失败。要让客户满意，必须能够提供一流的产品和服务。一个没有技术含量的企业，充其量就是个处在产业链低端的打工仔。中国的企业必须要有"中国芯"，必须要有中国的核心技术。这些年来，南存辉始终认为"存钱不如存技术"。为此，正泰集团一直坚持自主创新理念不动摇，正泰集团每年拿出销售收入的3%～10%用于研发，高端装备研发费用更是高达50%。目前，正泰集团参与制定和修订的行业标准有120多项，获国内外各种认证近1000项、专利授权4000余项，自主研发的背钝化ALD（原子层沉淀技术）设备和高效异质结HIT-PECVD（等离子体化学气相沉淀法）设备也处于国际领先水平，在光伏高端装备市场备受青睐。此外，正泰集团自主开发了基于云计算技术、超过1000万点、技术先进的新型轨道交通综合监控云平台等项目。2015年，在正泰集团"昆仑"系列产品开发中,公司组建了400多人的专业团队,3年时间就把全系列的产品推了出来。整个系列产品经过7800多项可靠性测试,使之能够适应零下35℃到零上70℃的严苛环境,获得360多项专利。这样的成就体现的是正泰集团多年沉淀下来的"创新文化"的力量,也体现了正泰集团的创新从迎合需求到引领消费的转变。

同步训练

目的:理解正泰集团的"以客户为中心"。

同步训练

五、万向集团的国际化经营

万向集团公司(以下简称万向集团)是中国汽车零部件制造代表企业之一,在国内已形成6平方千米的制造基地,与一汽、二汽、上汽、广汽等建立了稳定的合作关系;在国外的美国、英国、德国等10个国家拥有近30家公司、40多家工厂,海外员工超过16000人,是通用、大众、福特、克莱斯勒等国际主流汽车厂配套合作伙伴。其国际化经营举措如下。

(一)海外并购策略与企业国际化战略息息相关

万向集团的多次海外并购分为两个战略阶段:第一个阶段为零部件产品市场扩张阶段,主要体现在万向集团对美国汽车零部件厂商的并购,获得美国本土企业认可的品牌、技术和渠道资源等。万向集团并购美国的洛克福特(Rockford)公司、ACH公司(福特汽车公司旗下汽车零部件控股公司)、DS公司等都是为万向集团实施零部件产品的全球扩张战略而进行的。第二个阶段为整车市场的拓展战略,主要体现在万向集团向汽车产业链的下游拓展,完成从汽车零部件到新能源汽车整车战略的布局。万向通过对A123新能源电池公司的收购获得了电动汽车的电池技术和知识产权;通过对菲斯科公司的收购获得了新能源汽车的整车技术和知识产权。

万向集团
发展历程

(二)"双总部"的组织结构

国内万向集团为中国业务的总部,万向美国公司是海外业务总部。万向美国公司的成立,一个最主要的目标就是搜集海外市场的信息,把世界上最先进的技术和知识传给母公司,从而促进母公司的创新及其核心竞争力的提升。万向美国公司直接使用国外当地资源,将最先进的技术、国外的价格信息、国际市场信息,以最快速度传递到国内,避免了信息传递过程中的滞后性和扭曲,最大限度地保持了信息的实效性和完整性。而国内的万向集团总部具有较强的研发和生产能力,并且生产成本相对较低。因此,万向集团的"双总部"组织结构设置,一定程度上将国内汽车零部件制造的低成本优势与美国汽车零部件技术研发优势、知识产权优势,以及先进的技术信息、市场信息优势等整合起来，使得万向集团在汽车零部件的国际市场上获得了竞争优势。

（三）本地化

万向集团的本地化策略主要体现在以下几个方面。

第一，万向集团国际化的"核心人物"美国化。万向美国公司成立之初，因外汇紧缺，公司选址在芝加哥西北角最便宜的地段，但是万向美国公司一开始就以"美国主流社会开拓"为导向展开了一系列业务活动，致力于将集团业务在美国这块土地上做大做强。随着万向美国业务的发展，公司及其领导人在美国商界乃至政届影响力也随之上升，2002年，美国伊利诺伊州政府甚至将每年8月12日命名为"万向日"。

第二，人力资源美国化。万向美国公司中，中方人员只有6人，其余920人都为当地招聘的外籍员工，有美国人、英国人、德国人、澳大利亚人等。

第三，投资与激励机制美国化。"万向制造基金"于2003年在美国设立，是一种"本地化"的投资机制，主要投资者为美国当地商界等知名人士。而"经营者基金"于2001年2月在美国设立，是为激励美国本土的投资者而设立的，规定万向美国公司每年利润增长超过26.58%的部分，划入该基金，归经营者所有。"万向制造基金"和"经营者基金"的制度安排突破了中国家族企业传统的传承模式，引入了诸多"美国元素"。

万向集团的
跨国之路

第四，业务关系美国化。万向美国公司利用当地资源，建立自己的市场体系，充分利用被收购公司的合作伙伴和市场，不依赖华人圈开展业务。本地化帮助企业与当地政府搭建了互利互助的紧密关系，在企业后续的成功并购及经营中起到了非常关键的作用。

同步训练

目的：理解万向集团的国际化经营。

同步训练

专题小结

◎ **框架内容**

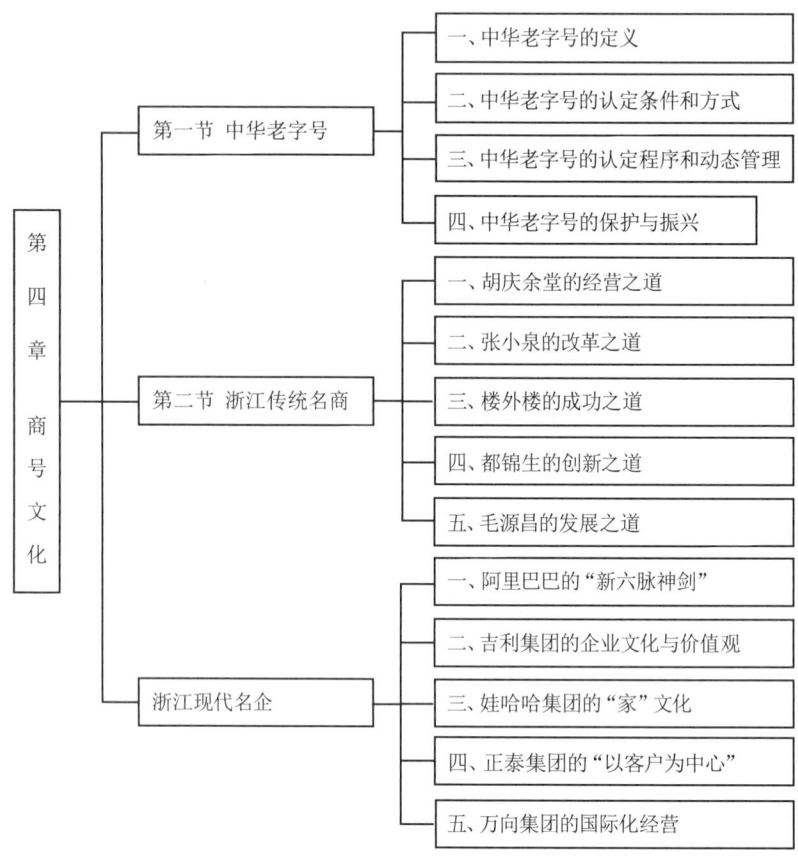

第四章 商号文化

第一节 中华老字号
- 一、中华老字号的定义
- 二、中华老字号的认定条件和方式
- 三、中华老字号的认定程序和动态管理
- 四、中华老字号的保护与振兴

第二节 浙江传统名商
- 一、胡庆余堂的经营之道
- 二、张小泉的改革之道
- 三、楼外楼的成功之道
- 四、都锦生的创新之道
- 五、毛源昌的发展之道

浙江现代名企
- 一、阿里巴巴的"新六脉神剑"
- 二、吉利集团的企业文化与价值观
- 三、娃哈哈集团的"家"文化
- 四、正泰集团的"以客户为中心"
- 五、万向集团的国际化经营

主要术语： 中华老字号　商标　品牌老化　红顶商人　以"仁"为先　以"人"为本
以"诚"为重　以"精"为准　新中式文化　反向全球化　以文兴楼　文化创
牌　工艺创新　细分市场　网络营销　"新六脉神剑"　快乐经营体　"家"
文化　以客户为中心　国际化经营

理论自测

◎ **选择题**

✐ 第四章
理论自测

1. 中华老字号是指历史悠久，拥有世代传承的（　　　），具有鲜明的中华民族传统文化
背景和深厚的文化底蕴，取得社会广泛认同，形成良好信誉的品牌。

　　A. 产品　　　　　　　B. 技艺　　　　　　　C. 服务　　　　　　　D. 文化

A. 商务部　　　　　　　　　　B. 国务院

C. 中华老字号振兴发展委员会　　D. 民政局

3. 1915年，张小泉近记剪刀在巴拿马（　　）上获奖，从此剪刀远销南洋、欧美一带。

A. 世界博览会　　　　　　　　　　B. 万国博览会

C. 全球博览会　　　　　　　　　　D. 亚洲博览会

4. 阿里巴巴在成立20周年之际，正式公布（　　），宣布全面升级使命、愿景、价值观。

A. 口号　　　　　　　　　　　　B. 组织模式

C. 六脉神剑　　　　　　　　　　D. 新六脉神剑

5. 吉利汽车的创始人为（　　）。

A. 徐传化　　　B. 李书福　　　　C. 宗庆后　　　D. 南存辉

6. 2017年，吉利再次出手从（　　）集团购买了8.2%股权，成为其第一大股东，被誉为"穷小子迎娶白天鹅"。

A. 宝马　　　　B. 奔驰　　　　　C. 奥迪　　　　D. 沃尔沃

7. 楼外楼在（　　）末改制成为有限公司。

A. 20世纪50年代　　　　　　　　B. 20世纪70年代

C. 20世纪90年代　　　　　　　　D. 20世纪90年代

8. 湖畔大学的"下三路"是指（　　）。

A. 组织　　　　B. 管理　　　　　C. 人才　　　　D. KPI

9. 正泰集团服务客户主要是从（　　）来把握。

A. 质量文化　　B. 诚信文化　　　C. 创新文化　　D. 消费文化

10. 娃哈哈集团在推行经营管理硬性规章制度的同时，也实行（　　）的"以人为本"的软性管理制度。

A. 关心人　　　B. 理解人　　　　C. 尊重人　　　D. 体贴人

◎ **判断题**

（　　）1. 中华老字号认定不需要公示。

（　　）2. 胡庆余堂"真不二价"匾高悬在店堂内侧，用来时时告诫员工。

（　　）3. 楼外楼店名取自宋代名诗"山外青山楼外楼"。

（　　）4. 毛源昌目前的开店品类包括精品旗舰店、社区街铺专业店和商场快时尚店。

（　　）5. 张小泉品牌成名于1665年。

（　　）6. 都锦生织锦博物馆建造于1995年，为国内第一家织锦专题博物馆。

（　　）7. 娃哈哈集团的经营哲学是凝聚小家，发展大家，报效国家。

（　　）8. 正泰集团的"创新文化"集中体现在两句话：鼓励创新，宽容失败。

（　　）9. 万象集团的本地化是利用当地资源，依赖华人圈开展业务，建立市场体系。

（　　）10. 吉利集团的快乐经营体强调员工快乐至上，充分满足员工需求。

◎ **理论自测步骤**

1. 学生打开浙江省高等学校在线开放课程共享平台https：//www.zjooc.cn。

2. 点击"登录"按钮，选择"学生"，在对话框中分别输入"用户名""密码"后，检索"浙商文化"，加入课程。

3. 在左侧导航列表中选择"测验"，点击"专题四 商号文化"，点击"去测验"，进入测试页面。

4. 在限定时间内完成测试。测试完毕，系统自动评卷。

应用自测

◎ **总体要求**

根据课程学习的内容，完成商文化综合性实践考察，提交《浙商文化》综合性学习实践考察报告。根据参观的场馆，结合所学习到的知识和感悟撰写学习体会，并附上相关图片（300字以上）。

◎ **自测目标**

1. 加深学生对中华商文化的理解。

2. 让学生对商史、商路、商帮、商号、商人有进一步的认识。

3. 训练学生搜集、归纳、整理信息及呈现展示的能力。

◎ **考察地点**

1. 考察地可从上述报告链接中提供的附录列表中选取，也可以自行选择学生生源地与商文化关联的考察地。

2. 前往之前请查询地址和开放的时间。

第四章
应用自测

自我评价

学习成果	自我评价
我已经理解中华老字号的定义和认定条件	□很好 □较好 □一般 □较差 □很差
我已经了解浙江传统名商的文化传承、经营之道	□很好 □较好 □一般 □较差 □很差
我已经理解浙江现代名企的管理创新和价值观	□很好 □较好 □一般 □较差 □很差
我已经能够通过信息检索、社会实践等方式，对商号进行分析，提出改进策略	□很好 □较好 □一般 □较差 □很差

第五章

商人精神

引 导 语

改革开放以来，中国取得的巨大成就有目共睹。中国经济未来发展的强大动力和支撑，离不开社会民众的同心参与。名扬天下的浙江商人，是当今中国最为活跃的商人群体之一，其人数之多，资本之巨，力量之强，令人叹服。也许人们听得最多的，是他们东驰西骋、南征北战的商业事迹；说得最多的，是他们创造、积累财富的惊人速度。一个人的命运是性格决定的，一群人的命运是文化决定的。浙商能够成为改革开放之后崛起的中国具有较大影响力的商人群体，既有历史的偶然，也有文化的必然。浙江的商业文化和商人精神成为改革开放之后浙商崛起的源头活水。本章将学习浙江不同时期的商界代表人物事迹，共探商人精神。

学习目标

◎ 了解浙江商界先贤代表人物及其商业精神。

◎ 理解不同阶段"四千精神""新四千精神""新时代浙商精神"的文化内涵。

◎ 了解浙商典型人物代表事迹。

◎ 弘扬浙商精神，传承商道文化。

第一节　浙江商界先贤

　　浙商堪称中国商帮中最值得重视和尊敬的群体之一，这是有历史原因和事实依据的。浙商群体不是凭空"冒"出来的，它的育成有着多方面的因素。第一，浙商成长的自然环境与人文基因有别于他地。浙江面海通江，地理位置得天独厚，而人多地少、单凭土中刨食难以维生的困境，使其从事工商业活动成为一个合理的选择。这种工商业活动的发展，则离不开浙江尚文重教的地域文化优势，离不开浙东学派长期以来"工商皆本"的呼吁，离不开当地民众敢于冲破清规戒律的勇气，更离不开浙江人通过复杂的亲缘、地缘和业缘关系构建起来的经商网络。第二，浙商兴起的历史过程与基本状况有其特殊性。唐、宋以后，中国经济文化重心南移，浙江被称为"鱼米之乡""丝绸之府"。明代之后，一种新型生产关系的萌芽最先在浙江出现，就在这一时期，形成了在中国声名远播的龙游商帮和宁波商帮，史有"遍地龙游"和"无宁不成市"之说。鸦片战争后，中外通商交流的步伐大大加快，海风拂面，大大刺激了中国近代资本主义工商业的兴起，社会经济发生千百年未有之巨变。大胆聪明的浙江商人善于把握机遇，以家乡为基地，以上海为中心，以全国乃至海外为舞台，上演了一幕幕波澜壮阔的经商话剧。浙商先贤们爱国明理、敬业乐天、友善爱人、童叟无欺、守正出奇的商业精神，为他们的时代贡献出了宝贵的物质与精神财富，在浙江商业史上写下浓重的笔墨。

🎥 近代商人
精神——
毅勤诚朴

💬 **即问即答**

你熟悉的浙商名人有哪些？

❓ 即问即答

一、爱国明理的家国情怀

　　在浙商的民族精神中，爱国主义为核心。近代浙商经历了军阀割据、北伐战乱、日寇入侵等重要历史时期，于波澜跌宕、风云变幻的乱世中修身、齐家、立业、报国。在时代变革和国家动荡中，他们身上既有追梦逐梦、为实现梦想努力拼搏的心路历程，也有达则兼济天下、不忘初心的家国情怀。

（一）虞洽卿——抗日爱国的赤脚财神

　　虞洽卿，1867年出生于浙江慈溪，中国近代爱国民族资本家、航运业巨子。

　　虞洽卿最让人称道的并不是他的经商智慧，也不是他的人脉，而是在国家危难的时刻，用自己的实际行动去守护当时支离破碎的祖国。

1932年，日本发动"一·二八"事变，虞洽卿召集上海实业界、银行界等领袖人物，成立了上海市民地方维持大会，对日后的抗日救亡运动起到了领军的作用。

📄 虞洽卿

1937年，"八一三"事变爆发，上海出现大量的伤兵。虞洽卿知道后，马上以上海市民地方维持大会的名义，呼吁各界仁人志士为支持抗战和救助伤兵募捐。

除此之外，战争造成的另一个问题是难民问题。虞洽卿领导的宁波同乡会组织战地救护队，设立难民收容所，租用了4艘专轮，免费送20万人回宁波。

🎥 抗日爱国的赤脚财神——虞洽卿

抗日战争爆发后，虞洽卿积极参与援助海外华侨组织、宣布对日经济绝交、组织抵制日货、救济难民等活动，为抗日救亡事业做出了贡献。上海沦陷时期，他多次拒绝日伪的威逼利诱。1937年12月，日本军方在浦东组织成立"大道市政府"，有意让虞洽卿出任"市长"，虞洽卿义正词严地拒绝了日本人，却加入了由中共江苏省"联委"领导发起举办的"物品慈善义卖会"。

1945年春天，在他生命的最后时光，虞洽卿还立下遗嘱，捐赠1000两黄金，用做抗战经费。

纵观虞洽卿的一生，他同仇敌忾的民族意识、爱国爱乡的博大胸怀、一心为民的奉献精神，确实令人敬佩。

（二）项松茂——爱国义勇军

项松茂生于1880年，浙江宁波人，中国新药业先驱。

项松茂，名世澄，别号渭川。14岁至苏州当学徒。清光绪二十六年（1900年），任上海中英药房会计，后任汉口分店经理、汉口商会董事。清宣统三年（1911年），返沪任五洲药房总经理，直到1932年。在这期间，曾亲赴日本考察药业，并派人赴欧美学习，引进先进技术。1917年，开办天津五洲药房支店，并以资金和产品帮助建立伯特利医院和福幼医院。1921年，盘进原德商上海固本肥皂厂，易名为上海五洲固本皂药厂（今肇嘉浜路上海无线电四厂），首创亚林臭药水、东吴药棉、甘油、牛痘苗、人造自来血和国产固本肥皂，成为中国西药业设厂自制药品和医疗器械的先驱。他还编印《卫生指南》一书，宣传医药知识。

📄 项松茂

1929年，向大丰工业原料公司、开成造酸公司和上海新亚药厂等13个企业投资，兼任董事。1931年，又与邬志豪筹组宁波实业银行，与高思洪承办沪闵南柘长途汽车公司，任经理兼董事。同时先后任上海租界华人纳税会理事、上海市商会议董、中国国货维持会执行委员、华商皂业公会主席等职。在"五四"反帝爱国运动中大力倡导国货，加上五洲固本肥皂厂肥皂质好价廉，销量大增，引起英商祥茂洋行的忌恨，成为其势必拔去的"眼中钉"，提出愿付高于五洲固本肥皂厂总资产的代价，收买全部生产资料和商标，遭到项松茂的严词拒绝。英商收买不成，随即将祥茂肥皂跌价倾销，妄想迫使五洲固本肥皂厂倒闭。项松茂针锋相对，毅然削价销售固本肥皂，并将制药部的利润来贴补制皂部，保住企业，并进一步提高产品质量，使五洲固本肥皂成为名牌畅销产品，挫败了英商垄断皂业市场的企图。

"九一八"事变后，项松茂积极投入抗日救国运动，任上海抗日救国委员会委员，代表五洲固本肥皂厂和其他5家药房登报声明"不进日货"；并将厂内全体职工编组成义勇军第一营，自任营长，聘请军事教官严格训练，规定职工下班后军训一小时，积极备战，从而招致日军仇视。他自撰联语："平居宜寡欲养身，临大节则达生委命；治家须量入为出，徇大义当苍视千金。"同时对"攘外必先安内"的政治主张深表忧虑，他曾应著名画家孙雪泥之请，在生生美术公司印制的"抗日月历"上写了"煮豆燃萁，内争可耻"的题词。

"一·二八"淞沪抗战爆发，中国驻军第十九路军奋力抗击入侵日军，伤亡极大。项松茂接受生产军用药品的任务，亲自督促日夜加班赶制，供应前线急需。其时，位于北四川路老靶子路（今武进路）口的五洲大药房第二支店，靠近战区，由11位职工留守。1月28日傍晚，有日军军车驶近该店，遭我爱国志士狙击。次日上午，日军和浪人包围该店，强行闯入搜查，发现义勇军制服和抗日宣传品，即将留守职工全部捕去。项松茂闻讯后，义愤填膺，决定亲往营救。同事们劝阻，他说："11位同事危在旦夕，我不去营救，如何对全公司负责？贪生怕死还算什么总经理？"说罢登车而去，寻找营救途径。1月30日突遭日军劫持，押到江湾日军军营。项松茂面对日酋，怒斥日本侵略罪行。次日，项松茂惨遭杀害，并被销尸灭迹。11位职工亦同时被害。这一天是1932年1月31日，五洲固本肥皂厂、店全体员工为了纪念这个殉难日，在店徽、厂徽上加刻"131"字样，并把试制出的牙膏也用"131"作为商标。

项松茂以身殉国后，国民政府以"抗敌不屈，死事甚烈"予以褒扬。著名进步人士史量才、章太炎、黄炎培等都曾撰文，高度评价项松茂崇高的爱国精神。1982年项松茂殉难50周年之际，全国人大常委会副委员长许德珩写了"制皂制药重科研，光业光华异众贾；抗敌救友尽忠诚，爱国殉身重千古"的题词。

（三）刘鸿生——战争时期的浮沉与抉择

刘鸿生，1888出生于上海，浙江定海（今浙江舟山市）人，中国近代著名爱国实业家，以经营开滦煤矿起家，后将资本投资火柴、水泥、毛纺织等行业，成为集"煤炭大王""火柴大王""毛纺大王""水泥大王"等于一身的"企业大王"。

刘鸿生

刘鸿生是个精明的实业家，更是个热忱的爱国者，在他的身上有着强烈的民族实业家的爱国情怀。

1937年，卢沟桥的炮声震动了全国，也震动了刘鸿生。他积极参加上海抗敌后援会的工作，并担任伤病救济委员会和物资供应委员会总干事及中国红十字总会副会长。

为抗日，刘鸿生尽心尽力。尽管公司事务极为繁忙，他仍亲自过问物资募集、调度和伤员安置情况，事必躬亲，一丝不苟，并规定所有单据必须由他亲笔签字。因为刘鸿生始终坚信：没有国家的安定，企业的发展将是非常困难的。

随着战争的不断扩大，刘鸿生的企业遭受了巨大损失：华商上海水泥厂停滞、章华毛绒纺织公司停业、大中华火柴厂停工、中华码头遭到破坏、华东煤矿限产缩支、银行

业务收缩……他不得不面对何去何从的问题。

在上海即将沦陷时，刘鸿生向国民政府提交了意见书，提出创设自由商港的意见。意见书代表了绝大多数民族工商业者的心愿，字字凝聚了他们为发展实业、振兴国家经济而深谋远虑的爱国热忱。然而，刘鸿生的满腔热忱换来的却是石沉大海。

为了躲避日本人的拉拢和威逼，1938年6月的一个夜晚，刚满50岁的刘鸿生只身离开上海。

遥望浦东的一座座堆栈和码头、一座座工厂和仓库，禁不住潸然泪下，想到他拼搏大半生的心血和财产即将落入日军之手，刘鸿生悲痛欲绝。他攥紧了拳头，愤愤地顿足道："宁为玉碎，不为瓦全！"

在香港经过一段时间的修整后，刘鸿生决定重整旗鼓，在后方干一番事业，此时蒋介石发来电报，邀请刘鸿生到重庆主持建立后方工业基地，刘鸿生意识到这对于他重新在内地发展事业是一股东风，同时也可能暗藏潜在的威胁。

但是，他仍然答应了，怀着对未来的期待，刘鸿生来到了重庆。

抗战期间，刘鸿生在重庆先后创办和投资了火柴厂、毛纺织厂、水泥厂等实业，以惊人的毅力和苦干精神，在几乎一片空白的土地上创造出1000万元的企业，再次成为中国民族工业的"骄子"。

回到上海后，刘鸿生将主要精力投入到善后救济工作中，妻子看到刘鸿生苍老的脸庞，对他说："一转眼我们已是快60的人啦。虽然经过八年苦难，总算熬出来了，以后我们可以歇一歇，享享清福了。你说是吗？"刘鸿生没有回答，只是似是而非地点点头。因为他看到刘氏集团的企业都已收回，大批的救济物资源源不断地运进来，正是大力发展实业的极好时机，他身上又沸腾起了创业热血。

但是，好景不长，美好的幻想随着美国商品的倾销洪水湮灭了，等待刘氏企业的是更沉重的打击。

美货泛滥的洪水尚未退去，通货膨胀又如一匹脱缰的野马扰乱了正常的社会生产。蒋介石发动内战后，财政赤字不断高涨，到1946年，已经到了钱财枯竭、民不聊生的地步。中国民族工业更是到了崩溃的边缘。刘鸿生被迫再一次避走香港。

上海解放后，周恩来派专人赴香港争取工商界人士，希望他们为国家经济建设做贡献。周总理的诚恳、坦率给刘鸿生留下了深刻的印象。

此后，刘鸿生在上海积极配合陈毅市长从事经济恢复和救济安置工作，为上海经济的复苏尽心尽力。尽管他当时身体状况很差，仍然带病坚持参加各项政治活动，先后担任了全国人大常委会委员、全国政协委员、全国工商业联合会常务委员等职务。

1954年，刘鸿生代表刘氏企业集团正式向政府申请公私合营，将其企业纳入社会主义公有制体系，开始了他人生的一次重大飞跃。

有人问刘鸿生是否真舍得，他说："作为一个资本家，确实有点舍不得；但作为一个民族资本家却又舍得了……我是靠近70的人了，应该掌握自己的命运，几十年的艰苦创业，就是为了发展民族工业的理想。既然共产党倡导的社会主义是达到这个目标的最好途径，为什么我们不紧跟上去呢？等到国家发达了，民族兴旺了，我感到的只能是骄傲和幸福，没有什么舍不得的。"

1956年10月1日，这位曾对中国火柴工业发展做出过重要贡献的爱国实业家，带着对祖国、对事业深深的眷恋，悄然离开了人世，享年68岁。

刘鸿生虽然走了，但他留给了后人一笔丰实的遗产：不仅仅是价值2000多万元的企业，更重要的是一个又一个企业成功的经营管理经验，以及他开拓进取、知人善任、坚定自信的企业家精神。

为了企业的生存和发展，为了民族的兴旺和发达，刘鸿生怀抱着"实业救国"的理想，在艰难曲折的道路上跋涉前行，不惧风雨，坚忍不拔，奋斗终生。他将毕生精力献给了振兴祖国实业的宏伟事业，他所创办的企业至今还在造福祖国和人民。

二、敬业乐天的商业精神

在许多人眼里，做什么事首先是面子，有些生意尽管能挣钱，但有失体面，就宁可挨饿也不愿意去做。而在浙商眼里，做生意没有高低贵贱之分。他们心怀梦想，勤勉工作，笃行不倦，脚踏实地，百折不挠，任劳任怨。

（一）朱世荣——坚忍敬业

据龙游韦塘朱氏族谱记载，朱世荣早年丧父，家庭极度贫穷，靠族中同姓资食为生，14岁时便为贩运木头的族叔打工，以求糊口。自古英雄出寒家，朱世荣早早就尝尽人间的酸甜苦辣，练就了吃苦耐劳、自强不息、坚忍不拔的精神品质，珍惜身边的每个机会，早年立志要做一番大事业，成为陶朱公范蠡那样的大商人。朱世荣吃得苦、人勤快脑子又活络，很快成为族叔生意的好帮手，开始走单帮。所谓的单帮，实际上是负责一定区域的货源组织或市场销售的人员。正是走单帮的锻炼，使得小小年纪的朱世荣了解了市场、熟悉了生意，为自己创业奠定了基础。

一次经过京杭大运河向吴中运送货物的经历，让朱世荣看到了机会并开始了自己的经商生涯。创业初期，一切都要靠自己，木头运输可是一件苦差事，翻山越岭，深沟峡谷，常人根本无法从这里行走，而运输货物更是无法想象的艰难，有时来去一次就要四五十天，远的一次就要半年左右。但朱世荣没有怨天尤人，崎岖的山路练就了他事业成功的人格基础，锻造了他"坚"与"忍"两种品质，这也是他一生经商生涯中一直保留的优秀品质。

朱世荣日复一日的辛勤耕耘，终于在苏州、无锡、常州等地建立了良好的人脉关系，为开创自己的事业奠定了坚实的基础。几年的贩运生涯，不但自己的财富增加了，行业的见识也增加了，最为宝贵的是懂得了商道。在把握了贩运规律的基础上，他开始把智慧用到自己的贩运生涯中。他一方面通过京杭大运河往江苏运送木材，另一方面又把江苏的丝绸、陶瓷等货物运往浙赣，自己拥有了具有70多艘船只的运输船队，建立了涵盖木材、贩运、粮食、丝绸棉布、陶瓷等生意的庞大的商业王国。据方志记载，朱世荣"流寓常州致巨富，置产亘常州三县之半，后归里，复大置产，当时以为财雄衢常二府"。

一个成功者所以能够取得了不起的成就，最重要的秘诀就在于真正地、踏踏实实地去做事情。朱世荣就是凭着这样一种精神，一步一个脚印地实现了他的财富人生。

（二）刘镛——勤快能干

刘镛，南浔"四象"之首，1825年生于一家贫苦的庄户人家，浙江湖州府南浔人，祖籍绍兴上虞，被誉为四象中的"刘家的银子"，晚清实业家、慈善家。

刘镛

刘镛年轻的时候当过铜匠，挑着担子，走街串巷地为人家修补铜勺铜锅，以贴补家用。南浔的老人回忆说，当年刘家的家庙里，曾陈放着一副铜匠挑子，即是指此，刘家后人中也有类似的传说。当然，靠这点小手艺活儿自然是无法安身立命的，后来，他转入了镇上一家棉绸布店当学徒，指望将来能做点生意。

那时学徒什么杂活都得干，寒冬腊月老板叫他到冰冻了的河边洗鱼洗菜，他手已冻裂，鲜血顺着菜叶流到河里，又怕被老板见到呵斥，出入均不敢出声。他早起晚睡，拼命干活，一天只能挣十文钱。他用三四文买点吃的，其余送回给他母亲。可是后来得知，店家的管家一年的薪金也才不过百缗（100串铜钱），心想此处非久留之地。后来由亲戚介绍，他进入镇上谈德昌丝行打工，每年也只赚10银圆。老板认为他勤快能干，年终又奖励他6银圆回家，全家人已高兴得不得了了，认为是笔大收入。不出几年，刘镛凭自己的精明，已经悟出了经营丝业的门道，明白了其中的关键是要有资本，只要有资金就能在当地大量收购蚕丝，再转卖给从上海来湖州收丝的洋行买办，这样，一进一出，顿时可赚大钱。湖州历来就是鱼米之乡，老百姓家家植桑养蚕，有的是生丝，货源稳定、充足，只要有收购生丝的钱，生意即可做大。可问题是资本从哪里来呢？

几年后，刘镛脱离了谈德昌丝行，与另外两个同乡合作，开设了自己的第一家丝行，资本由三个人东借西借，凑在一起也才不过200银圆，但这毕竟是刘墉迈出的第一步，那年刘镛整20岁。当时正值鸦片战争之后，外国资本大肆收购中国农副产品之时，南浔作为浙北蚕桑业的中心市镇之一，又离上海较近，交通上有太湖和运河之便，丝市贸易自是盛况空前，所谓"小贾收买交大贾，大贾载入申江界，申江番国正通商，繁华富丽压苏杭"（《南浔志·南浔丝市行》），正是指此。

刘镛的财势发展速度是惊人的，因为自其合伙经商算起，刘镛36岁的时候，200银圆的资本已连续翻番，上升到了数十万之巨，而且已从南浔发展到上海，在上海租界内购地造屋。并且从经营丝业开始经营盐业。据汤寿潜说其："不数年，业翔起，当同治初，已殖财数十万，号巨富。"

（三）王均瑶——胆大包天

王均瑶，1966年出生在浙江省温州市苍南县大渔镇，曾创办温州均瑶乳品公司，获得过"第十一届上海市十大杰出青年"荣誉称号。

王均瑶16岁那年便离开家乡——温州龙港，开始在长沙一带跑五金和印刷业务，赚点小钱。1989年春节前夕，由于忙于跑业务，王均瑶忘了提前买回家的火车票，到了小年夜，坐不上火车了。他和其他几个被困在长沙的老乡聚在一起，商量着无论如何都要赶回家去过年。大家一合计，最后以两倍的价格包了一辆大巴回家。去温州的山路不好走，汽车在漫长山路中颠簸前行，把一伙人累得够呛，王均瑶随口感叹了一句："汽车真慢！"旁边的一位老乡挖苦说："飞机快，你包飞机回家好了。"

说者无心，听者有意。王均瑶开始反问自己："土地可以承包，汽车可以承包，为什么飞机就不能承包？"哪知这个想法一说出口，立即招来了家人的讥笑，所有的人都以为他在痴人说梦。要知道，当时不要说包飞机，就是坐飞机也不是谁都可以的，连买机票都需要开证明！你王均瑶一个小小的打工仔，凭什么？但王均瑶没有轻易放弃，他筹划了很长一段时间，而后又进行了长达八九个月的走访、市场调查，并跟有关部门进行沟通。当时几乎所有的亲戚朋友都反对，没有人认为他会成功。

王均瑶

1991年7月28日，对王均瑶来说是个值得纪念的日子。随着一架"安—24"型民航客机从长沙起飞平稳降落于温州机场，中国民航的历史被一个打工仔改写了——大半年的奔波之后，王均瑶开了中国民航史私人包机的先河，承包了长沙—温州的航线。凭着坚忍不拔的精神，王均瑶硬是在中国民航领域分得了一杯羹。包机的第一年就给王均瑶带来了20万元的盈利。那年王均瑶25岁。王均瑶在完成个人创举，打破民航历史的同时，也为自己树立了"胆大包天"的个人品牌。他继而一鼓作气包下全国400多个航班，成立了全国第一家私人包机公司——温州天龙包机有限公司，在中国航空史上写下了特别的一页。

三、友善爱人的仁者之心

浙江人有悠久的经商传统，同时，浙江也是"仁义之乡"。历史以来，浙商就素有友善爱人、乐善好施的优良传统和美德，在慈善大爱、公益精神上备受赞誉。浙商尽管遵循"在商言商"的商业法则，但浙商群体里较少"唯利是图"之徒。对浙商而言，钱并不代表一切，它只是一种生存的工具，是实现自我价值和进取精神的有效途径。善待他人、回报故土、造福社会是浙商的共识。

（一）叶澄衷——兴天下之利，莫大于兴学

叶澄衷，1840年出生于宁波镇海，原名叶成忠，清末资本家，宁波商帮的先驱和领袖。因其生平善举，口碑载道，清廷颁布上谕，传旨嘉奖"勇于为善"，并在《清史稿》中列传，被称为"首善之人"。在宁波商帮中，一直流传着这样一句话："做人当如叶澄衷。"

叶澄衷

叶澄衷以经营五金商业起家，他于1862年在百老汇路自设洋杂货摊，经过艰苦奋斗，终于拥资巨万，名显海内，被人们称誉为"五金大王"。在有所建树之后，他不忘重义疏财，时时以利物济人为念，广泛参与创办上海、宁波等地的慈善公益活动。

上海开埠后，由于各种因素的相互交合，城市发展呈现出跳跃式前进的轨迹，上海人口也以前所未有的速度激增。人口的急剧增长导致就业、卫生等一系列社会问题的产生。叶澄衷目睹此地五方杂处、贫富不齐的状况，就存有普济穷困的愿望。他在沪上襄建崇义会、广益堂，同时还担任旅沪同乡组织四明公所的董事，积极参与四明公所的各项慈善活动。四明公所是代表旅沪宁波人利益的组织，也是上海规模较大、最有影响的慈善机构之一，它在章程中明确规定："本公所以建殡舍、置义冢、归旅榇、设医院等诸善举为宗旨。"

1871年，叶澄衷在上海的一次慈善会议上坦言："兴天下之利，莫大于兴学。"他认为，国家贫穷，正是由教育匮乏所导致的，要改变这一局面，就要发展教育。叶澄衷出身孤寒，他深感"幼年未曾识字，作业艰苦"之难，正如他亲自所撰、悬挂于学校礼堂的联语所言："余以幼孤，旅寓申江，自伤老大无成，有类夜行思秉烛；今为童蒙，特开讲舍，所望髫年志学，一般努力惜分阴。"为此他立志兴学，捐资办校，"从此学习之人学有进益，大则可望成才，小亦得以谋业"。

叶澄衷一生直接或间接创建了多所私塾、学堂，受益于此者不计其数。四年后，他在上海创办叶记商务学馆，同时又在上海、汉口、天津等地招收了一批学员，对其进行一年的英语培训，费用全免。与叶记商务学馆不同，他创办的"怀德堂""忠孝堂""叶氏义庄"等全部都是社会慈善机构，只是为了帮助穷苦孩子读书，并接受英语等现代教育。

作为上海工商界的著名人士，叶澄衷还积极参与清末由民间自行组织、募集经费的义赈活动。晚清灾害频仍，"山西亢旱""饥民倒毙甚多"，"苏浙大风雨""拔木坏屋，田禾淹没殆尽"等记载不绝于书，但由于当时政治腐败，财政拮据，因而救荒乏力，难以为继，不得不借重社会之力。在这样的情况下，由民间自行组织的"民捐民办"的义赈活动开始兴起，江浙一带的绅商是此际慈善活动的中坚力量，叶澄衷亦积极参与此类活动，纠集同人在上海设立慈善公所，首捐巨资，筹款往赈。

一些地方大吏敬仰叶澄衷的懿德善行，为他上书当朝，屡邀宠锡。1888年，清廷颁布上谕，传旨嘉奖叶澄衷"勇于为善"，并赐以"乐善好施"匾额。

公益商人
叶澄衷

1899年，叶澄衷捐出虹口唐山路下海浦西侧土地30余亩，并捐赠规银10万两，用以创办澄衷蒙学堂。1899年10月，校舍尚未落成，叶澄衷逝世，遗命对学堂之事务求妥洽，须有久远的规划。其后长子叶贻鉴又续捐规银10万两。蒙学堂于1901年建成开学，定名为"澄衷学堂"。

在叶澄衷去世后三年，其委托族叔叶志铭在家乡筹建的"叶氏义庄"终告落成，主要用作私塾和库房。当时宁波乡间盛行一句民谚，"依澄衷，不忧穷"。1906年，"叶氏义庄"更名为"叶氏中兴学堂"，对族人实行义务教育。包玉刚、邵逸夫、包从兴、赵安中等一众宁波帮人士都曾在这里就读。

另一面，叶澄衷为了让手下诸多员工及其家属日后的生活有保障，于1897年倡议建立了"怀德堂"，目的在于"联同人而恤孤嫠"，他亲自订立章程，派人管理。

　　叶澄衷所代表的晚清公益慈善商人，走出了自我的小天地，服务人民、服务大众，施展了自己的社会情怀和抱负。

（二）徐乾麟——社会救星老好人

徐乾麟

　　徐乾麟，生于1863年，名懋，号升堂，族名源章，别署健芦老人，余姚柯义乡徐巷村人，是我国近现代著名的慈善家和沪上知名的社会活动家、爱国者。

　　徐乾麟7岁那年，父亲在乡里办一善举，劝募备苦，回家后告诉家人，痛骂有人为富不仁，他在一旁当即便说："别人不肯施舍，我家可以施舍呀。"徐乾麟从小看着家中长辈即便不富裕，还是在力所能及地帮助他人，幼小的心灵早早埋下了一颗善良的种子。

　　1887年春天，在上海事业有成的徐乾麟返乡省亲，遇到了水灾。他积极筹款赈灾，修建桥梁。当崭新的桥梁架起来时，乡亲们打算请徐乾麟立碑题字以作纪念，徐乾麟却说："母亲有言，凡做善事切勿居功，我家又没捐多少，只是出了点力而已，怎能夺取别人的美名欺人呢？"等到赈灾大致有了头绪之后，他把后续事宜托付给了当地诚恳厚道的人，才放心返回上海，从此他的公益之路一生都没有停下来过。

　　1911年辛亥革命爆发后，他积极资助革命。那时的上海鱼龙混杂，人口拐卖现象十分严重。每次看到妇孺被辗转贩卖，骨肉分离的情景，徐乾麟十分心痛。在他的组织发动下，中国救济妇孺总会在上海成立，他亲任会长，主要救济、收容被拐至上海的妇女、儿童。这是中国人设立的第一所新式收养妇女、儿童的慈善机构，成立后，留养被拐妇孺计400余人，迅速成长为具有全国影响力的慈善团体。

　　1921年，徐乾麟将慈善救济会逐渐推广，因为当时上海有很多失业游民，他设法在江湾筹设游民工厂，房屋全部新盖。购置机器时，徐乾麟按照外国出厂原价购买，力除回扣恶习，以较廉的价格建成机械、橡皮、地毯三个模范工厂。

　　1932年1月28日午夜，侵华日军突袭上海闸北，遇到中国驻军第十九路军的坚决抵抗。战斗惨烈，中国守军大量伤亡，宝山、江湾到处都是尸体。为此，徐乾麟加入为抗日阵亡将士建无名英雄墓的行列。那年冬天，朔风怒号，风雪不停，70高龄的他，仍记挂着救济会施舍衣米等事，在冰天雪地之中奔走往来，每日必到现场，审察周详。

　　徐乾麟一生参与创办众多的慈善组织，其中既有为救济各地水、旱、兵等灾害而设的临时救助机构，也有进行长期救济的常设机构。如在水旱为患的北京、直隶、奉天、河南、山西、陕西、湖北、江苏、浙江等地筹设京直奉水灾义赈会、河南水灾义赈会、江浙皖水灾义赈会等筹集善款，实地放赈；在地震为灾的邻国日本，他曾雇用新铭轮到地救援。又如，他主办的中国道德总会、上海乐善会对贫民长年周济，施舍衣米；创办中国救济妇孺总会救济妇孺等社会弱势群体；创办模范工厂扶助失业人员；创办游民工厂教养游民；主持中国济生会建桥筑路、凿井开河、疏浚河道等；组织闸北救火联合会及下设的四段救火会，改善闸北消防，确保闸北的消防安全；创办崇德会等劝恶从善，感化众生。此外，他还收买南诚信大烟窟，于张氏味莼园焚毁大量烟土、烟具，并将烟窟基址改为商品陈列所；创办济生医院，为贫民诊治疾病，于夏令时节开展防疫运动，

防止疫病暴发等。徐乾麟从事公益近60年，这在中国历史上几乎无人能及。由于他做慈善公益正心诚意，廉洁奉公，被上海各界称为"社会救星老好人""海上耆老第一流"。

（三）邵逸夫——大丈夫贵兼济，岂独善一身

邵逸夫

邵逸夫，1907年11月19日出生于浙江宁波镇海，原名邵仁楞。香港电视广播有限公司主席，邵氏兄弟电影公司的创办人之一，电影制作人、娱乐业大亨、慈善家。

"我的财富取之于民众，应用回到民众。"这位以"大丈夫贵兼济，岂独善一身"为人生信条的影视巨子，不仅是这样说，更是这样做的。

早在1973年，邵逸夫就设立邵逸夫基金会，致力于各项社会公益事业，为此他受到了广泛的好评。

从1985年起，邵逸夫开始将关注的目光投向祖国内地。当年他向中国保护敦煌画展工程和浙江大学分别捐资1000万元，有关部门特立碑予以纪念。1985年后，邵逸夫平均每年都拿出1亿多元用于支持内地的各项社会公益事业，对于中国教育事业更是情有独钟。正如他所说："国家振兴靠人才，人才培养靠教育，培养人才是民族根本利益的要求。"邵逸夫视教育为立国之本，为此多年来他尽心尽责，不遗余力。据不完全统计，截至2008年，邵逸夫捐助内地事业的资金达32亿元，受惠学校及教育项目近5000个，遍布31个省（区、市），"逸夫楼"也遍布中国的校园。邵逸夫晚年还不顾耄耋之躯，多次亲临大江南北，视察捐赠项目。此外，邵逸夫在英国、美国、新加坡等地都有巨额捐赠，合计金额早已超过30亿元。在古今中外捐资助学史上，邵逸夫当之无愧可称为第一人！

根在宁波的邵逸夫对故乡也倾注了很大的爱心。1987年后，他不仅多次回乡探亲访问，还先后捐资4000多万元帮助发展教育、文化事业。这些项目包括位于宁波大学西区的邵逸夫图书馆、逸夫教学楼、逸夫剧院，以及其祖居地康乐园等。他在浙江其他地区也有巨额捐赠，如他为杭州邵逸夫医院捐赠了近亿元。早在20世纪90年代初，浙江省、市政府就授予他"爱乡楷模""荣誉市民"称号，以表彰他为家乡发展做出的重要贡献。

1990年，中国科学院紫金山天文台为表彰邵逸夫对中国科学教育事业的贡献，将一颗新发现的行星命名为邵逸夫星。这是该天文台首次以当代知名人士命名小行星。

2002年，邵逸夫还捐资创立被誉为"东方诺贝尔奖"的邵逸夫奖，用以资助全球造福人类的杰出科学家进行研究，基金总额已高达50亿元。"邵逸夫奖"设天文学、数学科学、生命科学与医学三个奖项，每年颁布一次，每项奖金120万美元。第一届颁奖活动于2004年举行。评选原则是，不论得奖者的种族、国籍、宗教信仰，而以其在学术及科学研究或应用领域获得的突破性成果，且该成果对人类生活有意义深远的影响为宗旨。由于其设奖宗旨和巨额奖金媲美声名显赫的"诺贝尔奖"，因此有人称之为"东方诺贝尔奖"。

2008年5月15日，也就是四川汶川大地震三天之后，邵逸夫及夫人在得知四川地震灾区学校遭到严重破坏，学生受到严重伤亡后，十分悲痛，即向教育部表示捐款港币1亿元（折合人民币约9000万元），与教育部配合，为灾区师生重建校舍，使他们早日重

返校园。2013年4月22日，邵逸夫夫妇又向四川雅安地震灾区捐款港币1亿元。

据不完全统计，邵逸夫生前用于慈善事业的捐赠，包含扶贫济困、捐资助学、社会公共事务等方方面面，超过港币100亿元。当前，以逸夫两字命名的教学楼、图书馆、科技馆及其他文化艺术、医疗设施遍布中国各地。香港社会称赞，或许数百年后，今日陷于争产的富豪都已湮没无闻，但邵逸夫的慈善事业仍为人所熟悉。

四、童叟无欺的诚信本色

诚信，是浙商的安身立命之本。人无诚信不立，业无诚信不兴。百年沉浮，能在商海留名的浙商，无一不将诚信视作珍宝，更有甚者，将其内嵌入人格之中，这种标签式的印记，所蕴含的隐性财富不可小觑。作为商业社会最基础的运行逻辑，诚信在过去、现在、未来都将是人丈量人、企业丈量企业的不二标杆。

（一）胡筱渔——重义守信

胡筱渔

胡筱渔，1906年出生在一个商贾之家，曾经是龙游商界叱咤风云的人物。86年的人生，经历了清朝、中华民国、中华人民共和国三个不同历史时期，他思维敏捷，超凡脱俗，目光远大，重义守信，为振兴民族企业、发展龙游经济奉献了一生。

胡筱渔的祖父胡文耀在兰溪经营广发京货店，父亲协助打理。龙游姜益大广货店老板姜德明因经营不善，资金难以周转，多次求助于胡文耀，胡文耀出于同乡情谊，来到龙游实地考察后，认为龙游交通发达，物产丰沛，民风淳朴，交易活跃，是经商的宝地，于是决定入股姜益大广货店，联合经营。后来姜益大广货店老板姜德明病故，胡文耀收购了姜家全部股份，由胡家独资经营。

胡筱渔年仅14岁就到兰溪奚益大染坊拜师学艺，掌握印染技术。后追随祖父、父亲经营姜益大广货店，耳濡目染，潜移默化，对经商之道心领神会，逐渐显露出卓尔不凡的商业才干。胡筱渔接盘姜益大广货店以后，在沿用原有品牌基础上，大刀阔斧进行改革，改变原来的经营作风，将诚信经商作为安身立命的根本、开拓之履、经营之道、发展之源。把一个濒临倒闭的姜益大广货店，经过几年的精心经营，迅速发展为龙游商帮棉布行业的龙头企业，冠以金（华）、衢（州）、严（州）三府棉布经营规模第一家。

姜益大广货店历来以信誉著称。胡筱渔教育员工在经营中必须诚实守信，如果没有诚实的品质、守信的品格，便难以在商场上立足，对待客户不讲信誉，等于自断财路。他一直坚持薄利多销，甘当廉贾，童叟无欺，决不二价。尤其是当时不法商贩在银圆里掺假坑害顾客的现象时有发生，为此胡筱渔重金聘请了三名有经验的验银工，对进出店里的银圆严格检验，确定银圆无假后就烙上“姜益大”的标记，承诺假一赔十，让顾客放心使用。一招鲜，吃遍天，胡筱渔这一做法赢得了好评。外地人光顾生意，胡筱渔不仅盛情款待，还支付一定数量的车马费。由于姜益大广货店棉布质优价廉，诚信经营，口耳相传，声名远播，生意蒸蒸日上，几乎垄断了整个龙游的棉布市场，棉布生意还辐射到周边地区。

胡筱渔最值得人称道的是在经营中高瞻远瞩、目光远大，以诚信赢得供货商和顾客的信任。有一次，布店在海宁订购7500匹石门布，价值6万银圆，货在运送途中遇劫，这本不关姜益大广货店的事，因为根据双方的约定，货物在运输途中发生损毁由供货方承担，货到结款。可是，胡筱渔却并没有摆出一副事不关己高高挂起的姿态，他对这批布的损失十分关注。海宁布商得知布匹遭劫的消息后十分痛心，赶忙派专人来到龙游的姜益大广货店处理此事，为了挽留住这位大主顾，海宁布商愿意承担所有的损失。但是，胡筱渔却并没有乘人之危、落井下石，反而仗义疏财，当场偿付了对方6万银圆布款，还又订购了7500匹棉布，并热情款待海宁布商。这一义举使姜益大广货店声名鹊起，遐迩闻名。后来有时碰到货物紧俏、货源紧张时，海宁等地供货商首先满足姜益大广货店的需求。胡筱渔有时资金周转困难，这些供货商都愿意伸出援手，赊货给他，全力支持他渡过难关。胡筱渔靠着重义守信经营理念，获得远远超过原来损失了6万银圆的回报，为姜益大广货店做了一次极为成功的广告和宣传，以至于顾客盈门，生意兴隆，一直被人们津津乐道。

胡筱渔深知人无诚信不立，业无诚信不兴的道理，在经营中秉持着"让利顾客的事情多干，让利合作者的事情多干，让利员工和股东的事情多干，有利于社会的事情多干，损人利己的事情坚决不干，坑民害民的事情坚决不干，恶意竞争的事情坚决不干"的原则。他把诚实守信、顾客至上、服务社会的理念贯穿到整个经营活动中去，充分展示了他的人格魅力，诚信经营助其无往而不利，把一个濒临倒闭的棉布店起死回生、做大做强。姜益大广货店成为当时龙游商帮的标杆企业，长盛不衰，胡筱渔居功至伟。

（二）包玉刚——签订在心上的合同

包玉刚

包玉刚，1918年11月10日出生在浙江宁波，名起然，被誉为"华人世界船王"。

包玉刚有句名言："在这个国际社会里，生活方式、行动和从前不一样，在商业道德这方面，还是老传统好，要有信誉、有信用才行，这里面关系很大。"这句话几乎被引用到有关包玉刚的所有文章中。由此可见他对信誉的重视。好的信誉，就是财富。包玉刚也承认："我的信誉有着良好的记录。"他把信誉比喻成"签订在心上的合同"。

他说："签订合同是一种必不可少的惯例手续，纸上的合同可以撕毁，但签订在心上的合同撕不毁。人与人之间的友谊建立在互相信任上。"他始终恪守信用，从不开空头支票，良好的经营信誉奠定了他事业成功的基础。

包玉刚以恪守信用为做人准则，因而对那些背信弃义、不守信用的人非常鄙视，即使头顶香炉跪在他面前哀求，他也决不宽容、决不同情。

在他经营航运开始的几年，手中的船并不多，有一次，他看在一位朋友的份上，把其中一条船租给了一个港商，是一个6个月的短期合约。在与这个港商签约前，他已听说此人是一个投机商人，名声不太好，只是碍于朋友的面子，加上港商答应不逾期，他才勉强同意短期出租。然而，租约到期之日，正值苏伊士运河关闭，运费飞涨，那个港商见有利可图，便千方百计以种种借口留住船只，到期也不退回，想继续租用包玉刚的低租金货船，并主动把租金提高了一倍，还以现金预付1/3费用。但包玉刚对此人的行径极为不满，坚决拒绝续租请求，他说："你把租金提高10倍也不会租给你了。"然后包玉刚以相对偏低的租金与日本一家信誉好的公司签了长约。

在金钱与信誉的天平上，包玉刚选择了信誉。事实证明，包玉刚的选择是正确的。后来，埃以战争结束，关闭的苏伊士运河重新开放，运费暴跌，那个冒险投机家宣告破产，而那些租船的船东也蒙受很大损失，有的也跟着破产了，而包玉刚与日本租户签订的是长期合同，避过了一场灾难。包玉刚说："你老老实实做生意、讲实话，干事规规矩矩，别人对你就有信心。"

在20世纪50年代，包玉刚所经营的都是散装货轮，吨位小，加上低租金，赚钱不多，发展不快。1967年以后，由于中东石油运输的需要，包玉刚开始购买油轮。可他碰到一个棘手的问题，欧美的石油公司和其他租户对华人船东的船只都不屑一顾。认为中国人的船只年代久、管理差、技术不好，而包玉刚初出道，外国人对他的名字十分陌生，对他的船队一无所知。这些公司老板只相信希腊"船王"奥纳西斯、尼亚科斯和挪威"船王"力端斯坦。包玉刚对此非常焦急，两道浓眉拧成一个疙瘩。这是西方人一种浅薄的偏见。他决心要破除这种人为构筑起来的偏见，打开僵局，为中国人争一口气。

包玉刚开始四处出击，遍访各家欧美石油公司，一一游说，许诺作保：如不能保质保量按时地把油轮运到卸货港口，自愿接受加倍罚款，赔偿损失。欧美石油公司的老板们还是抱着不信任的态度，向他摇头。但其中一位业务人员被包玉刚的诚恳态度和流利的英语感动，建议他找美国的ESSO（埃索）石油公司谈谈。包玉刚几经努力，这才将4艘小型油轮租给这个石油公司，但公司经理戴维·纽顿只答应试一次。

包玉刚亲自上阵，率领4艘小型油轮漂洋过海，往返运货。小型油轮载量少，自然比不上大油轮。但它的船速快，进港、靠岸比大油轮灵活，对于急需能源的国家来说，石油早天运到，投入使用，就能赚大钱。对这一点，包玉刚心里十分清楚。这次为美国ESSO石油公司运油成功与否，不仅关系到他的船队能否在海上航行，也关系到整个在港中国船队能否在国际航运界立住脚。他像珍惜自己的眼睛一样，珍视这次运油的合作与信誉。他以宁波人精明的大脑，严密计算，统筹安排，精确无误地核定出小型油轮运送的日期，夜以继日地直接组织、调度人员，亲自监督船队装油起航。一番心血终于没有白费，4艘油轮按照合同，提前几个小时完成这次运油任务。无论是运输速度、装卸质量，还是安全保障等方面，都使美国ESSO石油公司十分满意。公司经理戴维·纽顿非常高兴，向包玉刚伸出双手，激动地叫喊着："OK！OK！包，我们的合作非常愉快，非常成功，今后我们可以经常合作。"他两手用劲抓着包玉刚的肩，仿佛要把他悬空拎起来。"中国船队，棒！"戴维·纽顿是个讲交情的人。为了感谢包玉刚及时把石油运到，他特地在纽约举行酒会答谢，高度赞扬中国船东恪守信用和卓越的管理才能。

这次为美国ESSO石油公司运油成功，使包玉刚的公司在世界油轮业务方面打开了局面，并且为中国香港的华人船东赢得信誉，做了开路先锋，环球航运公司从此挤进了国际航运界。

（三）冯根生——规规矩矩做人，认认真真做事

冯根生

冯根生，1934年出生在一个医药世家，曾任中国（杭州）青春宝集团有限公司董事长，正大青春宝药业有限公司总裁、副董事长。

1949年1月，14岁的冯根生小学刚毕业，便进胡庆余堂做了学徒。当年5月，杭州解放，传统的收徒制取消，因胡庆余堂每年只招收一名学徒，冯根生成了胡庆余堂的"末代学徒"。

进胡庆余堂做学徒，第一件事就是按照老规矩在"戒欺"匾下席地三拜。"戒欺"是胡庆余堂的堂规，意为"戒掉一切欺骗"。匾文共102字，其中开头写道："凡百贸易，均着不得欺字，药业关系性命，尤为万不可欺。"堂规是作为学徒的冯根生必须要铭刻于心的，要记得住、背得出，这些在后来也成为他一辈子做人和经商的准则。

学徒期间并不轻松，师傅除了要考药材、药方等硬功夫，还要考验"人品"。有一次在院内扫地时，冯根生在地上捡到了钱，随后默默将钱放回抽屉里。后来这样的情况又发生了很多次，他都没有放在心上，只是觉得奇怪自己在各种地方总能捡到钱。直到十一年后，他才从病重的师父口中得知其中端倪。原来，在冯根生进胡庆余堂第一天，老板就嘱咐了师父考验他是否诚实，师父前前后后一共考验了他15次，冯根生每次都把钱还了回去，老板才完全相信了他并赞赏道："这个小鬼连捡来的都不要，偷便更加不会。"

熟悉青春宝和胡庆余堂发展史的人都知道，1996年青春宝集团兼并胡庆余堂时，胡庆余堂已经资不抵债了，为什么？就是因为不诚信。工人收入低甚至发不出工资，就想法子弄来一些药品，竟然在胡庆余堂门口招徕顾客，说堂内卖的是假药，自己的才是真货，堂内的则说外面卖的是假药。到底谁真谁假，顾客都搞晕了。兼并后，冯根生开出了三个"药方"：擦亮牌子、转换机制、理清摊子。冯根生把擦亮牌子放在第一位，就是要重塑胡庆余堂"戒欺""真不二价"的店规。如今，胡庆余堂重新焕发勃勃生机，靠的还是诚信。保健品市场一直是各领风骚三五年，而"青春宝"却能持续热销30多年，冯根生说，没有秘诀，靠的还是诚信。

首先是确保质量，关键的第一步就是选材，青春宝选材之严，甚至到了苛刻的地步。首先是"锁定"产地、季节。其次是严格鉴别。从药材的形状、大小、颜色、断面、质地、味道等多方面精心选材，不放过任何瑕疵。"宁可少赚点，不搞加工点"，也是保证质量的又一重要举措。在中国企业里，一种产品卖好了，来不及生产，于是开始找很多厂家委托加工，最后产量是上去了，质量却很难保证。为了保护好不容易建立起来的品牌、信誉，对消费者负责，冯根生坚持不搞加工点，不搞大肆扩张。

当诚信成为一种习惯，价值的概念只能用"无价"来描述。

五、守正出奇的经营智慧

浙江商人与许多创业者一样，绝大多数都是在无资金、无技术、无经验的情况下，凭借敏锐的商业嗅觉和经商才能，捕捉到商海中潜在的、巨大的商业机会，从而开拓市场，创造财富，闯出一番天地。

（一）朱葆三——思变创新

朱葆三，生于1848年，浙江定海人，名佩珍，近代上海工商界领袖、上海总商会会长。

1.天道酬勤　少年得志

勤于学习的朱葆三乍到上海，在一家叫"协记"的五金器皿兼食品商店学艺谋生。他白天跟师傅照看店堂，晚上抽空自学。除语文、珠算、记账、商业信函外，他还想方设法学习英语，以便与日益增多的洋人做生意。可是，去夜校学习英语，每月需缴不少的学费，朱葆三哪里付得起学费，于是，他拜就读夜校的邻店学徒为"小先生"，并从薪水中挤出5角作为酬谢金，每天抽空听他转授学来的英语。功夫不负有心人，朱葆三掌握了"洋泾浜"英语，逐渐可应付生意，并交了一些洋人朋友。

朱葆三勤奋节俭、好学不倦，店主十分赞赏他，夸他"勤敏朴诚，殊于常儿"。朱葆三17岁那年，"协记"的总账房去世，店主破格让尚未成年的朱葆三担任了总账房和营业主管。第3年，经理病故，店主干脆聘朱葆三担任经理。在协助经营"协记"期间，朱葆三分得不少红利和额外酬金，也积累了许多经验。1878年，"协记"店主去世而关门歇业，30岁的朱葆三用积攒的资本，在上海新开河地区开设了属于自己的"慎裕五金店"，从此开始了长达50年的创业之路。

2.开拓创新　多产经营

朱葆三一改以往协记"杂营"而又"守株待兔"的做法，让"慎裕"专营建筑大五金。于是，他招贤纳士，聘请当时公认一流的行家顾晴川为总账房，主动出击，联络大建筑企业批销，采取薄利多销的经营方式，没两三年，"慎裕"就成了上海滩顶级的建筑五金供应商，年营业收入从几十万两到上百万两银子，一下子轰动了上海滩。朱葆三迅速积累了资本，由此名声大振，引起了上海中外客商的关注。

朱葆三

在经营手法上，朱葆三重视产业创新。"慎裕"开张5年，建筑五金行业得到了长足发展。然而，随着竞争加剧，他发现国内机械生产正在兴起，立马转型做进口钢铁、钢管等原材料和大型五金机械生意。此时，他又采用与众不同的"先销后购"的经营方法：先开国内订货会，再向外国下订单。于是，在别人畏惧风险不敢投入进出口贸易这一新领域时，朱葆三却如鱼得水，年年获利丰厚。连续十多年，他几乎每年都要开办几

家新企业，先后向金融、保险、公用事业等全新领域挺进，大都取得了成功。此时，刚过而立之年的朱葆三，即已成为上海商界远近闻名的经营高手、成功人士，被行内誉为"百变奇才"。

在经营准则上，朱葆三一贯信奉传统道德，重视商业信用，以诚待客，以信服人，获得了业界内外广泛的信任、尊重与支持。当时，大凡浙江同乡在沪经营开业，朱葆三常为之作担保推荐，甚至为人作保不惜自耗巨万。信用累积下来，成了朱葆三最大的财富源泉。后来甚至连上海道台袁树勋在向上海各钱庄银行分存由清政府责成经管的作拨解洋债赔款所用的上海海关关税收入（即所谓"道库存款"）时，都要请朱葆三来担任实际上的"信贷评估人"。各钱庄银行对此均信奉不违。

上海道台
一颗印，
不及朱葆
三一封信

1911年，武昌起义后不久，上海革命党人也发动起义，组织了沪军都督府。为了支付军饷，革命党人要求提用道库存款。各国驻沪领事因尚未承认革命政府，不允许各银行将存款交出。华界钱庄自然也坚持钱业的祖制：没有存折不能付款。上海革命军政府都督陈其美一怒之下，将钱业会馆的负责人软禁起来。众多上海钱业老板不得已想出一个通融办法：钱庄在清政府上海道所存公款内先划出白银10万两，以济革命军政府之需。但这笔划款，要由朱葆三核收并出具收据，等于是要朱葆三个人为这笔本属清政府道台支配的资金作保。尽管有巨大风险，朱葆三仍毅然允诺担保，使革命军政府、清政府、上海钱庄业三者间的危机也得以解决。因此，"上海道台一颗印，不及葆三一封信"的评价也就流传开来。

3.首倡商会 自律共律

朱葆三更擅长的是制造业，先后投资的企业多以上海为基地，进而辐射南北沿海、内地商埠，如上海绢丝厂、上海华商水泥公司、大有榨油厂等20多家。他开创了中国近代航运事业，先后创设了12家轮船公司，如宁绍轮船公司、长和轮船公司、永利轮船公司等。他是中国民族资本涉足公用事业的先驱，如上海华商电车公司、上海内地自来水厂、定海电器公司等，都由他创建或投资。他又是中国近代民族金融业的鼻祖，直接投资控股或参股的银行有浙江实业银行、四明商业储蓄银行、中华商业储蓄银行等7家。朱葆三还是中国民族保险事业的开创人，像华安保险公司、华兴水火保险公司等，都由他一手操持成立，并一度与外资保险、国资保险形成当时中国保险业三足鼎立的局面。《新闻报》创刊于1893年，1906年改为有限公司，朱葆三任董事。朱葆三还是中国民间人士投资外国企业的开拓者之一。他在19世纪末，便已大胆涉足外国来华企业并到海外投资参股，像法商东方航业公司、马来亚吉邦橡胶公司中，都有他的资本。

朱葆三的经营才能为当时华洋商界所公认，以至于当时另一位商业巨擘刘鸿生在创办上海水泥股份有限公司时，竟专门聘请朱葆三出任董事长。当时实力最强的上海南洋兄弟烟草股份有限公司在扩股时，也特地聘请他担任共同发起人。上海英商鸿源纱厂、英商平和洋行为扩展在沪市场，也厚礼聘请朱葆三当买办……

在长达60年的经营生涯中，朱葆三几乎对当时中国所有的新兴实业（有统计表明他参与过32项不同领域的产业经营）都做过开拓、有过实践。而且，大部分他参与的实业，都能在短期内获得成功，创造了非凡的实绩。

朱葆三认为，产业之多之大要有一个规范的管理制度。于是，他首倡发起中国民间商会，并长期担任刚刚起步的中国民间商业组织的负责人，为中国民族资本的整体有序发展殚智竭力，做出了重大的贡献。

中国封建社会工商界地位甚低，直至19世纪末，仍然没有自己的合法组织，仅有一些为"以敦乡谊、以辑同帮"而立的乡土、行帮会所。1902年2月22日，在当时的改革派人物、两江总督刘坤一及会办商务大臣盛宣怀等支持下，朱葆三联络一批上海工商金融机构的头面人物，正式成立了中国第一家类似今天工商联性质的机构：上海商业会议公所。

当时的上海商务总会，一直是全中国各地商会组织的老大哥和楷模。譬如，1905年以上海商务总会为主发起，组成"上海城厢内外总工程局"，承办老城厢所有马路、电灯、市场及警察治安等一应事宜，使老城厢"华界"的城市公共服务体系与治安状况都迅速大为改观。之后，这一经验迅速传向沿海各大城市，再向内地扩散。

同样是1905年7月，美国限制华工入境和虐待华工的消息传到上海，在朱葆三等的提议下，上海商务总会随即发动"抵制美货"和"收回苏浙铁路利权"运动，并拟订电稿通告全国35个商埠，各地各行业有代表性的企业当即签名承诺不订美货。这次爱国运动演变成了一次全国性运动，最终获得了胜利。

（二）黄楚九——三起三落创办大世界

黄楚九，出生于1872年，又名黄承乾，号磋玖，浙江余姚人。20世纪初上海实业界的著名人物，人称"百家经理"，中国西药业、娱乐业的先驱。

黄楚九

1.初建"楼外楼"，被强拆：当胸一拳

浙江余姚人黄楚九，15岁来上海打拼，以卖药起家，进而转行娱乐业。最初的成就就是创办"楼外楼"游乐场。

据说当时上海有个文化人"海上漱石生"（真名孙玉声），他同朋友等游历日本时，见许多高楼大厦的屋顶都建有花园，并附设游艺杂耍场地，很是新奇。回国后便找到黄楚九，因为他知道黄楚九对这种国外的新鲜玩意有兴趣。果然，黄楚九一听颇受启发，认定这是一个本轻利重的生财之道，就决定用卖药赚来的钱投资建造一个上海的屋顶花园。花园的选址在浙江路、九江路、湖北路相交的"新新舞台"顶上。这个戏园共5层高，由于当时上海滩没有高楼大厦，登上此楼顶已可极目远眺，东望黄浦滩，西见跑马厅，故取名"楼外楼"。"楼外楼"开业于1912年11月24日。

所谓"楼外楼"，只是在"新新舞台"的顶屋加盖一玻璃顶棚，最初不过是给城市中人一登高览胜、开阔胸襟之处。因为面积不大，除露天处可以俯瞰上海的风景外，屋内场子仅可卖些茶点，另外还设些说书、唱滩簧、变戏法等的简单节目。可是它对爱"轧闹猛"的上海人来说，却是一件新鲜的大事件。屋顶造花园，除了登临眺望饱眼福，

尤其在重阳日，大可不必去龙华塔登高，只需在"楼外楼"玩一玩即可实现登高的愿望了；同时还可以听听评弹、看看滑稽，真是实惠透顶。但是，一向追求噱头的黄楚九还不满足，又独出心裁：其一，是安装了两面"哈哈镜"，时人称为"凹凸光之奇镜"。人们首次在哈哈镜上看到自己忽胖忽瘦、奇形怪状的样子，无不笑得前仰后合。其二是在上海滩首先引进电梯，尽管这个电梯只能容两位乘客登临，但对于从未乘过电梯的一般民众而言已非常新鲜，喜欢新奇、"轧闹猛"的市民纷纷前往，尝尝乘电梯的滋味，甚至近郊的人也特地到此一游。一时间去"楼外楼"的游客还真不少。这样一来，每天的进账让黄楚九数钱数到手抽筋。

俗话讲"人算不如天算"，黄楚九发财的梦刚开始，就遭到了严重的打击。因为"新新舞台"的结构有问题，无法承受楼顶那么多游客的重负，好比头重脚轻，房子塌下来怎么办？英租界当局一纸命令：拆！

这好比给了黄楚九"当胸一拳"！打得他胸闷难耐、忧愤抑郁。

2.后建"新世界"，遭辞退：当头一棒

已经尝试到开设游乐场招财进宝的甜头的黄楚九，怎肯就此罢手，他在等待时机，东山再起。

当时有一个叫竺修斋的绍兴人，既是黄楚九的朋友，更是当时英租界建筑业大亨经润三的座上客。他知道黄楚九虽经"兵败楼外楼"的挫折，但并不甘心。但是，没有钱、没有地（皮），只能是"有想法、没办法"。而经润三大老板却是拿着钱不知道做什么好，用现在时髦的说法就是，有资金没有项目。

由于竺修斋的撮合，黄楚九和经润三见了面，当经润三听了黄楚九如何搞娱乐赚钱的想法后，连连称好，两人一拍即合，便合资在静安寺路（今南京西路）与西藏中路的拐角处建造游乐场，楼高三层，朝东朝南，呈曲尺形。经润三投资40万元，黄楚九投资10万元，于1915年底建成，并对外营业，内设红宝剧场、银门剧场、高乐歌场、京剧大剧场、北部剧场、达社新剧场等近十个场子，演出各种戏曲、杂技、魔术等。"新世界"的规模远比"楼外楼"大了许多，门票只要大洋一角，可玩上一天，适合一般市民的消费水平，因此开业后生意很好。

好景不长，正当黄楚九认为可以大赚一笔的时候，经润三突然病故。老板一死，当然是老板娘出来讲话。经润三遗孀汪国贞及老板娘家里的亲戚，本来就对黄楚九一手经营新世界的业务不让他们染指而耿耿于怀，现如今老板一死，老板娘出来"摆闲话"了。汪国贞也非等闲之辈，她没有剑拔弩张，没有盛气凌人，反而是摆出一副诚恳的样子，表示自己是一个女人，没有能力来管理"新世界"这么大的家业，她请黄楚九把"新世界"的股份全拿去，她退出来。

黄楚九何等聪明，一听便知是老板娘"炒"他"鱿鱼"了。因为大股东是经润三，占股份的8成；而他自己只是一个占2成股份的小股东。一只老鼠，怎能吞掉一头大象？没有钱的黄楚九，在资本的占比上败了下来，被迫退出"新世界"游乐场。

这好比给了黄楚九"当头一棒"，打得他眼冒金星、其痛难当。

3.终建"大世界"，遂成愿：百年名扬

黄楚九咬咬牙齿，把这口恶气咽到肚子里。虽然口袋里只有经润三遗孀退还给他的10万元钱，他却发誓一定要搞一个更大规模的游乐场，超过"新世界"。

其时，英、法两租界填平界河洋泾浜，筑爱多亚路（今延安东路），真是路通市兴，道路两边开出了一批商店。由于法租界开发较晚，市面、娱乐诸业均不如英租界来得发达，法国领事甘司东看在眼里急在心里，总想搞几个大项目，振振雄风，与英国人一较高下。

经人介绍，黄楚九与甘司东见面，对他讲述了开办大型游乐场的计划。黄楚九凭借好口才，把甘司东说得一愣一愣的，他对黄楚九的想法大为赞赏，双方一拍即合。甘司东关于游乐场造在什么地方为好征求黄楚九的意见，黄楚九早已打好了算盘，提出，就是西藏南路、爱多亚路拐角处这块地皮。在甘司东的支持下，黄楚九以108000元的低价购得这块地，共11亩7分。地皮买下来了，可没有多余资金来建造。有人给黄楚九介绍合伙人，黄楚九一听，便把头摇得像拨浪鼓一样，不行！没听见这样的俗话吗？"三人合伙买条牛，不如独自牵条狗。""吃一堑，长一智"，黄楚九再也不会上"新世界"的当了。独资经营，既能无拘无束，又能随心所欲。因此黄楚九先从药厂经营的流动资金中挪用一些款项，建造简易演出场所，开张再说。

1916年秋，黄楚九大兴土木，日夜开工。1917年7月14日正式开业，定名为"大世界"，意思就是比"新世界"大，对外宣称是"中国第一俱乐部"。这是一幢L形造型的建筑，沿街为四层楼房，中间拐角处建起了一座七层高塔大门楼，古罗马式钟楼形结顶。据说这是黄楚九听信了风水师的建议，用来镇邪的。场内除了有露天大舞台（后来被大家称为中央场），楼群的每层都有三四处大小剧场，可演戏、放电影。场内还设有中西餐厅，天桥走廊下有小吃摊。"大世界"是一个"戏曲大超市"，我国京剧、昆曲、越剧、沪剧、豫剧、评弹、淮扬戏，黄梅戏、滑稽戏……都能在这里任意选看。"大世界"是一个"娱乐大超市"，进门首先映入眼帘的哈哈镜，变化万千，让人忍俊不禁；场内引进的走线飞船、机器跑马、升高椅、升高轮、秋千架、各种电光、西洋镜等，千奇百怪，叫人流连忘返。不仅如此，"大世界"还邀约诸多谜家设立"文虎社"，每晚悬挂灯虎（谜语）揭晓后，如有人猜中，就以游券等方式加以鼓励，以资助兴。据说当年大文豪郭沫若先生也多次猜谜，收获颇丰。难怪后人竟然打出了"不到大世界，枉来大上海"的广告语。一直到20世纪60年代中期，"大世界"仍是大多数上海市民的重要娱乐场所，也是陪同来沪的外地亲朋游玩的首选之地。"大世界"也成为大上海的文化地标而闻名遐迩。

（三）鲁冠球——"弯道超车"的胆识与智慧

鲁冠球，1945年1月17日出生于浙江省萧山区宁围镇，曾任浙江万向集团董事局主席兼党委书记，被誉为企业界"常青树"。

初中毕业后在铁匠铺当了3年学徒，因人员精减被辞退回家后，鲁冠球东拼西凑了3000元，在家乡萧山县童家塘镇开了一家米面加工厂。不

鲁冠球

过，随着"文革"风雨袭来，这家连羽毛都还没来得及长出的小厂就被当成"资本主义尾巴"给割掉了，鲁冠球的投资不仅血本无归，还搭进了祖父遗留的三间旧房屋。3年后，中央单独发文允许每个大队可以办个人民公社农机修配厂，鲁冠球主动请缨，带领6个农民集资4000元创办了宁围公社农机厂，这便是万向集团的起源。

实际上，除了制造农机外，当时的宁围农机厂还生产轴承、链条等许多产品，多元化的方式让这家尚处于起步之中的乡镇企业在资金和技术上倍感吃紧，同时周边公社同类产品的竞争也导致所有企业的产品大量积压。火烧眉毛之际，鲁冠球得知全球汽车零部件订货会在山东胶南召开，可当鲁冠球赶到会场时，主办者却对其亮出了乡镇企业没有入场资格的黄牌。

无奈之下，鲁冠球在展会门口支起了流动摊子，在观察到订货会内同类产品买卖双方呈胶着状态后，果断将同类产品的价格降价20%，最终斩获了210万元订单。宁围农机厂由此赢得了喘息的生机。

不过，第一次"弯道超车"成功后，鲁冠球并没有在原有轨道上徘徊，而是壮士断腕式"出清"了旗下产值约70万元的"多元化"产品，并将全部火力聚焦到生产汽车万向节上来，宁围农机厂也更名为萧山万向节厂。紧接着，机械工业部要在全国50多个生产万向节的工厂中选出三家企业作为国家定点生产万向节的工厂，而乡镇企业由于不归中央有关部门管理，鲁冠球甚至连看相关指导文件的资格都没有。急中生智，鲁冠球悄悄派出"密使"，用人托人的办法，最终看到了文件的内容，之后逐条对照，加班加点地对企业整改。在对萧山万向节厂进行了为期一周的严格检查后，专家们对这家企业打出了99.4的高分，超出预期，萧山万向节厂成功入驻国家定点厂家行列。

第二次艰难地"弯道超车"后，鲁冠球并没有夜郎自大，而是清醒异常。为了不跟国有企业抢市场，鲁冠球做出了萧山万向节厂专门生产进口汽车万向节的决定。对于这一选择，鲁冠球后来面对媒体做过这样的表述："什么时候你都不要妄想，要有自知之明，知道自己是什么身份；路不要多跨一步，话不要多讲一句，老老实实做自己的事。"的确，虽然被确定为定点企业，但由于乡镇企业进不了国家计划，等于产品还是没有市场，只有出口这条路可供选择。道理很简单，国际市场不讲成分只认产品，用鲁冠球的话说就是把自己"逼上梁山"。由此也看得出，对这次"弯道超车"，鲁冠球的确有许多无奈。

然而，3年后鲁冠球得到了意外的惊喜——拥有世界上最多万向节专利的美国舍勒公司在广交会上向萧山万向节厂下了3万套订单。这是中国汽车零部件首次进入美国市场，萧山万向节厂也成为中国最早一批"走出去"的乡镇企业。更出乎鲁冠球意料的是，由于产品质量可靠，舍勒公司抛出了更大的"橄榄枝"——全包萧山万向节厂的产品，但条件是弃用"钱潮"这个品牌，为舍勒做代工。不过，在独立行走还是傍靠巨人的取舍上，鲁冠球最终还是选择了前者。10年之后，萧山万向节厂已更名为万向集团，并在美国芝加哥独资成立了万向美国公司；又过了6年，万向集团将舍勒公司收归麾下，次年再将美国纳斯达克上市公司UAI（美国一家老牌汽车零部件制造商）揽入怀抱，开了中国乡镇企业收购海外上市公司的先河。万向集团目前在美、英、德等10个国家拥有30家公司与40多家工厂，海外员工逾万，是通用、大众、福特等国际主流汽车厂配套合作伙伴。

在进军国际市场之际，万向集团的内部治理方式及产品结构也发生着跳跃性变化。近年来，借助资本平台，除了控股万向德农、承德露露和顺发恒业等三家上市公司外，万向集团还参股18家A股、港股公司，拿到了除券商外的所有金融牌照。算上海外布局，万向集团已发展成营收超千亿、利润过百亿的跨国企业集团。

作为万向集团的一幅全新图景，也是鲁冠球生前的最大梦想——跳出零部件范畴制造出属于自己的整车，在过往18年中一直没有停止前进的脚步。用鲁冠球的话说就是："我不成，儿子来，儿子不成，孙子继续。"鲁冠球要造出的并不是以燃油为动力的传统汽车，而是目前包括中国在内的许多国家政府正在大力推行的电动汽车。其超前的战略眼光，不能不令人敬佩。

同步训练

目的：理解浙江商界先贤精神。

✎ 同步训练

第二节　浙江商道今传

老一辈浙商筚路蓝缕，创造了诸多"全国第一"，甚至"世界之最"。弹指一挥间，一大批知识型、科技型新浙商陆续走上舞台，"创客"遍地，"独角兽"成群。这是一幅接力奔跑的奋斗图景。

传承浙商精神，才能实现浙商更好的发展。从鸡毛换糖到机器换人，从代工贴牌到自主研发，从前店后坊到全球资源配置，从浙江制造到浙江创造，浙商始终敢为人先、勇立潮头。当前，世界正面临百年未有之大变局，以人工智能、大数据、物联网等为代表的新兴技术飞速发展，深刻影响着经济和社会。在这样的背景下，浙商既面临机遇，也遭遇挑战。敢为人先、勇立潮头，才能闯关夺隘，成功转型升级。

浙商博物馆实践学习——筚路蓝缕

从"四千精神""新四千精神"到"新时代浙商精神"，浙商精神的内涵在传承中创新。传承不是躺在功劳簿上睡大觉，而是要站在前辈的肩膀上，继续开创新的事业，续写更大的辉煌。时代不同，风口不同，浙商唯有步履不停，增强本领，把握风口，在火热的实践中传承，在传承中不断创新，才能让浙商荣光永远闪耀。

即问即答

你听说过浙商的"四千精神"吗？

？ 即问即答

一、改革开放中的"四千精神"

四千精神

改革开放之初的浙商，是一个"三无"起步，"五低"起飞的群体。三无，即"无资金、无技术、无市场"，五低，即"起点低、知名度低、文化程度低、企业组织形式低、产业层次低"。即使在这样的环境之下，浙商从街头的小商贩开始干起，凭着智慧和胆略，创造了一个个"财富神话"，也演绎出非同寻常的浙商精神。在这种创业精神的背后，是被人们高度概括的四个字——"四千精神"，即"走遍千山万水、想尽千方百计、说尽千言万语、历经千辛万苦"。

（一）走遍千山万水

千山万水是个空间概念，说明浙江商人不辞劳苦，足迹遍布全国乃至全球。浙商不拘于自己家乡的小天地，为了生存与更好的生活"闯出去"。"走遍千山万水"生动刻画了浙商敢于闯荡江湖，不恋乡土，走南闯北打天下的精神。他们善于经商，即使语言不通、气候不一或风俗不同，他们也敢将生意扩展到异乡乃至海外。

资料卡5-1

浙商进京

走遍千山万水

20年前的北京大红门，另外一个闻名全国的称呼是"浙江村"。"浙江村"不是自然村落，它是指20世纪80年代以来，10万进京经商的浙江人（其中绝大多数来自温州地区）在20多年的时间里，在城乡接合部的丰台区自发形成的聚居地。

最早到这里定居的浙商中有温州乐清县的农民卢毕泽。1983年，当时在内蒙古做生意的卢毕泽到北京进布料，他发现大街小巷有不少扯着脖子叫卖短裤袜子的商贩，而且买的人还不少。在前门，当时还是空荡荡的。卢毕泽凭直觉判断，这里的生意好做。回到包头和一起经商的亲友们一说，有6户人家同意和他一起来北京。

踏上了进京的征程，落脚点是哪儿呢？从前门他们随便坐上了趟公共汽车，上车之后才知道是17路，往南开。一路上只觉得越来越荒凉，没多远就好像进了农村，周围全是菜地，有很多民房。下车一问才知道，这里叫大红门。这样一个随机的选择，拉开了浙商落户大红门的序幕。

在租来的18平方米的房间里，卢毕泽开始了他来京的淘金之旅。这里既是卧室也是车间，3台缝纫机，一台锁边机，两张烫衣板。晚上他就睡在窗台上，两个妹妹睡在熨衣板上，走廊中间的折叠床是两个儿子的位置，就这样他们一家开起了一个专门生产"时髦温州服装"的小作坊。

做裤子，卖裤子。每天早上4点起床赶头班车，下午收摊后回家接着做裤子，一直干到12点以后。辛苦，但由于市场上商品奇缺，每天的20多条裤子做一条卖一条。仅仅一年，卢毕泽的生意就粗具规模了，他请了几个工人帮忙，把做好的裤子批发给别人代销……

浙商的特点是老乡带老乡，很快乐清人在北京做服装生意做成了万元户的消息就传开了，越来越多的温州老乡闻风而来。到1985年，大红门一带就聚集了5000多名温州人。

（资料来源：吴思，朱斯佳.“可怕”的浙商［M］.北京：现代出版社，2015.）

（二）说尽千言万语

"说尽千言万语"描述了浙商满腔的热情和坚持不懈的韧劲，善于推销自己的执着精神和诚实守信的商业作风。

说尽千言万语

在外人眼里，浙商无疑是精明的代名词。浙商能够苦干、实干，同时更善于巧干。这是一种高明。为了做好一件生意，为了推销一件产品，浙商上对政府官员，下对平民百姓，总是能够苦口婆心、不厌其烦地去做工作。浙商靠这种特有的韧劲和诚实守信的优质服务打开了市场的大门，结交了天下的商业伙伴。尽管以前老一代浙商普通话不标准，但他们善于表达。步鑫生用他不太标准的海盐口音宣传他的改革措施，其形象传遍全国，成为推进城市经济改革的榜样。

步鑫生

浙商的"说尽千言万语"，是为了企业生存发展取得更好的效益，而不是用花言巧语去欺骗。精诚所至，金石为开，诚信至上的浙商总给人好的形象，多数浙商敢说会说，但不会信口胡言。他们能从对方角度出发，以诚打动合作方，以情感动消费者，动之以情，晓之以理。20世纪初，李书福把目光投向一直为民企禁区的汽车制造业，进行汽车设计和生产。在当时的政策环境下，这一举动简直是天方夜谭。但李书福亲自进京，到相关部委陈述，描绘汽车发展的前景及民营企业生产汽车的优

李书福

势。这也相当于给相关政府人员进行市场化教育，他的真诚打动了政府部门，历经数月报批终于成功，从而成为国内民营企业汽车制造的第一人。

资料卡5-2

郑坚江

郑坚江，1961年出生于浙江宁波鄞县（今宁波市鄞州区），与同时期出生的大多数浙商一样，贫穷是他儿时的主色调。郑坚江的父亲一个月36元的工资，要养活一家6口人。平时锅里难得见一点儿油星，若是吃半根油条蘸酱油，就要吃上一个星期的泡饭。油条的香味、酱油的咸味，至今仍是他记忆中的美味。

郑坚江

初中毕业后，郑坚江先后养过鸡、种过草、做过五金、修过汽车。1986年，25岁的郑坚江毛遂自荐，承包了一个负债20万元、破旧如牛棚的作坊小厂，这就是奥克斯公司的前身。

当时的郑坚江，只是一个初中文化程度的汽车修理工。面对这样个烂摊子，他有点儿束手无策。小企业贷款一直到现在都还是个难题，当年更可想而知。为了获得2000元银行贷款，郑坚江跑到信用社主任家里申请，还陪他下棋，联络感情。一次次地跑，一次次地请求，连续一个多星期的软磨硬泡，终于让信用社主任答应贷款2000元给他。

郑坚江从生产各种零部件开始，先后生产过收录机、电视机拉杆天线、电表罩壳。有了一定基础后，郑坚江决定进军电能表市场。当时中国最大的电能表企业规模是他们的500倍，敢于做梦的郑坚江很快圆了梦——只用了3年时间就做到了产销全国第一，成为当时中国电能表行业的领军人物。

（资料来源：杨轶清. 中国梦·浙商情：最美浙商故事［M］. 杭州：浙江少年儿童出版社，2016.）

（三）想尽千方百计

想尽千方百计

浙商自古以来受到商业文化的熏陶，历来重视文化教育，同时也重视商业谋略。从历史上来看，浙商鼻祖范蠡用计然之策取得经商的成功一直以来为人所乐道。想尽千方百计实质就是科学决策，首先要考虑方向准确，第二才是快速取胜。这是智慧的体现。浙商的谋略是建立在实践基础上的，这也反映他们开拓创新的气魄，也体现他们长袖善舞的智慧。

资料卡5-3

徐冠巨

徐冠巨

徐冠巨，1961年出生在浙江萧山。1980年，徐冠巨两次高考落榜后，进入万向节厂工作，生活看似风平浪静。然而5年后，一场突如其来的灾难重创了这个家庭。1985年，24岁的徐冠巨被查出患上一种难以治愈的疾病——溶血性贫血。医生的诊断是：修养得好大概能再活十年。父亲徐传化当时就惊呆了，倒是徐冠巨挺镇定，他不断安慰父亲，并告诉自己一定要活下去。此后，父亲带着儿子四处求医，花光了积蓄不说，还欠下2.6万元的债。在生存的压力下，徐家父子商量之后，做出了一个大胆的决定——通过创办企业摆脱家庭的经济困境，也为徐冠巨继续治病筹集资金。

创办企业，一得有钱，二得有项目。徐家父子背负着债款东拼西凑，找了十几家人，才又借来2000元启动资金。但这点钱实在太少，究竟能干什么项目呢？

一个偶然的机会，父亲从朋友那里打听到，做液体皂不需要很多钱，且销售紧俏。于是，他在家里建起了一个手工作坊，生产液体皂。没有反应锅，就用水缸和铁锅来代替；没有锅炉就用砖块砌成炉灶；没有搅拌机，就用人工来搅拌。液体皂做好后，父亲骑着一辆自行车，走街串巷去推销。在那个物资短缺的年代，徐家的液体皂一推出就成为抢手货，平均每天能卖十多桶，一天赚一百多块钱。

父子两人一人主外，一人主内，生意做得很红火。第二年，他们便拿下600多个供销社网点，销售额达33万元，利润3万多，不仅还清了债务，还攒下1万。

眼看生意日渐红火，徐冠巨也忘掉身上的病痛，一门心思扑在生意上。但随着订单量剧增，他们的产能却出现了问题。为了生产液体皂，父亲请来一位师傅，这个人技术很好，但每周只来一次，做多少就有多少，一旦他不来就得停工。这成了徐家父子的心病，只能在一旁干着急。

徐冠巨也想学，每次师傅做液体皂时，他就站在旁边看，基本流程都会了，也照这个流程试过无数次，但每次做出的液体皂又清又稀，根本不能用。其诀窍在于，师傅每次做液体皂都会掏出一个神秘小包，将里面的白色颗粒倒入配料，这样液体皂就会很黏。

徐家父子做梦都想知道这种白色颗粒是什么，但对方打死也不说。父亲只好四处打听，终于有个同行愿意告诉他，条件是4000元。后来好说歹说才把价格砍到2000元，这在当时是一笔巨资，但父亲还是一狠心买下这个秘方，因为他不想再受制于人。后来他才发现，这个所谓的秘方，其实就一个字。当对方说出来时，父亲差点没被气晕，原来这种神秘的白色颗粒就是每天做饭都要用到的"盐"。

痛定思痛，徐冠巨开始钻研配方。通过不断地实验，徐冠巨造出了两种洗涤助剂——105和209。1988年底，徐冠巨自学化工，走访多家印染洗涤厂，经过1000次实验，在1990年发明了"901特效去油灵"。这款产品彻底改变了徐家的命运，在拳头产品的带动下，徐家小作坊一天天长大，业务不断拓展至日用化学品、造纸化学品、塑料化学品等领域，并在1995年变身为浙江传化化学集团。而进入新时代的传化，更是开拓了物流港、新农业等领域，成为一家大型集团。

（资料来源：编者根据相关资料整理）

（四）历经千辛万苦

浙商有"白天当老板，晚上睡地板"的吃苦精神（又名"两板精神"）。大多数浙商具有勤奋务实和吃苦耐劳的创业精神，如果没有这一点做基础，他们不可能有后来的辉煌业绩。浙商有梦想有追求更有行动，他们不等不靠，凭自己勤奋的精神和务实的态度去拼搏，实现一个又一个创业的梦想。"历经千辛万苦"，概括了出身低微的浙商不怕吃苦、勇于吃苦的精神品质，这是一种逆境中有担当的能力体现。

历经千辛万苦

资料卡5-4

南存辉

📄 南存辉

南存辉，1963年出生在温州乐清。从六七岁开始，南存辉就挑着米糠、提着鸡蛋上街叫卖。13岁那年，他的父亲在生产队劳动时意外受伤，腿部骨折，从此卧床不起，一大家子的生计顿时成了难题。那时候初中是两年制，再过半个月南存辉就初中毕业了。尽管学习成绩优秀，还是班长，但作为长子的南存辉，还是收拾书包默默离开了校园。他挑起父亲的补鞋担子，上街做了一名小鞋匠。南存辉做什么事情都很认真，从小就是这样。哪怕对待看起来没有出息的补鞋，也是如此。有一年的冬天特别冷，坐在寒风中补鞋的南存辉手指头冻僵了，不听使唤，尖利的鞋锥一不小心戳进了手指，鲜血直流。他只是随便用块破布包扎好伤口，忍痛坚持为顾客补鞋。因为他补鞋又快又好，他的鞋摊生意特别好。在修鞋时，南存辉发现，当时由于国家实行计划经济体制，工厂卖出的都是整机，机器的一个零件坏了往往很难买到。具有商业头脑的柳市镇手工业者抓住市场需求，把坏机器拆掉卖零件，不少先行者开始制造机器零件，慢慢地柳市镇出现了装配作坊。

1984年，对南存辉来说，是极具意义的一年。这一年，21岁的南存辉给家里人特别是父亲做了大量的思想工作，最终靠着父亲把家里的几间老屋抵押贷款的5万元钱，和同学合作办起了一家小工厂，也就是正泰集团的前身——乐清县求精开关厂。

"刚开始办厂其实很难，因为自己什么都不懂。技术不懂、质量不懂，市场在哪里又不知道。没有设备、没有技术、没有人、没有资金，万事开头难，让人伤透脑筋。"南存辉回忆说。

刚办企业时，南存辉在"借"字上大做文章，请人才、借脑袋，并利用人家的设备来生产自己的产品。当时技术上要靠上海，于是南存辉去上海请了几个工程师来指导。求精开关厂慢慢发展起来。

（资料来源：编者根据相关资料整理）

二、金融危机后的"新四千精神"

2008年国际金融危机之后，为推进浙江经济转型升级，从改革开放30年历程中总结提炼出以"千方百计提升品牌，千方百计拓展市场，千方百计自主创新，千方百计改善管理"为内涵的"新四千精神"。

"新四千精神"是转型升级、可持续发展的新"引擎"，也为正在危机中"爬坡"的浙江企业提供了新"坐标"。如果说，"四千精神"多在于体能上付出的话，那么"新四千精神"，则是侧重于智能上的考验。"新四千精神"是一个整体，相互有内在联系。知名品牌是占领市场的关键，改善管理是打造品牌的根基，自主创新是提升品牌的动力。一家企业经过多年努力，有了自己的品牌，如何保持品牌在市场竞争中的优势，这就需要自主创新，而自主创新正是拓展市场、科学管理、提升品牌的"引擎"。

（一）千方百计提升品牌

千方百计提升品牌，就是要超越个体企业竞争的层面，从区域和产业发展战略的高度来重新认识品牌的战略价值，从这个角度而言，提升品牌不仅是要深入推进品牌战略，也要求落实质量振兴战略和标准化战略，以此打造一批产品品牌、企业品牌、区域品牌，构建若干具有世界影响力的品牌群。

（二）千方百计拓展市场

千方百计拓展市场，不是指静态地维持原有市场，而是通过企业与政府共同携手，创造环境条件和运用政策手段，在已有市场基础上大力拓展潜在和新兴市场。企业要积极尝试各种有效手段主动拼争已有市场、大力挖掘潜在市场、积极开拓新兴市场。

陈雪华

资料卡5-5

喻渭蛟

喻渭蛟，1966年出生在浙江桐庐，2000年创办圆通速递。成立之初，公司只有17个人、12个经营网点。民营快递刚起步时，国家还没有全部放开，快递还属于国家邮政的垄断行业，民营快递被套上"黑速递"的帽子。"圆通"的头几年，生意清淡，一天速递接单才80多票，最多的时候每月要亏损20多万元。喻渭蛟感慨地说："那个时候，真是艰苦创业，每人每月工资才600余元，有时候买汽油的钱也要向人借，公司小食堂买米经常要向门口的米店老板赊账。当时，自己既当老板又当伙计，每天6点起床，经常忙到深夜12点才睡觉，不仅要跑业务，还得干搬运的工作。"即便是这样，但他认定一个理——中国的信息化发展，快递的春天一定会到来。

2005年，圆通公司首次与阿里巴巴集团合作，当时喻渭蛟做了一个遭到众人反对的决定：把异地快递派送费用从原来的每单18元降到每单12元。而此时中国邮政快递的异地配送费用已经达到每单24元，也就是说圆通公司的快递派送费原本就比邮政的便宜6元，但喻渭蛟还要降价。喻渭蛟这次的决定有点铤而走险。不过，当时的这个决定也不完全是他心甘情愿的。这也是淘宝网开出的条件——想要入驻淘宝网派送平台，就要降到每单12元。其实，当时除了圆通公司以外，几乎没有一家快递公司愿意降价与淘宝网合作，因为当时淘宝网的业务量并不大。但是喻渭蛟灵敏的嗅觉帮助了他，他感觉到电商或许是以后的大趋势，所以力排众议选择了坚持。当时也只有喻渭蛟和他的圆通公司入驻淘宝网派送平台。

2009年10月1日实施的《中华人民共和国邮政法》（2009修订）使民营快递企业获得了合法地位，为中国民营快递的发展带来新的历史机遇。借着电商进入爆发式增长的契机和政策的东风，快递业得到了迅猛发展。喻渭蛟和圆通公司作为当时唯

一入驻淘宝网平台的先行者，最先尝到了甜头，迅速发展壮大。而圆通公司与阿里巴巴集团的合作也日趋深入。2015年，阿里巴巴集团战略投资入股圆通公司，圆通公司也将自有货机命名为"淘宝号"。

2015年是圆通公司创办的第15年，喻渭蛟在美国签下了购买15架波音货机的大单，成为国内继中国邮政和顺丰公司之后，第三家拥有自备飞机的快递企业。2016年10月，圆通速递成为中国快递行业首家上市公司。

（资料来源：杨轶清. 中国梦·浙商情：最美浙商故事［M］. 杭州：浙江少年儿童出版社，2016.）

（三）千方百计自主创新

千方百计自主创新，就是把企业的创新能力建设摆到更加突出的位置，也就是要按照走内涵式发展道路的要求，充分利用技术创新、产品创新、品牌创新、人力资源开发创新、企业组织结构创新、节能减排方式创新、生产服务业发展创新等各种创新形式，切实提升企业发展活力和竞争力。

资料卡5-6

沈国军

沈国军

1962年，沈国军出生在宁波奉化。1997年，他筹借了20万元，找来另外5个股东，一起成立了中国银泰投资公司，沈国军任董事长兼总裁。和大多数励志故事一样，沈国军的创业起步也很艰难。当时的银泰没钱没人，算上沈国军，共6个人。他每天加班到深夜，在压力中也睡不好觉，紧接着因为胃出血，住院半个多月。身体的坎刚过去，金融危机又拍了过来。1998年，其他几个股东在经济的压力下退股，沈国军硬着头皮把股份接了下来，与此同时，他的一个投资项目也出了问题。当时银泰购入了三栋物业，两栋写字楼和一栋商业物业，本来是当中间商挣一笔快钱，可以净赚9000万，但是谈妥了之后，本有意购入其中商业物业的买家却突然不要了。沈国军用两个字总结了当时的境遇——很惨！

这栋位于杭州市武林路、有着4万多平方米的物业，就这么压在了手里，金融风暴肆虐之下，即便免几年租金都找不到伙伴来接手盘活这个商场。面对这个烂摊子，沈国军决定自己盘活自己，进入百货商场业。彼时，这真算不上是明智的决定。1998年前后在中国的"百年百货史"上有着特殊的地位，他遇到了"百店倒闭风潮"。

沈国军对于经营百货业一窍不通，但他坚信越是大退潮，越突出冒尖的，自己不懂，就找懂的来做，他则主导着航向。没有过多的资本和底气，但沈国军坚持要最好的。他跑遍日本，又考察了国内香港和台湾的百货业，以1000万元年薪的待遇组织了一个专业的百货团队。沈国军和团队分享了他的看法：从定位、理念这些缥缈的概念入手，在局部和细节上做到最好。"在商品上做好、做足，以商品取胜，顾客要买最新的、最流行的、最时尚的、最好的、最全的东西都在这儿。"他说。

在零售行业，"最好或是创新"的概念肯定不像科技行业的产品般酷炫，消费者甚至不会有意对比店与店之间的差别，但是当卖场规划、商品定位、营销策略甚至海报的形象都和传统相悖时，整合的力量是惊人的。

沈国军什么都要最好的，所以银泰百货成了最好的那个。1998年11月16日，银泰百货的第一家店——杭州武林店开业，它先是引起了杭州城的轰动，随之引发了国内百货业的震动。银泰百货与传统百货最大的差别，是它将受众定位于喜欢流行与时尚的年轻人，并且因应这个群体的需求，在购物的基础上，融入了娱乐、休闲、交友的元素——这也开了国内当时最流行的购物中心模式的先河。

购物中心开业后，并非一成不变。沈国军总是亲手推翻曾经的精致与格调，寻求创新。他说："消费者总是喜新厌旧的，你必须接受并且适应。从引进的品牌、种类，到卖场的设计、规划，银泰每年会有25%~30%比例的调整，也就是说3年之后去逛，这个商场就完全不一样了"。

2008年10月，投资超过60亿元的北京银泰中心开业。半年后，沈国军又定下此后发展的基调：从单一的百货业态中跳脱出来，形成百货、购物中心与电子商务并举的模式。

2014年起，银泰集团与阿里巴巴展开战略合作，促成传统零售业和互联网融合的模式，这一创新举动，为中国传统零售百货业的转型升级探路，引领传统零售百货业尝试创新发展。同年6月，银泰集团发布全新高端商业运营品牌in，如杭州湖滨银泰in77，作为西湖边唯一多功能复合型的城市综合体，依托西湖历史文化积淀，运用创新品牌组合，融合传统和现代、商业和人文，为游客和城市白领等构建了美丽又舒适的空间，并开创了中国商业模式的新道路。

（资料来源：陈光. 银泰的高度［EB/OL］.（2017-09-29）［2020-05-08］. http://www.hsmrt.com/shenguojun/6572. html.）

（四）千方百计改善管理

千方百计改善管理，就是不论外部经济环境有多严峻，始终坚持眼睛向内、苦练内功，不断提高企业素质和应变能力，也就是要按照建立现代企业制度的要求，狠抓管理薄弱环节，改变管理粗放现状，提升企业管理人员素质，创建学习型企业，在管理规范、决策科学上下深功夫、下真功夫，实现从传统管理向现代管理提升。

资料卡5-7

茅理翔

茅理翔，1941年出生于浙江宁波，方太集团创始人。他是一位不折不扣的"高龄闯将"，44岁卖点火枪，55岁做油烟机，一路攻关克难，勇往直前，如今成为百亿富豪。

茅理翔是"坚定的家族企业的维护者"，也是"坚定的家族企业的变革者"。

1999年，他开始启动一系列改革。首先是营销体制，他将传统的销售员制改为分公司制，并且引进大量外企销售精英。但是这影响到了原本销售人员的利益，他们强烈反对。于是，茅理翔创新性地提出"一厂两制"的思路，在按照公司销售财务管理制度规范行事的前提下，允许一部分优秀的销售员继续保留销售员制。在此基础上，茅忠群提出"逐步过渡"，他先将大部分管理方式向分公司制靠拢，但核心的机制仍然照顾销售员，顺利解决了改制问题。

茅理翔

此外，茅理翔实施"淡化家族制"，提出家族企业的六大管理巨变。

1.管理模式的巨变：建立了现代家族制卓越管理模式。

2.人才观的巨变：开放用人；尊重、信任、有职、有权；人人都是人才；员工参与管理。

3.公司治理的巨变：重大决策董事会表决制；为加强科学决策，某些重大决策特别是战略级经营层面上的，先征求经理层的意见；经理会直接执行公司年度计划，应全面实施，总经理每月有8个例会，治理经营层面之事；监事会主要是审计；成立职代会、工会，建立内部网站，进行民主监督和重大问题讨论。

4.价值文化的巨变：产品文化转变为"三品文化"，即产品、企品、人品的三"品"合一；从仿造到创造的转变；小家文化向大家文化的转变。

5.创牌意识的巨变：从无牌、借牌、定牌，到创牌。

6.战略思路的巨变：制定方太的行业定位：厨房专家只做厨房产业中的油烟机、燃气灶、消毒碗柜、电磁炉、燃气、集成化厨房等，不离开厨房；客户定位：中高档；质量定位：精品化；速度定位：稳健快速；规模定位：先求强再求大。

15年的管理巨变为方太作为家族企业全面进入国际化、走向百年老店，打下了良好的基础。

（资料来源：编者根据相关资料整理）

三、新时代浙商精神

今天，中国经济发展步入新常态，改革成为推动经济发展质量变革、效率变革、动力变革的主线。与时俱进地提出和弘扬新时代浙商精神，必将给广大浙商以激荡于心的豪情、磅礴于怀的信心、砥砺前行的动力，去创造更多奇迹。放眼未来，浙江要在创新驱动发展中继续走在前列，需要广大浙商秉持新时代浙商精神，大胆创造新科技、新模式、新平台、新商业规则，加快传统产业改造提升，大力培育发展新兴产业，打响"品字标浙江制造"品牌，参与"一带一路"建设，形成发展新动能，推动民营经济实现新飞跃。

浙商宣言

（一）坚忍不拔的创业精神

坚忍不拔的创业精神，是逢山开路、遇水架桥的"闯"，是水滴石穿、绳锯木断的"韧"，是锲而不舍、百折不挠的"干"。坚忍不拔，艰苦创业，浙商正是凭借这种精神，延伸了民营经济的宽度，繁荣了浙江经济的昨天和今天，也必将为浙江经济的明天注入更加蓬勃的生命力。

资料卡5-8

冯海良

冯海良，1960年出生于浙江诸暨，海亮集团创始人。冯海良中学毕业之后，年仅19岁的他就前往供销社当一名营业员。凭借着踏实肯干、任劳任怨的表现，他很快就被提拔为分社经理的职位。

1985年中央下达了政策，冯海良抓住机会承包了供销社下的一家小贸易公司。说是贸易公司，但其实就是一个收废铜的门店，冯海良就是靠收废铜起家的。但即便如此，冯海良也没觉得有什么丢人，反而越干越起劲。公司成立之后，冯海良就开始全国各地跑，收购废铜。仅仅几年，他就凭着自己的努力和才智，赚得了第一笔资产。1989年，冯海良拿着多年的积蓄，成立了一家铜材厂，正式进入五金加工行业。

为了能让自己铜材厂的产品能够卖出去，冯海良四处拜访客户、不断推销，艰苦创业。那时候，被保安赶、在客户办公室前一等就是几小时，这些事情没少发生。据冯海良后来回忆，当时真的是踏破铁鞋拓市场，在艰难的条件下，抱着"不到长城非好汉"的创业精神，长期奔波于大小工厂之间。他越战越勇，越被拒绝就越要继续推销，从不怕苦，也不怕累。功夫不负有心人，在他的努力之下，工厂陆续拿到了不少订单，产品销路也开始通畅了起来。市场打开了，工厂的规模也越来越大，海亮生产的产品开始向知名企业供应。

（资料来源：农民出身，收废铜起家，现在身家320亿，拥有3家上市公司！[EB/OL].（2019-12-29）[2020-02-01].https://www.sohu.com/a/363554909_660626.）

（二）敢为人先的创新精神

正如罗马不是一天建成的，"风云浙商"的称谓也不是一天形成的，这中间是无数浙商的创新合力，才汇聚成这样一个敢想敢做的活力群体。过去的浙商凭借开拓精神闯关夺隘，今天的浙商依然需要这股敢为人先的创新劲儿去巩固这来之不易的荣耀，明天的浙商更要凭借这种创新的锐气，不断走出"前人没有走过的路"。

汪力成

（三）兴业报国的担当精神

浙商博物馆
实践学习社
会责任

兴业报国的担当精神，是富而思进、富而思源、富而思报。"未有我之先，家国已在焉；没有我之后，家国仍永存。"家国情怀既是中华文明几千年的优良传统，也是当代社会主义核心价值观的体现。无论我们走到哪里，都不要忘记我们从哪里出发；无论我们走多远，都不要忘记来时的路。兴业报国，勇于担当，这正是一代又一代浙商人在崎岖的成功之路上用心血留下的路标。

资料卡5-9

宗庆后

宗庆后

宗庆后，出生于1945年，浙江杭州人。一直以来，宗庆后认为作为企业，尤其是作为民族企业，不仅要讲经济效益，还要讲社会责任，因此宗庆后在带领杭州娃哈哈集团有限公司（以下简称娃哈哈）自身获得快速发展的同时，始终弘扬"产业报国、泽被社会，让爱无所不在"的公益理念，积极投身各类社会公益事业。

目前，娃哈哈的170家子公司绝大多数位于老少边穷地区，直接吸纳了近3万名员工就业，其中来自欠发达地区农村的员工占80%以上。在金融危机冲击最为严重的2008年和2009年，娃哈哈不仅没有裁员，还在全国投资60多亿元，增加了大量生产线，新增了上万个工作岗位，并通过在全国各地建厂，间接带动了原材料、包装材料、水电、运输等相关行业150万人就业。除去扶贫式开发、打造利益共同体让各方都受益外，宗庆后也积极投身各类社会公益事业，26年来已累计为慈善事业捐赠达4.35亿元，其中教育类捐赠超过3亿元。

自2000年杭州市第一次举办旨在为下岗、特困人员提供就业机会的"春风行动"以来，宗庆后始终如一地支持"春风行动"的开展，积极帮助下岗职工及特困家庭解决生活问题。在第13次"春风行动"中，杭州娃哈哈集团有限公司又捐款1000万元，定向用于困难家庭的助学援助。13年来，先后捐款逾2400万元，成为名副其实的杭州市"春风行动"第一捐款大户。2008年5月，汶川大地震发生后，娃哈哈克服自身有两个厂区遭受地震破坏的困难，加班加点，在第一时间向灾区送去物资。累计向灾区捐款捐物合1500余万元，还承诺提供1500个岗位，以帮助解决灾民就业问题。

2010年春季，西南五省遭遇一场世纪大旱灾，娃哈哈当即捐款850余万元，帮助各级政府和灾民共渡旱灾难关。

2012年5月，娃哈哈正式与中国扶贫基金会合作启动营养快线筑巢行动。每销售一瓶营养快线，娃哈哈就会捐出一分钱用于贫困地区学校学生宿舍建设。目前，援建范围覆盖四川、河南、湖南、贵州、重庆、云南6个省市18个县38所学校。

同年，杭州宏胜饮料集团有限公司总裁、宗庆后女儿宗馥莉向浙江大学教育基金会捐赠7000万元，设立"浙江大学馥莉食品研究院教育基金"，专项建设"浙江大学馥莉食品研究院"，以支持食品学科营养与安全领域的研究和发展，为中国食品行业培养高端专业人才，提升中国食品行业的国际地位与影响力。

在娃哈哈持续快速发展的20多年中，宗庆后以其在经营企业上的卓越成就和社会贡献先后获得"中国优秀企业家""全国劳动模范""全国五一劳动奖章""优秀中国特色社会主义事业建设者""爱国拥军模范""CCTV中国经济年度人物""对口支援三峡工程移民工作先进个人"等荣誉称号，并连续三届当选全国人大代表。

（资料来源：蒋玮. 快消经营之神［EB/OL］.（2017-08-26）［2020-06-07］. http://www. hsmrt.com/zongqinghou/1414.html.）

（四）开放大气的合作精神

开放大气的合作精神，需要胸怀天下，放眼全球，坚持走出去与引进来相结合，在整合资源中携手共进，在竞争合作中做强做优。改革开放40多年来，从北上广等国内一线城市到中西部僻壤小镇，从欧美发达国家到亚非拉第三世界，操着浙江口音的经商投资者遍布全球，浙商的身影活跃于世界舞台。

资料卡5-10

王水福

王水福，出生于1955年，浙江杭州人，西子联合控股集团董事长。王水福认为，西子是"草根"出身，虽然生命力顽强，但要成为百年企业，立于世界名企之林，必须对草根基因进行一定的改造。按照生物学原理，最好的改造办法就是"嫁接"——与同行优秀的基因深度融合。

王水福

公司最初选择了和世界电梯巨头——美国奥的斯电梯公司合资经营。1997年，西子奥的斯电梯有限公司（以下简称西子奥的斯）成立。美国奥的斯打破了在中国合资必须由美方控股的惯例，破例让王水福方面持股70%，自己委身为小股东。2000年，首轮5年合资期未满，对公司经营状况甚为满意的美方提出增资控股的要求。王水福欣然同意，并将中外股份的比例从7:3调整为2:8。

许多人不理解，当初连美方都同意让出控股权，现在经营状况那么好，西子奥的斯的话语权更大了，为什么还要让步？王水福自有他的道理：这不是让步，而是双方各进一步！因为合资公司并不仅仅是资金的融合，更重要的是背后的技术、管理、文化等看不见的东西的合作。

股份比例调整后，美方投入了更多更新的技术和工艺，也带来了更新的管理理念，使西子奥的斯在全球奥的斯体系中的战略地位大大提高。法人代表、董事长、总经理等关键岗位也均由西子奥的斯方面担任，西子奥的斯很快成为美国奥的斯电梯公司全球最大的生产基地，也成为美国奥的斯电梯公司在我国全部合资企业中经营规模最大、效益最好的一家。王水福坚信的"合作重于竞争"这一核心理念，从

此成为西子人的共识。在"合作重于竞争"的核心文化指导下，西子联合控股集团陆续和世界500强企业，包括日本石川岛、美国通用电气、德国西门子、法国阿尔斯通、欧洲空客、美国波音等国际制造业巨头紧密合作。深度合作带来了管理制度的创新和各种文化理念的融合。对西子联合来说，脱胎于村办农机厂的草根基因逐渐弱化，优秀的企业文化逐步形成，企业的软实力和持续竞争力正不断提升。

（资料来源：杨轶清.中国梦·浙商情：最美浙商故事［M］.杭州：浙江少年儿童出版社，2016.）

（五）诚信守法的法治精神

诚实守信，帮助浙商从改革开放初期的默默无闻，发展到如今大有稳坐国内商帮头把交椅之势。从草根到栋梁，从优秀到卓越，从能力到能量，诚信一次次为浙商的生生不息、繁荣壮大注入强劲动力。从封建社会的"真不二价"到改革开放初期的怒烧假货，再到近年的永不行贿，诚信一直是浙商最耀眼的底色。

资料卡5-11

王振滔

王振滔

王振滔，1965年生于浙江永嘉，奥康集团董事长兼总裁。王振涛认为：诚信是创业的起点。

20世纪80年代末90年代初，温州市委市政府意识到抓质量、抓诚信的重要性，积极、努力引导企业实行"质量立市"和"诚信经营"。到1994年，温州初步刹住了量大面广的带有区域性的生产、销售假冒伪劣产品的违法活动，原来质量问题比较严重、突出的皮鞋、低压电器等产品质量显著提高。为温州产品质量走上良性循环的轨道、促进质量提升工作进入新阶段奠定了良好的基础。

同温州市品牌建设一起成长起来的奥康集团，通过整顿、提高，多次获得了"中国真皮领先鞋王"的荣誉。但此后不久，全国各地却出现了很多假冒奥康品牌商标的鞋。

1999年12月15日，王振滔和时任温州市领导等一起，在当年火烧温州皮鞋的杭州武林门，烧起了为温州企业正名的一把火，把2000多双假冒温州牌子的皮鞋烧成灰烬。

2007年8月8日，适逢温州第六个"诚信日"，王振滔在杭州武林门点燃了第二把火——"诚信之火"。这把火告诉人们，温州已经走上了诚信之路。同时，让温州企业家们共同享受了诚信和品牌的回报。同年，奥康集团幸运地拿到了北京奥运会最后一张赞助商入场券。

2016年7月17日，在奥康集团第十七届"思考周"上，王振滔又点燃了奥康集团发展史上的第三把火——"良知之火"。王振滔表示："奥康立志造良知之品、行良知之人、铸良知之企。我们所理解的'致良知'不仅是做客户满意的产品，做对社会有贡献的企业，更要将'致良知'推广扩充到事事物物，在实际行动中实现良知，知行合一，为社会的进步而努力，为民族的复兴而奋斗。"

"三把火"见证了奥康集团从做企业产品到做良知企业的发展历程，也显示了温州民营企业的发展历程。

（资料来源：叶正积. 奥康集团："三把火"烧出了温州精神［N］. 中华工商时报，2018-09-21（03）.）

（六）追求卓越的奋斗精神

追求卓越的奋斗精神让浙商注重实干、勇闯难关、奋力前行。浙江前进的每一步，正是中国从站起来、富起来到强起来的缩影，凝聚着一代又一代浙商的求索与顿悟、奋起与自强。他们争创一流企业、一流管理、一流产品、一流服务和一流文化，以砥砺奋斗为基石，以追求卓越为引领，勇当新时代中国特色社会主义市场经济的弄潮儿，翻开了浙江发展勇立潮头的新篇章。

资料卡5-12

李明焱

李明焱，出生于1960年，浙江武义人。他曾在神舟系列载人飞船上，多次搭载灵芝、铁皮石斛种质进行太空育种；他让一个企业的标准上升到国际标准，成为行业标杆；他主导自主选育的"仙斛2号"铁皮石斛新品种被业界称为铁皮石斛中的"超级稻"，"仙芝2号"灵芝新品种也是目前国际上最优良的品种之一。他说："让祖国传统的中医药瑰宝造福世界人民。以匠心制药，需要坚守，也需要创新。"

李明焱

早在1909年，他的爷爷李金祖就在武义县城创立了"寿仙谷药号"。1997年，李明焱创立浙江寿仙谷医药股份有限公司；2003年，李明焱作为寿仙谷药号第三代传承人正式接管药号，并更名为寿仙谷药业。李明焱始终铭记"重德觅上药，诚善济世人"的祖训，以"打造有机国药第一品牌"为企业发展目标，在我国健康产业领域率先提出了"有机国药"理念。

20世纪90年代，李明焱作为国家科委派出的30名农业方面的全国星火带头人之一，到日本研修农业。日本先进技术带来的冲击，令他深受震撼。他矢志精研高温香菇栽培技术，并成功研发培育出"武香1号"，填补了国内外耐高温香菇品种的空白，确保了一年四季都有新鲜香菇供应。

李明焱将这一栽培技术无偿提供给菇农，该项技术迅速在全国20多个省份推广应用，为我国重新夺回世界"香菇王国"的桂冠奠定了基础。至今，"武香1号"还是我国高温季节香菇主栽品种，全国每年产值在500亿元以上。李明焱也因此荣获国家科技进步奖二等奖，被媒体和菇农誉为"高温香菇之父""菌界袁隆平""农民脱贫致富引路人"。

在珍稀中药材领域,李明焱刻苦钻研,成功选育出我国首个耐高温、抗杂菌能力强、产量高,多糖和三萜酸等功效成分比日本红芝、韩国赤芝分别高70%和30%以上的"仙芝1号"灵芝优良新品种,并在国内率先建立了首个符合国际有机产品标准的灵芝、铁皮石斛栽培基地。由寿仙谷研发的灵芝、铁皮石斛等中药与养生保健系列产品,通过了中国、欧盟、美国有机产品认证和国家中药材GAP认证、生态原产地产品认证,以有效成分含量高、品质上乘、功效显著等特点广受好评,李明焱也被誉为"有机国药第一人"。几十年来,李明焱主持实施了70多项国家、省、市重大科技项目,众多科技成果填补了国内外空白,拥有15项国家发明专利,获得国家科技进步奖二等奖、浙江省科技进步奖二等奖等20多项科技奖励表彰,获评国家"万人计划"科技创业领军人才。

(资料来源:江翀,何华挺,朱伟跃.金华乡贤记李明焱:丹心献热土 至诚研善药〔EB/OL〕.(2019-10-23)〔2020-2-1〕.https://zj.zjol.com.cn.)

同步训练

目的:理解在不同时期商人精神内涵的变化。

同步训练

专题小结

◎ 框架内容

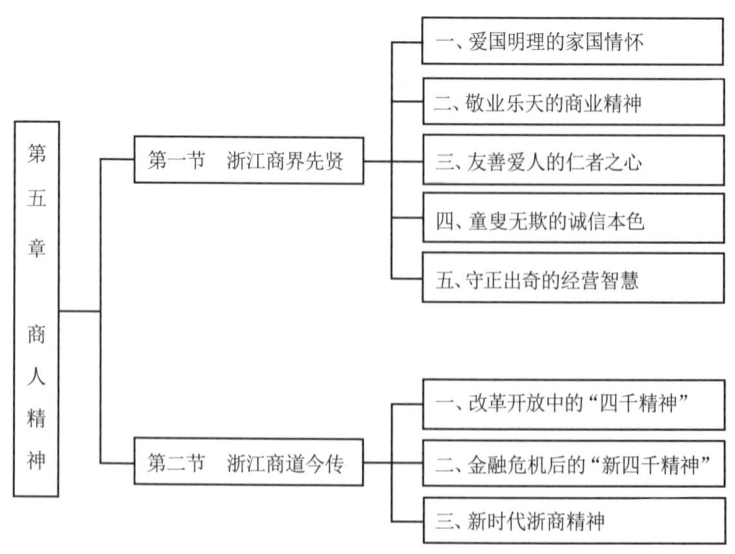

第五章 商人精神

第一节 浙江商界先贤
- 一、爱国明理的家国情怀
- 二、敬业乐天的商业精神
- 三、友善爱人的仁者之心
- 四、童叟无欺的诚信本色
- 五、守正出奇的经营智慧

第二节 浙江商道今传
- 一、改革开放中的"四千精神"
- 二、金融危机后的"新四千精神"
- 三、新时代浙商精神

主要术语：浙商　爱国明理　敬业乐天　友善爱人　童叟无欺　守正出奇　"四千精神"　"两板精神"　"新四千精神"　新时代浙商精神

理论自测

第五章
理论自测

◎ **选择题**

1. 被誉为"赤脚财神"的是（　　　　）。
   A. 项松茂 　　　　　　　　　　　　B. 朱葆三
   C. 虞洽卿 　　　　　　　　　　　　D. 叶澄衷

2. 提出"兴天下之利，莫大于兴学"的是（　　　　）。
   A. 项松茂 　　　　　　　　　　　　B. 朱葆三
   C. 虞洽卿 　　　　　　　　　　　　D. 叶澄衷

3. 被称为布鞋老总的是（　　　　）。
   A. 李书福 　　　　　　　　　　　　B. 宗庆后
   C. 鲁冠球 　　　　　　　　　　　　D. 徐冠巨

4. 下列哪位浙商是吉利集团的创始人？（　　　　）。
   A. 李书福 　　　　　　　　　　　　B. 宗庆后
   C. 鲁冠球 　　　　　　　　　　　　D. 徐冠巨

5. 被誉为"华人世界船王"的是（　　　　）。
   A. 包玉刚 　　　　　　　　　　　　B. 朱葆三
   C. 邵逸夫 　　　　　　　　　　　　D. 鲁冠球

6. 浙商的"四千精神"指（　　　　）。
   A. 走遍千山万水 　　　　　　　　　B. 说尽千言万语
   C. 想尽千方百计 　　　　　　　　　D. 吃尽千辛万苦

7. 改革开放之初的浙商是"三无"起步。这里的"三无"指（　　　　）。
   A. 无资金 　　　　　　　　　　　　B. 无人脉
   C. 无技术 　　　　　　　　　　　　D. 无市场

8. 下列哪些选项是金融危机后"新四千精神"的内容（　　　　）。
   A. 千方百计改善管理 　　　　　　　B. 千方百计拓展市场
   C. 千方百计自主创新 　　　　　　　D. 千方百计提高信誉

9. 下列哪些选项是新时代浙商精神的内容？（　　　　）
   A. 坚忍不拔的创业精神 　　　　　　B. 敢为人先的创新精神
   C. 兴业报国的担当精神 　　　　　　D. 开放大气的合作精神

10. 自主创新有哪些创新形式？（　　　　）
    A. 技术创新 　　　　　　　　　　　B. 品牌创新
    C. 人力资源开发创新 　　　　　　　D. 产品创新

◎ 判断题

（   ）1. 刘鸿生被誉为"火柴大王"。

（   ）2. 刘镛被誉为四象中的"刘家的房子"。

（   ）3. 王均瑶成立了全国第一家私人包机公司——温州天龙包机有限公司。

（   ）4. 叶澄衷被尊为"首善之人"，后来由他创办的学校，更是培养出了商业巨擘包
玉刚、邵逸夫，文学奇才胡适、竺可桢等人。

（   ）5. 人称"百家经理"的是冯根生。

（   ）6. 鲁冠球被誉为企业界"常青树"。

（   ）7. 浙商的"说尽千言万语"，是为了企业生存发展取得更好的效益，是花言巧语
去欺骗。

（   ）8. 浙商的"两板精神"是指"白天当老板，晚上睡地板"。

（   ）9. "新四千精神"是一个整体，相互有内在联系。

（   ）10. 浙商，是一个"三无"起步，"五低起飞"的群体。"五低"，即"起点低、
知名度低、文化程度低、企业组织形式低、产业层次低"。

◎ 理论自测步骤

1. 学生打开浙江省高等学校在线开放课程共享平台https：//www.zjooc.cn。

2. 点击"登录"按钮，选择"学生"，在对话框中分别输入"用户名""密码"后，
检索"浙商文化"，加入课程。

3. 在左侧导航列表中选择"测验"，点击"专题五 商人精神"，点击"去测验"，
进入测试页面。

4. 在限定时间内完成测试。测试完毕，系统自动评卷。

应用自测

🖊 第五章
应用自测

◎ 总体要求

视频制作：小组选取浙商人物为原型，完成5～8分钟的浙商宣传微视频（带字幕），
上传"视频成品、剧本和工作量分配表"至在线平台。

◎ 自测目标

1. 加深学生对商人精神的理性理解。

2. 让学生对各个时期时代特质和商人精神的联系有清晰的认识。

3. 训练学生搜集、归纳、整理信息的能力。

◎ 细化要求

1. 创作团队

①组建创作团队：6～8人。

②浙商微故事人物：1个。

● 浙商微故事人物可以是知名浙商，也可以是周围的浙商微人物（同学、校友、周边商业店主、亲戚、朋友）。

● 同一位老师所带的创作团队，选择的微故事人物尽量不重复。

（2）视频

①视频时长：5～8分钟。

②视频需要带字幕。

③视频设计内容需要体现浙商正能量，但不仅仅局限于"人物"，可根据宣传设计需要适度扩展。

④形式：剧前+剧中+剧尾。

● 剧前：包括剧名。

● 剧中：可以是三个层次（但不局限于此）。

第一层次：人物导入（结合选取的第二层次内容，介绍人物，为第二层次的表达做铺垫）。

第二层次：以"一幕"或"一个场景"为单位，叙述发生的故事；分为几幕，由创作小组商定。

第三层次：人物总结（要体现出传承的浙商精神，传播浙商正能量）。

● 剧尾：团队分工，包括导演、编剧（文本）、演员表（非必选项）、拍摄、后期技术、旁白、拍摄花絮等。

（3）剧本

①封面。

● 视频剧本的名称、班级、小组名称、组长、组员。

②剧名。

③人物介绍。

④知识点。

● 围绕着商史、商路、商帮、商号、商人、商业模式、商业转型来写，最终要体现出传承的浙商精神，传播浙商正能量。

⑤正文。

● 与字幕相同。

⑥格式。

● 宋体、小四、行间距1.5倍。

（4）工作量分配表

每个团队给予800分总分，根据团队成员参与程度分配到每个团队成员（成员合计总分不超过800分，包含队长）。

◎ **参考工具**

爱剪辑、格式工厂、会声会影等（拍摄可用手机，也可用专业摄像器材）。

自我评价

学习成果	自我评价
我已经了解浙江商界先贤代表人物及其商业精神	□很好 □较好 □一般 □较差 □很差
我已经理解不同阶段"四千精神"的文化内涵	□很好 □较好 □一般 □较差 □很差
我已经理解不同阶段"新四千精神"的文化内涵	□很好 □较好 □一般 □较差 □很差
我已经理解不同阶段新时代浙商精神的文化内涵	□很好 □较好 □一般 □较差 □很差
我已经了解浙商典型人物的代表事迹	□很好 □较好 □一般 □较差 □很差

第六章

商业模式

引导语

随着经济的快速发展，企业要使自身经营管理在激烈的竞争中脱颖而出，商业模式不可小觑。正如，现代管理学之父彼得·德鲁克曾说过："当今企业之间的竞争，不是产品之间的竞争，而是商业模式之间的竞争。"商业模式的重要性得到了企业界的认同，大家普遍认为，企业要获得竞争优势，离不开商业模式的持续创新。21世纪企业竞争的最高境界，不再是产品的竞争、人才的竞争、营销的竞争、服务的竞争……其最高境界是商业模式的竞争。本章将围绕着商业模式介绍商业模式的定义和典型类型、商业模式画布和创新路径、浙商模式等内容，学习优秀典型，积聚商创力量。

学习目标

◎ 理解商业模式的定义。

◎ 掌握商业模式的典型类型。

◎ 了解商业模式画布和创新路径。

◎ 理解浙商典型的企业模式、经营模式、产业模式。

◎ 弘扬浙商精神，传承商创文化。

第一节　商业模式概述

一、商业模式的定义

商业模式是一个比较新的名词。尽管它第一次出现在20世纪50年代，但直到90年代后期才开始广泛使用和传播。伴随各种创业企业的不断兴起、风险投资模式的成熟，以及诸如IT和通信行业的服务价格迅速降低等创业环境的成熟，商业模式已经成为挂在创业者和风险投资者嘴边的一个名词。几乎每个人都确信，有了一个好的商业模式，成功就有了一半的保证。小到我们身边的便利店，大到超市、商场，企业都有各自的

商业模式的
起源

商业模式。商业模式的本质是关于利润产生的逻辑，从操作层面上说就是价值创造的内部过程。

最古老也是最基本的商业模式就是"店铺模式"（shopkeeper model）。具体来说，就是在具有潜在消费者群的地方开设店铺并展示其产品或服务。随着时代的进步，商业模式也变得越来越精巧。"饵与钩"（bait and hook）模式——也称为"剃刀与刀片"（razor and blades）模式，或是"搭售"（tied products）模式——出现在20世纪早期。在这种模式里，基本产品的出售价格极低，通常处于亏损状态；而与之相关的消耗品或是服务的价格则十分昂贵。比如，吉利剃须刀就使用了"剃须刀+刀片"捆绑销售的模式，剃须刀（饵）和刀片（钩）、打印机（饵）和墨盒（钩）、相机（饵）和照片（钩）等都属于这类商业模式。随着传媒业务的发展，形成了二次售卖模式。二次售卖指的是媒介单位先将媒介产品卖给终端消费者（读者、听众、观众），然后再将消费者的时间（或注意力）卖给广告商或广告主的过程。今天，大多数的商业模式都要依赖于技术。互联网上的创业者们发明了许多全新的商业模式，这些互联网商业模式完全依赖于现有的和新兴的技术。利用技术，企业们可以以最小的代价，接触到更多的消费者。

虽然商业模式如今出现的频度极高，但关于它的定义仍然没有一个权威的版本，下面是商业模式的几种定义。

商业模式的
定义

定义一：商业模式是为实现客户价值最大化，把能使企业运行的内外各要素整合起来，形成一个完整的高效率的具有独特核心竞争力的运行系统，并通过最优实现形式满足客户需求、实现客户价值，同时使系统达成持续盈利目标的整体解决方案。

定义二：商业模式就是企业为了最大化企业价值而构建的企业与其利益相关者的交易结构。

定义三：商业模式是企业围绕客户价值最大化构造价值链的方式。

所谓商业模式，就是企业围绕客户价值而开展的各项价值活动的总称，是企业各种

战略运用的结合体和组合表现形态，它关注的是如何通过有效的战略组合进行价值创新和系统运营，从而构建企业的核心竞争力和建立竞争优势。

商业模式的内在范围涵盖了企业的整个运营流程，也就是通常所说的价值链。它是一个整体的、系统的概念，而不仅仅是一个单一的组成因素，是由融资、研发、生产、营销等相关联的价值活动所构成的，它是企业构造价值链的方式。

总之，商业模式描述了企业如何创造价值、传递价值和获取价值的基本原理。

二、商业模式的类型

（一）非绑定式商业模式

"非绑定"企业的概念认为，存在三种不同的基本业务类型：客户关系型业务、产品创新型业务和基础设施型业务。

每种类型都包含不同的经济驱动因素、竞争驱动因素和文化驱动因素。

这三种类型可能同时存在于一家公司里，但是理论上这三种业务应"分离"成独立的实体，以便避免冲突或不利的权衡与妥协。

约翰·哈格尔和马克·辛格提出了"非绑定式公司"的概念，他们认为企业是由具有不同经济驱动因素、竞争驱动因素和文化驱动因素等完全不同类型的业务组成的，可分为产品创新型业务、客户关系型业务、基础设施型业务。与此相似，迈克尔·特里西和弗雷德·威斯玛建议企业应该专注于以下三种价值信条之一：产品领先、亲近客户或卓越运营。

约翰·哈格尔和马克·辛格阐述客户关系型业务职责是寻找和获取客户并与他们建立关系。同样，产品创新型业务的职责是开发新的和有吸引力的产品和服务，而基础设施型业务的职责是构建和管理平台，以支持大量重复性的工作。约翰·哈格尔和马克·辛格认为企业应该分离这三种业务，并在企业内部聚焦到这三种业务类型之一。因为每一种业务类型都是由不同的因素所驱动，在同一组织中，这些业务类型可能彼此之间冲突，或者可能产生不利的权衡与妥协。

非绑定式商业模式案例

（二）长尾式商业模式

1.长尾式商业模式的核心

长尾式商业模式的核心是多样少量，模式关注于为利基市场提供大量产品，每种产品相对而言卖得都少。

利基产品销售总额可以与凭借少量畅销产品产生绝大多数销售额的传统模式相媲美。

长尾模式需要低库存成本和强大的平台，并使得利基产品对于兴趣买家来说容易获得。

2.长尾模式产生的原因

长尾概念由克里斯·安德森提出，这个概念描述了媒体行业从面向大量用户销售少数拳头产品，到销售庞大数量的利基产品的转变，而每种利基产品都只产生小额销售量。安德森描述了很多非经常销售所产生的销售总额等于甚至超过由拳头产品所产生的收入的例子。

克里斯·安德森认为有三个经济触发因素在媒体行业引发了这种现象。

长尾式商业模式案例

（1）生产工具的大众化

不断降低的技术成本使得个人可以接触到之前昂贵的工具。如果有兴趣，任何人现在都可以录制唱片、拍摄小电影或者设计简单的软件。

（2）分销渠道的大众化

互联网使得数字化的内容分发成为商品且能以极低的库存、沟通成本和交易费用，为利基产品开拓新市场。

（3）连接供需双方的搜索成本不断下降

销售利基产品真正的挑战是找到感兴趣的潜在买家。现在强大的搜索引擎、推荐工具、用户评分和关注大量产品种类的兴趣社区，让供需双方能够更容易地找到对方。

克里斯·安德森的研究主要集中在媒体行业上。例如，他展示了在线视频租赁公司Netflix是如何转向发放大量利基影片授权的。虽然每部利基影片被租赁的每种产品销售量次数相对很少，但来自Netflix的大量利基影片目录的累计收入却可以与大片电影的租赁收入匹敌。

与此同时，克里斯·安德森也证明了长尾理论在媒体行业以外的其他行业也同样有效。在线拍卖网站eBay也是基于数量庞大的拍卖者交易小额非热点商品而成功的。

（三）多边平台商业模式

多边平台将两个或者更多有明显区别但又相互依赖的客户群体集合在一起。

只有相关客户群体同时存在的时候，这样的平台才具有价值。多边平台通过促进各方客户群体之间的互动来创造价值。多边平台需要提升其价值，直到它达到可以吸引更多用户的程度，这种现象被称为网络效应。

多边平台商业模式案例

多边平台被经济学家称为多边市场，是一个重要的商业现象。这种现象已经存在了很长时间，但是随着信息技术的发展，这种平台得以迅速兴起。Visa信用卡、微软Windows操作系统、《金融时报》、Google、Wifi家用游戏机和Facebook都是成功多边平台的一些案例。在这里提到它们，是因为它们代表了一种日益重要的商业模式式样。

多边平台作为连接这些客户群体的中介来创造价值。例如，信用卡连接了商家和持卡人；计算机操作系统连接了硬件生产商、应用软件开发商和用户；报纸连接了读者和广告主；搜索引擎连接了搜索平台和大量搜索者；家用视频游戏机连接了游戏开发商和游戏玩家；社交媒体连接了社交平台和广大兴趣团体。这里的关键是多边平台必须能同时吸引和服务所有的客户群体并以此来创造价值。

多边平台对于某个特定用户群体的价值本质上依赖于这个平台"其他边"的用户数量。如果有足够多的游戏，一款家用游戏机平台就能吸引足够多的玩家。另一方面，如果有足够的游戏玩家已经在玩游戏了，游戏开发商也会为新的视频游戏机开发更多的游戏。所以多边平台经常会面临着一个"先有鸡还是先有蛋"的左右为难的困境。

解决这个问题的方法是针对一个群体。尽管多边平台的运营商最主要的成本是运营费用，但是他们经常会通过为一个群体提供低价甚至免费的服务来吸引他们，并依靠这个群体来吸引与之相对的另一群体。多边平台的运营商所面临的困难是选择哪个群体，以及以什么价格来吸引他们。

*Metro*是一个例子，这是一份起源于斯德哥尔摩的免费日报，现在人们可以在全球许多大城市见到这份报纸。该报创始于1995年，很快它就吸引了大批读者，因为这份日报在横穿斯德哥尔摩的地铁和公共汽车站免费发放给城市通勤族。这让它能吸引广告客户并迅速变得有利可图。另一个例子是微软，微软免费赠送它的Windows软件开发工具包（SDK），来鼓励程序员为其操作系统开发新应用软件。数量庞大的应用程序把更多的用户吸引到Windows平台上来了，同时增加了微软的收入。反观另一方面，索尼的Play Station 3游戏机是一个运用多边平台却适得其反的例子。索尼为每一位购买该游戏机的用户提供补贴，希望后面可以收到更多的游戏版税。这一战略执行得并不成功，Play Station 3的游戏的销售远没有达到索尼最初的预期。

多边平台的运营商必须要问自己几个关键问题：能否为平台各边吸引到足够数量的客户？哪边（客户）对价格更加敏感？能够通过补贴吸引价格敏感一边的用户吗？平台另一边是否可以产生充足的收入来支付这些补贴？

（四）免费式商业模式

即问即答

你曾经遇到过商家为你提供免费的产品或服务吗？在什么情况下？

接受免费的东西总是一个有吸引力的价值主张。

任何销售商或经济学家都会证明在零价格点所引发的需求会是任何其他价格所引发需求的许多倍。近年来免费产品或服务呈现爆炸式增长趋势，特别是在互联网上，当然，问题是系统性地供应某种免费产品或服务的时候，商家还能赚取可观的收入吗？

答案是要产生利润的话，机构团体在提供免费产品或服务的同时，必须以某种形式产生收入。

有一些方式可以将免费产品或服务整合到可接受的商业模式中。有些传统的免费（商业模式）式样已经广为人知了，例如广告；有些商业模式提供免费的基础服务，并通过增值服务收费，这种商业模式已经与日益增长的通过互联网提供的数字化产品和服务同步流行开来。

长尾理论概念的提出者克里斯·安德森让免费的概念获得了广泛的认可。他表示，新的免费产品或服务发展壮大，与数字产品和服务完全不同的各种经济现象有着密不可分的关系。例如，创作和录制一首歌需要耗费艺术家的时间和金钱，但是数字化地复制并通过网络传播歌曲的成本几乎为零。因此，艺术家可以通过互联网向全球听众推广和传播音乐，只要他找到了其他收入来源，如举办音乐会或广告推销来收回成本即可。

免费商业
模式案例

（五）开放式商业模式

开放式商业模式可以用于那些通过与外部伙伴系统性合作，来创造和捕捉价值的企业。这种模式可以是"由外到内"，将外部的创意引入公司内部，也可以是"由内到外"，将企业内部闲置的创意和资产提供给外部伙伴。

开放式商业
模式案例

开放式创新和开放式商业模式是由亨利·切萨布鲁夫创造的两个术语。两者都是指将公司内部的研究流程开放给外部伙伴。亨利·切萨布鲁夫认为在一个以知识分散为特征的世界里，组织可以通过对外部知识、智力资产和产品的整合创造更多价值，从而更好地利用自己的研究。

此外，亨利·切萨布鲁夫还展示了闲置于企业内部的产品、技术、知识和智力资产，可以通过授权、合资或分拆的方式向外部伙伴开放，并变现。亨利·切萨布鲁夫区分了"由外到内"和"由内到外"两种创新模式。

当组织将外部的创意、技术和智力资产引入到其开发和商业化流程中时，就是"由外到内"创新。在企业授权使用或出售其智力资产和技术，尤其是闲置资产时，就是"由内到外"创新。

同步训练

目的：理解不同类型的商业模式之间的区别。

同步训练

第二节　商业模式创新

一、商业模式画布

商业模式画布（business model canvas）指的是把商业模式涉及的9个关键模块整合到一张画布之中，可以灵活地描绘或者设计商业模式。这9个关键模块覆盖了商业的4个主要方面：客户、提供物（产品/服务）、基础设施和财务生存能力。它们可以展示出企业创造收入的逻辑。

（一）客户群体

即企业所瞄准的消费者群体。这些群体具有某些共性，从而使企业能够（针对这些共性）创造价值。客户构成了任何商业模式的核心。没有（可获益的）客户，就没有企业可以长久存活。

（二）价值主张

即企业通过其产品和服务所能向消费者提供的价值。价值主张确认企业对消费者的实用意义。价值主张是客户转向一个企业而非另一个企业的原因，它解决了客户困扰或者满足了客户需求。

（三）渠道通路

即企业用来接触消费者的各种途径。它阐述了企业开拓市场的方式，涉及企业的市场和分销策略。沟通、分销和销售这些渠道构成了企业相对客户的接口界面。渠道通路是客户接触点，在客户体验中扮演重要角色。

（四）客户关系

即企业同其消费者群体之间所建立的联系。企业应该弄清楚希望和每个客户细分群体建立的关系类型。商业模式所要求的客户关系深刻地影响着全面的客户体验。

（五）收入来源

即企业通过各种收入流来创造财富的途径。如果说客户是商业模式的心脏，那么收入来源就是动脉。企业必须问自己，什么样的价值能够让各客户细分群体商发掘一个或多个收入来源。

（六）核心资源

即企业执行其商业模式所需的能力和资格。每个商业模式都需要核心资源，这些资源使得企业组织能够创造和提供价值主张、接触市场、与客户细分群体建立关系并赚取收入。

（七）关键业务

即为了确保商业模式可行，企业必须做的最重要的事情。任何商业模式都需要多种关键业务活动。这些业务是企业要想成功运营所必须实施的最重要的动作。

（八）重要合作

即企业同其他企业之间为有效地提供价值并实现其商业化而形成合作关系网络。企业会基于多种原因打造合作关系，合作关系正日益成为许多商业模式的基石。

（九）成本结构

即所使用的工具和方法的货币描述。描绘在特定的商业模式运作下所引发的最重要的成本。

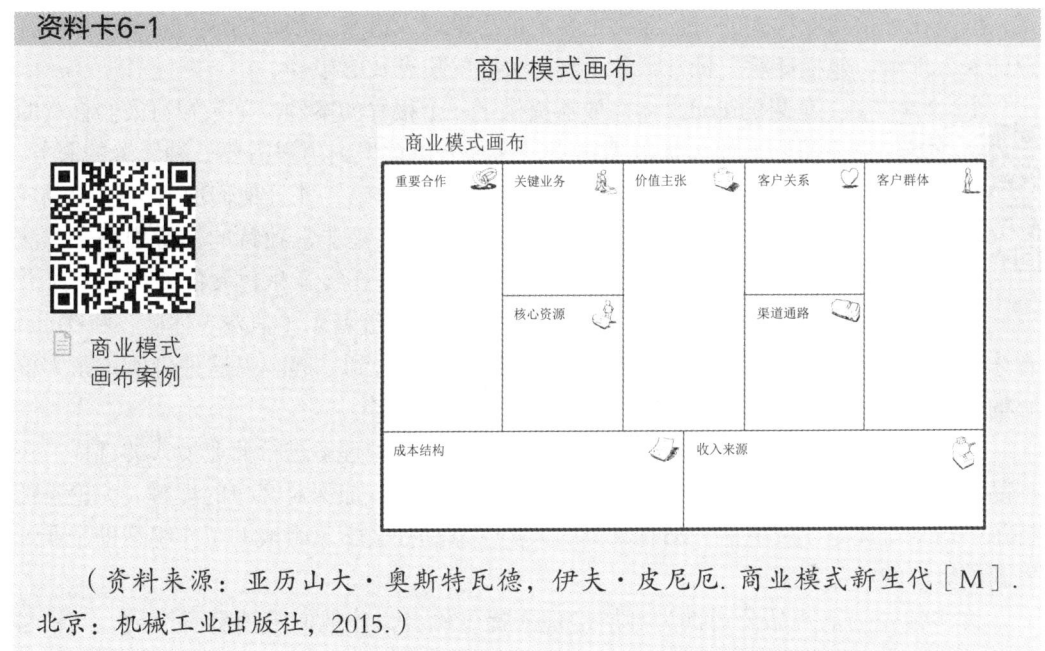

资料卡6-1

商业模式画布

商业模式
画布案例

（资料来源：亚历山大·奥斯特瓦德，伊夫·皮尼厄. 商业模式新生代［M］. 北京：机械工业出版社，2015.）

二、商业模式创新路径

"商业人士不仅需要更好地了解设计，他们更需要把自己变成设计师。"多伦多大学罗特曼管理学院院长罗杰·马丁提出了这样的观点。

这一部分描述了来自设计领域的一系列的技术方法，以帮助设计更好、更具创意的商业模式。商业模式设计的任务包括持续追求更好的设计方法，探索未知的领域并实现所需要的功能。设计者的工作就是拓展思想的界限，无保留地探究新的方向，发现未知并加以实现。这就需要有找到"还有什么不存在"的能力。

商业人士每天都在不知不觉地进行设计，包括设计组织、战略、商业模式、流程，还有项目。为了做到这点，必须考虑复杂的环境，例如竞争对手、技术、法律及环境等。此外，还需要在完全未知的领域进行探索，这恰恰是设计的本意。

下面将介绍六种商业模式设计方法：客户洞察、创意构思、可视思考、原型制作、故事讲述和情景推测。

（一）基于客户洞察的商业模式设计

企业在市场研究上投入了大量的精力，然而在设计产品、服务和商业模式上却往往忽略了客户的观点。良好的商业模式设计应该避免这个错误。从客户的角度来看待商业模式，这有利于找到全新的机会。这并不意味着要完全按照客户的思维来设计商业模式，但是在评估商业模式的时候需要把客户的思维融入进来。创新的成功需要依靠对客户的深入理解，包括环境、日常事务、客户关心的焦点及愿望等。

移情图

苹果的iPod媒体播放器提供了一个很好的案例。苹果知道人们喜欢的并不是数码媒体播放器本身，这家公司意识到用户需要一种无缝的服务，能够搜索、下载和收听数字内容，包括音乐，并且他们愿意为这种能成功解决这些问题的服务付费。苹果的观点是非常独特的，特别是在非法下载猖獗、大部分公司都认为没有人会为在线音乐付费的时候。苹果并不认同这种观点，它为客户建立了一种无缝音乐（消费）体验，将iTunes音乐与媒体软件、iTunes在线商店和iPod媒体播放器整合到一起。以这种价值主张为核心的商业模式，使得苹果成为在线数字音乐市场的领导者。

真正的挑战在于建立对客户的彻底理解，并基于这种理解进行商业模式的选择。在产品和服务设计领域，许多领先企业都与社会学家合作，加深对客户的理解。无论是英特尔、诺基亚还是挪威电信，都有大量的人类学家和社会学家组成的工作组帮助企业开发新的更好的产品和服务。

许多领先的消费品公司都为高层经理人提供机会，让他们与消费者交流，与销售团队交流，或参观精品店，进行实地考察。在其他行业，尤其是在那些资本密集的行业里，跟客户交流是日常工作的一部分。创新的挑战是建立在对客户的深刻理解上，而不是简单地问他们需要什么。

正如汽车制造商先驱亨利·福特曾经说过的那样："如果我问我的客户他们想要什么，他们会告诉我'一匹更快的马'。"

另一个挑战在于要知道该听取哪些客户和忽略哪些客户的意见。有时，未来的增长领域就在附近。因此商业模式创新者应该避免过于聚焦于现有客户细分群体，而应该盯着新的和未满足的客户细分群体。许多商业模式创新的成功，正是因为它们满足了新客户未得到满足的需求。例如，斯泰利奥斯·哈吉·约安努的易捷航空使中低收入客户可以享受空中旅行，而这些客户以前几乎没有坐过飞机。还有，Zipcar消除了城市居民因为拥有汽车所带来的麻烦，取而代之的是，支付了固定年费的客户可以按小时租赁汽车。这两个都是新商业模式的案例，这些商业模式全都构建在现有模式边缘的客户细分群体上：传统的空中旅行和传统的汽车租赁。

（二）基于创意构思的商业模式设计

绘制一个已经存在的商业模式是一回事，设计一个创新商业模式是另一回事。设计新的商业模式需要产生大量商业模式创意，并筛选出最好的创意，这是一个富有创造性的过程。这个收集和筛选的过程被称作创意构思。当设计可行的新商业模式时，掌握创意构思的技能就非常关键。

传统上，大部分行业都有一个占据主流的商业模式，现在这种局面从根本上改变了。如今，在设计新商业模式的时候，会有更多的选择。因为，不同的商业模式在同一个市场内竞争，而行业间的界限正在变得越来越模糊或完全消失了。

当设计新的商业模式时，企业所面对的挑战是忽略现状和暂停关注运营问题，这样才能得到真正的全新创意。

商业模式创新不会往回看，因为对未来商业模式是什么样而言，过去的经验参考价值极为有限。商业模式创新也不是参照竞争对手就能完成的，因为商业模式创新不是复制竞争对手的商业模式或进行标杆对比，而是要设计全新的机制，来创造价值并获取收入。更确切地说，商业模式创新是挑战正统，设计全新的模式来满足未被满足的、新的或潜在的客户需求。

为了找到更新、更好的选择，必须想象一个装满创意的摸彩袋，然后再把它们缩减到一个可能实现选择方案的短名单中。因此，创意构思就有了两个主要阶段：创意生成，这个阶段重视创意数量；创意合成，讨论所有的创意，加以组合，并缩减到少量可行的可选方案。这些可选方案不一定要代表颠覆性的商业模式，也许只是把现有的商业模式略做扩展，以增强竞争力的创新。

（三）基于可视思考的商业模式设计

对于商业模式的相关工作来说，可视思考是必不可少的。所谓的可视思考，是指使用诸如图片、草图、图表和便利贴等视觉化工具来构建和讨论事情。因为商业模式是由各种构造块及其相互关系所组成的复杂概念，不把它描绘出来将很难真正理解一个模式。

商业模式确实是一个系统，其中的一个元素可以影响其他的元素，只有作为一个整体看待的时候才有意义。不把它进行可视化，很难捕捉到商业模式的全貌。事实上，通过可视化地描绘商业模式，人们可以把其中的隐形假设转变为明确的信息，这使得商业模式明确而有形，并且讨论和改变起来也更清晰。视觉化技术赋予了商业模式"生命"，并能够促进人们的共同创造。

将模式描绘出来，这个模式就转换成一个持久的事物，也是一个可以随时返回讨论的概念原点。这很关键，因为它把谈论的内容从抽象变为具体，并且大大改善了讨论的质量。通常，如果想要改善一个现存的商业模式，视觉化地描绘更容易发现逻辑上的差距，并促进人们的讨论。类似地，如果要设计一个全新的商业模式，把模式画出来将帮助人们更容易地讨论新商业模式的各种选择。

视觉化技术已经被频繁应用于商业了，例如图表和表格等，这些工具被广泛用于澄清报告和计划的相关信息。但是在讨论、探索和定义商业问题时，很少有人会应用视觉化技术。在战略讨论过程中，视觉化思考可带来巨大的价值。视觉化思考通过将抽象变具体，通过阐明各元素间的关系，通过简化复杂性而增强了战略审查。

（四）基于原型制作的商业模式设计

对于开发创新的全新商业模式来说，原型制作是一个强有力的工具。与可视思考一样，原型制作同样可以让概念变得更形象具体，并能促进新创意的探索。原型制作来自设计和工程领域，在这些领域中，原型制作被广泛地用于产品设计、架构和交互设计。它很少用于企业管理，因为组织行为和战略的本质很少可被形象感知。原型制作在商业和设计交叉领域已经发挥了很长一段时间的作用，例如在工业产品设计方面，近些年来原型制作在诸如流程设计、服务设计甚至组织与战略设计领域也越来越受欢迎。

尽管术语相同，但产品设计师、建筑师和工程师对什么是"原型"有不同的理解。这里把原型看成未来潜在的商业模式实例（原型作为用于达到讨论、调查或者验证概念目标的工具）。商业模式原型可以用商业模式画布简单素描成完全经过深思熟虑的概念形式，也可以表现为模拟了新业务财务运作的电子表格形式。

重要的是，不必把商业模式原型看成是某个真正商业模式草图。相反，原型是一个思维工具，有助于探索不同的方向——那些商业模式应该尝试选择的方向。例如，如果增加另一个客户细分群体对商业模式意味着什么？消除高成本资源将是怎样的结果？如果我们免费赠送一些产品或服务，并且用一些更具创新性的产品或服务替代现在的收入来源又将会意味着什么？制作和使用商业模式原型需要设计者处理结构、关系和逻辑的问题，而这些即使通过更多的思考和讨论的方式也很难达到。要真正理解不同可能性的优点和缺点，要进一步的调研，需要在不同层次精炼商业模式来构建多个原型。相比讨论来讲，使用原型来互动更加容易产生创意。商业模式原型可能是发人深省的，甚至是有点疯狂的，因而有助于推动思考。当这一切发生的时候，原型就成为路标，在原本很难想象的方向上指引前进，而不是仅仅作为将要实现商业模式的说明。探究应该意味着一个无比严格的探索最佳解决方案的过程。只有经过深入地探究，才能有效地选出一个原型，并在设计成熟后来实施。

对于商业模式探究的过程，商业人士可能显示出两种反应。有些人会说："嗯，那是个好主意，只是我们如果有时间去尝试不同选项就好了。"其他的人可能会说："市场调研相对于提出全新商业模式来说，同样是一个好办法。"这两种反应都是危险的偏见。

第一种反应假设："一切照旧"或逐步改进就足以在今天的竞争环境下生存了。一般来说，这条路将走向平庸。那些没花时间开发或做出创新商业模式原型的企业有被边缘化的风险，甚至有可能被更多活跃的竞争者超越或者被不知道从哪里冒出来的挑战者颠覆。

第二种反应假设：当设计一个新的战略选项时，通过调研获得的数据是最主要的考虑因素。事实并非如此。在长时间费劲构造一个强有力的全新商业模式原型的过程中，市场调研只是一个单一输入，基于调研并且进行深入探索的商业模式才有可能胜过竞争对手或者开发全新的市场。

全新的、可改变游戏规则的商业模式源自深入的、不懈的探究。

（五）基于故事讲述的商业模式设计

在商业世界里，讲故事是一门被低估、被轻视的艺术。下面来看看讲故事是如何让新的商业模式变得更形象生动吧。

本质上，新颖而富有创意的商业模式经常是晦涩难懂的，它们通过全新的方式组合各种元素，挑战现行的模式，它们迫使听众们打开思路，去接受这些新的可能。面对这些陌生模式，听众们很有可能会产生本能的抵触。所以，把新的商业模式呈现出来，而又不招致抵触情绪，呈现的方法就变得至关重要。就像商业模式画布有助于绘制和分析新模式一样，讲故事能更有效地表达新的商业模式和理念。好的故事能引起听众的兴趣，所以讲故事是一种理想的工具，可以为深入讨论商业模式和其内在逻辑预热。讲故事其实是利用了商业模式画布的说明能力，打消人们对未知事物的疑虑。

为什么要讲故事？

1.介绍新事物

新的商业模式创意在公司的任何一个地方都能涌现出来。有些想法可能很棒，有些可能一般，还有些可能根本不可行。即使是极优秀的商业模式，要想得到各级管理层的点头认可，最终被采纳为公司的发展战略，也颇费周折。所以，有效地向管理层推销新的商业模式创意变得至关重要。这时，便是靠讲故事一展身手的时候了。虽然管理层最终只对数字和事实感兴趣，但讲一个恰到好处的故事绝对可以博得他们的关注。要想不拘泥于细节，而又能快速地勾勒出一个创意的雏形，讲一个好的故事是一种可以让人信赖的方式。

2.推销给投资者

如果一个创业家经常需要把想法或是商业模式推销给投资者，或是一些潜在的股东，投资者和其他一些利益相关者真正想知道的是：如何为客户创造价值？在创造价值的过程中，如何盈利？这些问题才是故事背景。着手筹备商业计划之前，通过讲故事的方式来介绍商业模式是最理想的。

3.鼓励员工参与其中

在一个公司从现有商业模式过渡到一个新商业模式的过程中，公司必须说服员工参与到其中。员工们需要对新的商业模式有一个清晰的认识，理解新商业模式对于他们的意义。所以公司需要鼓励员工参与到新模式的建设中。在这方面，传统的以文字为主的幻灯片展示效果始终不太好。用一个吸引人的故事作为背景介绍（辅以幻灯片、图画及其他一些技巧），能够更好地调动听众的积极性，赢得人们的注意和好奇心，这可以为下一步的细节讨论开个好头。

（六）基于情景推测的商业模式设计

在设计新的商业模式的和对原有模式进行创新等方面，情景推测能起到很好的作用。同可视思考、原型制作、故事讲述一样，情景推测把抽象的概念变成具体的模型。它的主要作用就是通过细化设计环境，帮助人们熟悉商业模式设计流程。

这里，有两种类型的情景推测。

第一种情景推测描述的是不同的客户背景。如客户是如何使用产品和服务的，什么类型的客户在使用它们，客户的顾虑、愿望和目的分别是什么。这种建立在客户洞察之上的情景推测更进步，把对客户的了解融入一组独特、具体的图像。通过描述特定的场景，关于客户的情景推测就能把客户洞察具体形象地表现出来。

第二种情景推测描述的是新商业模式可能会参与竞争的未来场景。这里的目的并不是要去预测未来，而是要具体形象地草绘出未来的各种可能情况。这种技巧训练能帮助创新者，对未来不同的环境设计出最为恰当的商业模式。在这一领域的商业战略文献中，都称这种技巧为"情景规划"。在商业模型的创新中，运用这种情景规划技巧，"迫使"设计者去思考商业模式在特定的环境下可能的演变趋势，这样加深了设计者对于模式的认知和可能有必要调整的理解。最为重要的是，它帮助设计者更好地来迎接未来的商业环境。

🗨️ 同步训练

✎ 同步训练　目的：理解商业模式画布关键模块。

第三节　浙商模式

浙江独特的自然资源条件和人文环境，造就了浙商与众不同的商业模式。集中体现在"以民营企业为主"的企业模式，"小商品、大市场"的经营模式，"小企业、大产业"的产业模式等方面。

一、浙商企业模式

改革开放以来，浙江成为我国个体、私营等民营企业的重要发祥地。早在20世纪80年代初，温台地区就提出了"不论成分重发展，不限比例看效益"的口号，对个体、私营企业发展采取默许和支持的态度。2018年，浙江民营经济创造了全省58.1%的税收、63.1%的投资、65.5%的国内生产总值、78.0%的外贸出口额和87.0%的就业岗位。浙江经济增长的绝大部分来自非公有制经济成分的扩张。如今，民营经济已经成为浙江经济发展的主力军。

浙商与民营经济存在着十分紧密的关系。许多浙商在创业之初，就是通过创办个体、私营企业，掘到了"第一桶金"；也正是他们的成功，吸引并带动了更多民营企业的产生和民营经济的发展。可以说，没有浙商，就没有浙江民营经济的今天；没有民营经济，也没有浙商的今天。

📋 **同步训练**

目的：理解浙商企业模式。

✏️ 同步训练

（一）"让天下没有难做的生意"的阿里模式

阿里巴巴电子商务是杭州的名片。阿里巴巴电子商务的模式是线上交易，线下配送，阿里巴巴平台也是全球最大的线上贸易市场之一。

阿里巴巴在发展初期专做信息流，绕开物流，前瞻性地观望资金流并在恰当的时候介入支付环节。

它抓基础并且不断捕捉新的机会。从最基础地替企业架设站点、进行网站推广到对在线贸易资信提供辅助服务、对交易订单进行管理等，其服务范围不断扩展。其盈利模式具有可持续、可拓展的特点。

阿里巴巴认为："好的盈利模式一定得简单。"阿里巴巴1688平台的主要盈利模式就是收取会员费。阿里巴巴1688平台有两种会员：中国供应商会员和诚信通会员。中国供应商服务主要面对中国的出口型企业，依托网上贸易社区，向国际上通过电子商务进行采购的客商推荐中国的出口供应商，从而帮助中国的出口供应商获得国际订单。诚信通服务更多针对的是国内贸易，通过向注册会员出示第三方对其的评估及在阿里巴巴1688平台的交易诚信记录，帮助会员获得采购方的信任。中国供应商会员及诚信通会员除了容易获得买家信赖外，还拥有企业信息的优先发布权，以便让客户更快找到企业。2004年以来，阿里巴巴付费会员增长幅度在60%以上；2008年，阿里巴巴付费会员为432031名，其中国际诚信通会员16136名、中国诚信通会员372867名、中国供应商会员43028名。2011年，阿里巴巴曾对外宣布1688平台会员数突破5000万人。2017年，1688注册会员更是达到了2亿人。

阿里巴巴通过增值服务为会员提供了优越的市场服务，这成为它利润的主要来源。阿里巴巴自成立以来，推出了一系列增值服务，如委托设计公司网站、网上推广项目等。客户可以委托阿里巴巴建立拥有独立域名的公司网站，并与阿里巴巴网站链接。网上推广项目由邮件广告、旗帜广告、文字链接和模块广告组成。2002年7月，阿里巴巴在国际交易市场推出"关键词"服务；2003年11月，阿里巴巴推出通信软件贸易通，让买方和卖方通过网络进行实时沟通交流；2007年3月，阿里巴巴在中国交易市场推出客户品牌推广展位服务，即白金展位服务；2007年9月，阿里巴巴在三个主要地区推出阿里软件外贸版，在中国交易市场推出1万多个黄金展位；2008年4月，阿里巴巴为中小企业提供企业建站服务；2008年12月，阿里巴巴推出"橱窗推荐"增值服务；2009年3月，"点击推广"取代竞价排名。如今，随着大数据、云计算的应用，阿里巴巴的增值服务已迭代升级。

建立支付宝支付机制及诚信机制。阿里巴巴保证企业的网上身份与真实身份相符，并建立完善的信用评价体系，使企业在相互信任的环境里赚钱。2003年10月，阿里巴巴推出独立的第三方支付平台——支付宝，正式进军电子支付领域，其已发展成为新兴经济发展中不可或缺的支付途径之一。另外，阿里巴巴在平台中通过一套互评体系完成了自身"诚信商圈"的建设。

拓展自身的业务模式，满足不同用户的需求。阿里巴巴在做好企业间的电子交易平台的同时，积极拓展业务模式。如阿里巴巴的淘宝网用于满足消费者网上购物的需求；阿里巴巴在淘宝网的基础上推出天猫商城，以满足客户对高档商品的需求；阿里巴巴发布了自己的软件服务平台——阿里软件，以满足中小企业对进销存和财务管理软件服务的需求；此外，阿里巴巴还推出了蚂蚁金服、菜鸟物流、大数据云计算、跨境贸易等服务，助力消费者需求升级。

阿里巴巴与大量的风险资本和商业合作伙伴相关联，构成网上贸易市场，其商业模式取得成功主要有以下几个原因。

第一，专做信息流，汇聚大量的市场供求信息。阿里巴巴在充分调研企业需求的基础上，将信息整合分类，形成网站独具特色的栏目，使企业用户获得有效的信息和服务。

第二，采用本土化的网站建设方式，采用当地的语言，简易可读，这种便利性和亲和力将各国市场有机地融为一体。这些网站相互链接，内容相互交融，为会员提供了整合一体的国际贸易平台，汇集全球178个国家、地区的商业信息，打造个性化的商人社区。

第三，在起步阶段，网站降低会员准入门槛，以免费会员制吸引企业登录平台并注册。阿里巴巴会员多数为中小企业，免费会员制是吸引中小企业的最主要因素。大大小小的企业活跃于网上市场，反过来为阿里巴巴带来了各类供需信息，壮大了网上交易平台。

第四，适度但比较成功的市场运作。阿里巴巴与日本互联网投资公司软件银行（SoftBank）集团结盟，请软件银行集团高管担任阿里巴巴的首席顾问，请曾任世界贸易组织总干事、高盛国际集团高管担任阿里巴巴的特别顾问。通过各类成功的宣传运作，阿里巴巴多次被选为全球最佳B2B站点之一。阿里巴巴凭借其可行的、具有说服力的商业模式在快速发展的电子商务市场中处于领先地位，成功地缔造了被誉为经典的网上交易市场。

（二）"模块化"创新的盛世家博模式

我国家装市场数十年来一直被设计、装修、建材、家具、布艺、灯具等各细分市场分据，分销渠道的高成本及装修过程中大量的隐形成本造成了消费者的投资成本居高不下，也成为行业发展的巨大瓶颈。面对家装行业未来的挑战，湖北盛世家博家具有限公司（以下简称盛世家博）围绕"模块化"创新创造了价值平台服务商业模式。

策略一：颠覆传统，开辟家装业新蓝海。盛世家博彻底避开了传统家装公司之间的竞争。从单个装修设计向系统产品研发设计转变，从数万个设计师进行设计的模式向几个国际大师设计的产品在全国市场销售的模式转变，从传统的设计向专用软件配饰、风格定制等一体化设计转变。材料方面则从分销商代购转变为产品研发、与工厂联合生产材料，从施工现场原材料制作转变为工业化产业化生产、现场成品安装。

策略二：打造扁平化供应链。扁平化供应链价格低、性价比高、市场竞争力强。同类产品按传统模式成本比盛世家博高3/5左右。盛世家博还具有产品推陈出新快、市场覆盖快、品牌推广快、工期短、产品体现终端效果更好等众多优势。充分发挥家居产业化发展的优势，从工厂直接到用户形成一个扁平化的家居供应链是盛世家博为用户创造的最大价值。

策略三：完善的商业运作模式。优秀的商业模式是企业成功的保障。盛世家博以产业化总成家居商业模式，实现从自主原创研发、工厂生产到全国供货渠道销售的一条龙开发模式；以完整的产品化销售安装模式，为加盟商提供产品研发、家居产品生产、物流、营运系统的开发与技术支持等服务，完全改变了传统家装行业的运营方式。按照业已形成并日臻成熟的盛世家博知识产权体系，总部提供给加盟公司的不仅是品牌，还包括管理系统和实际操作经验，加盟后完全按照总部的运作模式进行运作，利用盛世家博的品牌化、规范化及产业化总成家居效应，促使其在较短的时间内以最具竞争力的家居总成产品、最快的速度、最优质的服务进入市场，赢得竞争的主动权。加盟公司可保留原有名称不变，但加盟店冠以"盛世家博"字样，加盟后完全按照总部的运作方式操作。通过引入盛世家博品牌和总部在工程管理检验、检测、服务等方面的各项标准，借助系统在研发、工程管理、材料、运营管理等各方面的有效支持和成功的市场营销，在短期内迅速增加企业在区域市场内对用户的吸引力。

2012年开始，盛世家博将下属公司重新进行战略调整，重组软装和硬装两大业务模式，重点推广以盛世家博为品牌战略的软装集团和以中冠装饰为品牌战略的硬装集团。其中盛世家博软装集团包含紫蝶名家国际家居定制软装、舒曼阁进口家居软装、家博汇品牌家居软装、ML套餐软装系列、盛世家博国际设计中心、盛世家博软装供应链；中冠装饰硬装集团包含中冠FIRST室内设计机构、中冠精工装公司、中冠整体家居公司、中冠家居焕新、中冠美来临集成家居、中冠建材配套公司。中冠装饰硬装和盛世家博软装既作为独立运营的主体，发挥各自的专业优势，又可以在任何一个项目中结合，为客户提供真正的家居总成服务，让客户一站式购买一个"家"。

资料卡6-2

标准化程度，小到一颗螺丝钉

周建中是个爱琢磨的人，他这几年一直在思考，能否把客户装修的成本降到最低。"你有没有想过，从装修开始到结束，你花的时间精力有多少？抉择再抉择的过程要消耗多少物力财力？光是跑建材城，来回就不下80趟。如果你只是前期在效果图上选定你要的风格，后期从装修到买家具家电，甚至买一幅画、一块地毯、一个烟灰缸，一概不用过问，那装修会有多轻松？现在我可以帮客户实现了。"

周建中建立了企业的研发中心，专门开发整套家居产品，旗下五大品牌、九大系列的标准化模块产品，大到地板和墙纸，小到一颗螺丝钉的品牌材质及价格都是明确的，且有特殊编号。"你在电脑上看到的是可以自由选择的总成产品。可以选择各种风格，如简约、美式或者欧式风格，当然还可以换掉其中的部件，比如吊灯，自由搭配。"这样，一套房子的整体软装价格，周建中定在每平方米150～1680元之间，突破了传统的装修价格。

"家具产品直接到工厂下单，中间渠道几乎为零，也就把产品的成本大大降低了，得到实惠的自然是客户。""虽然这种装修的销售方式并不能满足所有人的个性化需求，但我的初级目标是满足25%～30%的客户，至少他们用一半的价格买到了整套家装产品和服务。"这个标准化服务主要提供给三大类客户：房产商、全国各地的装修公司及个体家庭。对于这三类目标客户群，周建中充满了信心："房产商的精装修楼盘，如果能以比市场价更低（的价格），购买到整套设计和产品，有什么不乐意的呢？""这种商业模式可以让国际大牌设计公司来帮我做一整套设计，这个设计可以被全国更多的业主同时购买享用，而价格依然还是原来的价格，是不是很有吸引力呢？"目前，周建中正重点打造研发中心，将设计更多标准化模块供客户选择。

"人们总以为把房子的原始结构改得面目全非，才能体现一个好设计师的水平。"周建中要带给人们的观念是，减少拆改、尊重原设计。"设计师负责为你搭配出最美的软装，这才是实现美丽居住环境的关键。"在实现家居总成供应链服务的同时，他的企业也从一个仅仅提供施工服务的传统家装企业，成功转型成一个现代化商业产品营销型企业。

（资料来源：胡祖光，叶建华，吕福新.浙商模式创新经典案例［M］.杭州：浙江人民出版社，2013.）

（三）"农村包围城市"的供销超市模式

叶耀庭

古语云："蛇有蛇道，狼有狼道。"在成长过程中，零售企业不一定非要走在"狼道"上，即便能够杀出一条血路，恐怕也是遍体鳞伤。"蛇道"也未尝不是一条通往成功的捷径。

这是浙江供销超市有限公司总经理叶耀庭信奉的办企哲学。浙江供销超市自从1997年白手起家发展至今，避开"狼道"，坚持"农村包围城市"战略，在浙江农村大地上，开辟自己的"蛇道"，面对经济下行的严峻形势，企业逆势发展。

农村零售像臭豆腐，闻起来臭吃起来香。独特的农村市场适用"农村攻略"，但如果认为农村超市只是简化版的城市超市，那就大错特错了。来到农村，与城市喧嚣形成鲜明对比的是农村地广人稀、人群过于分散，零售企业经典的"地段论"显然失了效。但叶耀庭自有一套"农村攻略"。

攻略一："小超市、大连锁"的路子。先在作为当地政治经济中心、拥有较强集聚功能的乡镇开一个2000平方米左右的直营店，树立一个标杆，作为其他行政村加盟店的模式和标准。"到了行政村里，则全是50平方米左右的加盟店。这些村级加盟店大多是前店后仓，前面是门店，楼上是住宅，其营业时间可能比城镇店面还要长，早上6点就要开门，晚上营业到11点，店主们一边做着生意还可以一边看看电视。"以这样灵活而快速的扩张方法，浙江供销超市很快便形成了"聚沙成塔"的规模效应。这跟沃尔玛初期的发展思路类似。

攻略二：特许加盟连锁。通过吸纳加盟连锁店方式推进商品连锁经营。吸纳传统的"夫妻店""家庭店"，按照"五统一"的运行模式，即"统一标识、统一采购、统一配送、统一经营管理、统一营销策划"，改造组建连锁店，实行连锁经营。

刚开始实施"五统一"的时候，叶耀庭感到有点啼笑皆非，因为他常常到村里免费培训当地店主，而当时不少前来培训的农家店主常常找他"索要"差旅费。

攻略三：调整农家店的商品结构。与城市超市相比，农村生鲜区要大大减少，增大食品和日用品的比例，7成食品、3成日用品是个合适的结构模式。而乡镇店的非食品配置比例是51%，远远高于城区店的39%。

由于农民本身都种植蔬菜，也养鸡养鸭，因此在农家店里，你看不到在城市超市通常会占据整整一层的生鲜食品区域，取而代之的是日用品、油盐酱醋等小食品的区域。

攻略四：改变包装规格。采取小包装或者散装方式。"对于农民来说，很多商品都是第一次接触，如果规格很大、价格很高，他们可能接受不了。"叶耀庭说，农村超市的货架上最好销的是小包装的日用品，还有简单包装的饼干，经济实惠的散装柴米油盐等。

攻略五：充分利用连锁规模优势。虽然单店较小，但连锁店销售总量大，仍然可以在与供货商的谈判中占据上风，把采购成本降到最低。叶耀庭深谙此道，他还牵头组织了浙江连锁超市采购联盟，拉拢了60家本土连锁超市，组成了一个拥有7700余家连锁门店、年销售额100亿元的庞大采购团，增加与供货商讨价还价的筹码，因此争取到了更低的采购价格。

资料卡6-3
从农村单一连锁超市到与城市"巨无霸"强强联合

农村连锁超市属于区域性很强的市场，坚守单一连锁超市业态能走多远？叶耀庭坦言，在深挖商业盲区的同时，形成"小网点、大网络，小商品、大市场"的格局，实施低成本扩张战略和区域性推进战略，多年来浙江供销超市每年都保持着良好的利润率。

"但是当企业发展到一定规模了，就会遇到瓶颈，停滞下来。这时就需要借助外力突破自己。"从1997年的4家门店发展到2002年覆盖绍兴所有镇的70家城乡连锁网点，到2005年的700多家连锁网点，再发展到2013年的2300多家门店，成为全国屈指可数的大型连锁企业，浙江供销超市践行了"农村包围城市"连锁经营之路的成功。在这个发展过程中，在一串串激动人心的数字背后，因时而动的资本运作是浙江供销超市高速发展的风火轮。

华能超市原是绍兴超市业的开山鼻祖，2002年11月，浙江供销超市利用浙江精工集团内部调整的契机，通过绍兴市政府协调，对华能超市进行快速并购，将拥有19个网点、500多名员工、年销售额1.3亿元的华能超市收入囊中，一举成为绍兴市

规模最大、网点最多、服务面最广的连锁超市，实力大为增强。

两家合并起到了优势互补的作用，并通过对一些网点的调整，大大降低了运营成本。浙江供销超市将未来的发展目标定位为便利店，而非标准超市，利用并购得到的华能网点，帮助其更高效地实现目标。

2008年8月28日，浙江供销超市与北京物美商业集团股份有限公司下属杭州天天物美商业有限公司成功签订合作协议，实现了令中国零售商业领域瞩目的强强联合，同时保证浙江供销超市名称、经营理念、管理团队三不变。

浙江供销超市与物美集团强强联合后，充分利用物美集团的大卖场运作、全国知名品牌采购、生鲜食品经营、人力资源培养和资本运作方面的经验，在绍兴及浙江省内发展连锁超市。此次合作，使浙江供销超市直接搭上上市快车道，直接享用每年300亿元的采购资源，借力发展，有利于企业更好地利用上市公司先进经营管理经验和资本优势，进一步提升企业核心竞争力，加快企业发展步伐，努力实现公司年销售50亿元、利税2亿元的既定目标！

2010年1月，浙江供销超市又有了新动作，以51%的股权控股老大房超市，将以生活超市模式的改造经验为拥有直营店36家、加盟店563家，由于受到资金、信息技术、采购能力、大卖场缺失等因素制约处于不利境地的湖州老大房超市升级改造和提高效益提供直通道。

通过三次资本运作，浙江供销超市迅速提升了规模和效益，占领了市场先机。

近年来，随着劳动力成本的上涨、店面租赁成本的提高，很多超市都进入了亏损期。零售行业面临"寒冬"，叶耀庭为实现"企业梦"开出了五剂药方："第一，越是在行业受到冲击的时候，我们更要坚守主业，增强信心。第二，要管理提升，练好内功。第三要机器换人，提高企业创新能力。第四是洗牌抄底，逆市发展。第五，面对电商对传统零售业的冲击，企业经营也要转型谋变，拓展多种渠道经营。"

（资料来源：胡祖光，叶建华，吕福新.浙商模式创新经典案例［M］.杭州：浙江人民出版社，2013.）

◎ 同步训练

目的：理解浙江典型企业的商业模式策略。

✎ 同步训练

二、浙商经营模式

自20世纪80年代以来，浙商群体已经崛起为中国的第一大创富群体。但细数诸多浙商生产、经营的产品，却大多是些平常而简单的小商品：服装、皮革、鞋帽、纽扣、玩具、眼镜、拉链、徽标、打火机、低压电器等。然而，正是这些小商品成就了浙商的大事业。

资料卡6-4

小商品经营优势

第一，小商品的生产成本低，不需要大量的前期投资，且经营风险相对较小，特别适合没有多少资本积累的中小企业去组织生产。改革开放初期，浙江大多数个体、私营企业的创业者都是靠省吃俭用才积累了有限的办厂资金，没有承担风险的能力。因此，他们只能从生产小商品起步。

第二，绝大多数小商品生产属于劳动密集型产业，对技术要求不高，生产工艺比较简单，比较适合个体、私营企业。因为大多数个体、私营企业的经营者都是农民出身，不懂高新技术和现代化管理，也聘不起高素质的员工，但他们对小商品生产，无论是投资成本核算，还是市场机会把握，都得心应手。

第三，小商品的消费需求市场大、风险小，利润率不低。比如1个纽扣，成本只需2分钱，可卖1毛钱，利润率达400%，真可谓"小商品，高回报"。

（资料来源：陈海忠，杨一琼. 浙商文化教程［M］. 杭州：浙江工商大学出版社，2018.）

（一）纳爱斯集团："小产品"成就"大日化"

纳爱斯集团在50年发展历程中坚持不懈地落实官方日化品牌的建设，并在建设之路上做到了独辟蹊径，用"小产品"成就了大发展！

1.第一次战略变革——"涅槃重生"（1985—2005年）

20世纪80年代，我国在改革开放号角下进入社会主义新时期，日化产业是中国最早对外开放的市场领域之一，得到了蓬勃发展。与此同时，世界四大洗涤行业巨头宝洁、联合利华、汉高、花王争先恐后占据中国市场。他们长驱直入，几乎垄断了国内洗涤市场的大半江山，由于计划经济的余温尚在，国内厂家自主品牌的意识淡薄，步履维艰。纳爱斯集团这家前身为丽水五七化工厂，在轻工部全国定点118家肥皂专业生产厂中排名倒数第二的地方国营工厂，在当时毫无优势的情况下，却大胆地开启了它的变革之路。

纳爱斯集团的前身丽水五七化工厂于1968年成立，化工厂当时只有一款产品——肥皂，并且销售业绩一直徘徊不前。直到1985年庄启传通过民主投票上任厂长后，企业情况才有所好转。纳爱斯集团在庄启传的带领下进行了初次战略定位转变，集中精力致力于洗涤用品行业，增加产品种类。他坦言道："洗涤并非什么高科技行业，我们与之技术距离并不远。"这位有远见、思想活跃、犟劲十足的企业家，做事处处比别人先一步，早一拍。比如，1986年，纳爱斯集团毫不留恋计划经济，早早地涉入市场，和上海制皂厂形成联营模式生产制造香皂；1991年又先行一步，早早意识到品牌的重要性，在众多企业刚刚认识品牌时，纳爱斯集团早就从瑞士引进了先进技术工艺，设计出一流品质的纳爱斯香皂；1992年又对肥皂进行了技术性改造，开发出全新的肥皂——雕牌超能皂。纳爱斯集团历时多年的经验积累和技术引进学习，在经营上很快超过了同行企业，名下产品"纳爱斯香皂""雕牌超能皂"连续多年荣登全国销量第一的宝座。但是，拥有如

此傲人成绩的庄启传并不满足于现状，1998年他又在饱和的洗衣粉市场发现了新机遇，他说："但凡害怕竞争的行业，必有无限成长的市场空间。"随后，纳爱斯集团着手研究洗衣粉项目，1999年中国最大单塔洗衣粉工程在纳爱斯一次试车中投产成功，2000年纳爱斯集团正式进入洗衣粉市场，一路势如破竹很快成为洗涤行业的老大。

随着"雕牌洗衣粉""雕牌洗洁精"品牌知名度的提高和市场的日益成熟，2003年纳爱斯集团的"雕牌透明皂"在全国市场占有率达67.1%，洗衣粉占有率达42.0%，年创利润占全国肥皂行业的93.5%，并跻身世界洗涤用品前八强。在此阶段，纳爱斯集团重获新生，从一个濒临破产的山村小厂渐渐成长为世界上最大的洗涤用品生产王国之一。

2.第二次战略变革——"快速扩张"（2006—2013年）

21世纪之后，随着经济的快速发展和消费者生活水平的提高，人们对生活品质的高要求逐渐由"硬性"转为"软性"，消费者越来越注重日化产品的安全、健康、天然和舒适度。在这种环境下，纳爱斯集团适时调整战略，经营理念也发生了转变，从"只选对的，不买贵的"转变成"只为提升您的生活品质"，最大程度契合用户品质需求。随着产品结构和经济增长模式的转变，纳爱斯集团开始涉入盈利水平高、市场用户容量大的中端市场——个人护理用品市场。

2006年11月，纳爱斯集团通过全资收购的方式，把英属中狮公司旗下的三家公司裕旸、奥妮、莱然收入麾下，进而开创了民营企业收购外资的先河。庄启传在访谈中提到："2006年是我们（纳爱斯集团）进军个人护理市场的新选择，但是考虑到亲力亲为、徒手起家的方式太慢。想要迅速在个人护理市场找到路径，铺平道路，全资收购别的企业成为我们的不二选择……"集团此次跨境收购最大的特点就在于知识产权的获取，通过收购集团拥有了"百年润发""西亚斯""奥妮"三个著名品牌和83个商标的所有权或独占使用权。同时与之相关的管理体系、核心技术研发等一并获得。

2007年，纳爱斯集团推出以天然椰子油为原料，健康环保的"超能天然皂粉"，随后又推出有关个人护理的"麦莲洗发水""100年润发"洗发水和护发素等用品，集团形成以天然环保、健康安全和节能等特点著称的多品牌阵容。2009年，在中国洗协肥皂专业委员会、合成洗涤剂专业委员会举行的会议上，庄启传如是说道："在未来，消费者对产品品质的需求一定是向着环保、健康、安全发展的。所以我们要格外注重产品创新，摆脱低价位恶性价格竞争，向着中高端产品领域进军，细分市场。"

集团产品不但覆盖洗衣粉、香/肥皂市场，还延伸至个人洗护用品市场，大大丰富了品种，优化了集团的市场布局。纳爱斯集团多年来的发展坚持贯彻性价比优势，庄启传在访谈中讲道："我们相信不能向性价比进军的公司注定是短命的。（我们）在低价位产品市场能够发挥性价比的优势，相信（我们）也一定能在高价位产品市场沿用性价比优势，牢牢把握住市场经济变化，走出一条不同于别人的差异化路子。"

在第二次战略变革阶段，纳爱斯集团成功从原先的洗涤用品行业顺利跨入个人清洁用品市场。集团拥有了"纳爱斯""雕牌""超能""100年润发""伢牙乐"五大品牌。

3.第三次战略变革——"海外发展"（2014年至今）

2014年国家进行去杠杆和结构调整，国内各个行业的发展速度明显减缓，市场竞争变得尤为激烈。很多企业即使销量上升，利润也不如从前。至于一些小企业，由于数量多，竞争力弱，生存十分困难，加之消费者绿色环保意识的普遍加强，从而对日化产品的技术要求又提升到一个新的阶段，企业生产的产品不但要满足消费者绿色生态的需求，还应具备较高的附加值。任何一家企业想要在市场上别具一格，与众不同，赢得顾客的瞩目与青睐都不是一件容易的事情。

纳爱斯集团在整体宏观经济不乐观的情境下，却仍然保持着高增长速度。集团在第三次战略变革中开始大日化战略布局，以获得更多的市场份额。从2014年开始着手收购台湾妙管家，于2015年以7000万美元成功收购妙管家100%股权，这项收购案成了迄今为止大陆企业在台湾的最大收购项目。

妙管家是主要从事家居清洁用品生产的国际性老牌公司，具有30多年的历史，旗下主要经营生产包括地板、厨房及卫生间等家居清洁型用品。从产品结构而言，双方主营业务都是与"清洁"有关，因而与纳爱斯集团产品有着天然的吻合性与互补性。纳爱斯集团希望能够凭借妙管家拥有的国际市场，整合自有实力，从而能够形成一个覆盖中国、日本，甚至东南亚的商业经济圈，用更高端的产品去拓宽境内外市场，进一步推进集团全球化战略。纳爱斯集团之前在家居清洁用品领域只是浅尝辄止，涉及未深，而这次的海外收购，非常有利于其向着家居清洁行业成功转型。

与此同时，纳爱斯集团与德国巴斯夫、美国沃尔玛、法国家乐福、瑞士奇华顿等世界500强知名企业进行合作，随着合作的深入，纳爱斯集团逐渐与这些知名企业成为全面战略合作伙伴，从全面合作中寻求自身的提升空间，获得宝贵的学习机会，以此提高集团的国际化合作水平。在产品生产制作方面，集团根据原材料供应地和需求市场的划分建立了多个驻外生产基地，力求在规模上形成效益优势。在产品渠道分销方面，将产品专销商接入管理体系中，和专销商的关系亲如一家。在品牌营销推广方面，集团利用网络新媒体来拓展宣传渠道，实施线下销售和线上推广相结合的整合式营销，进而提高了品牌传播和产品销售的紧密互动。庄启传说道："当下真正有能力的人都是精于资源整合的人，你把各种资源整合得越好，（它）所能发挥的效用就越大。李嘉诚、巴菲特等精英的成功之道，就在于他们整合资源，把企业发扬光大，借助外力，为自己的事业服务。"

2017年，纳爱斯集团蝉联"中国制造业企业500强"且位居日化行业榜首。2018年，中国品牌价值评价榜显示纳爱斯集团不仅位于轻工行业前列，更是雄居日化行业第一。在这个阶段，纳爱斯集团通过成功收购台湾妙管家，顺利在中高端市场扎根。至此，纳爱斯集团的产品链形成了一个三角构架，产品覆盖洗涤用品、个人清洁护理和家居清洁市场，顺利实现从洗涤行业到个人护理行业再到家居清洁用品行业的华丽进军。

同步训练

目的：理解企业经营理念的调整缘由。

同步训练

（二）美特斯邦威：虚拟经营

1994年时，中国休闲服市场刚刚启动，靠加工夹克衫起家的青田商人周成建开始创立自己的服装品牌——美特斯邦威。这是一家以休闲系列服饰为主导产品的民营企业。

1995年开始的时候，美特斯邦威的做法在业界一直被质疑，甚至被人认为是"皮包公司"——生产、销售都拿给别人做，哪一天别人不和你合作怎么办？

周成建

2003年的时候，越做越"小"的美特斯邦威总部只有200多人，却爆炸性地把规模做大了300倍，1995年创立的时候年营收500多万元，2002年的时候已经达到15亿元。

集团旗下休闲服品牌"美特斯邦威"在全国设有专卖店900多家，当时由于资金实力不足，而市场规模在急剧扩大，周成建提出了以创新求发展、借助外部力量求发展的思路，在国内服装行业率先采取"虚拟经营"模式，走品牌连锁经营的发展道路。

1.以强化研发和品牌为重点，"虚拟经营"使企业的生产收益实现最大化

自公司经营一开始，美特斯邦威就通过强化品牌建设与推广、产品自主设计与开发，抢占产业价值链高端。一方面，公司加大研发设计力度。作为休闲服行业的龙头企业，美特斯邦威公司在产品的设计和开发上下了大功夫，1998年在上海成立了设计中心，建立并培育了一支具有国际水准的设计师队伍，先后与法国、意大利等地的知名设计师开展长期合作，把握流行趋势，形成了"设计师+消费者"的独特设计理念，每年设计服装新款式达到3000多种。同时，公司上下形成的注重设计的氛围起到了很好的引导作用，公司领导和设计人员每年都有1～3个月时间搞市场调查，每年两次召集各地代理商征求对产品开发的意见，不断形成对产品设计的改进和优化，提升产品设计的市场适应力和吸引力。

另一方面，突出专业水准，强化品牌宣传，运用品牌形象代言人、极具创意的品牌推广公关活动和全方位品牌形象广告投放，结合开设大型品牌形象店铺的策略，迅速提升品牌知名度和美誉度。为了使口号"不走寻常路"深入青少年的心，美特斯邦威在广告代言上舍得花大钱投入，强化年轻时尚定位，以18～25岁的群体为目标消费群体，2001年由郭富城代言，2003年选择深受年轻人喜爱的周杰伦作为新的代言人，先后聘请张韶涵、潘玮柏为品牌的"时尚顾问"，提升品牌的曝光率和知名度。并冠名赞助收视率高的选秀节目"加油！好男儿"，提高了品牌知名度。同时，注重强化文化内涵，打造自己特有的文化和理念，通过建立服装博物馆、服装大学等，提升服装的文化品位，增强品牌的文化内涵。

2.以外包生产、加盟和直营销售相结合模式为保障，"虚拟经营"使企业的发展规模实现快速扩张

公司在成长过程中，一方面，为了满足市场需求，需要成倍地购买机器扩大生产；另一方面，为了打开市场，扩大销售网络，需要不断地开设店面。但在缺资金、缺网络

的条件下，实现快速扩张，需要创新发展模式。美特斯邦威选择采取"虚拟经营"的方式，积极整合利用社会闲散资源和资金，以外包生产和特许加盟结合的经营模式进行生产和销售。

美特斯邦威采取借鸡生蛋、借船出海的方式，没有选择投资机器设备，而采取定牌生产策略，利用外力来弥补自己企业生产能力的不足。公司先后与广东、江苏等地的200多家具有一流生产设备的服装加工生产企业建立了长期的合作关系，为公司进行定牌生产，形成了稳定的生产基地。

同时推行特许连锁，以契约的方式，将特许权转让给加盟店，"复制式"管理，做到"五个统一"，即统一形象、统一价格、统一宣传、统一配送、统一服务标准。通过借助加盟商的人力、财力和物力，公司以有限的自有资金实现了营销网络的快速扩张和对各地市场的快速渗透，短时间内覆盖了全国大部分重点省市。

美特斯邦威积极学习和借鉴优秀企业的物流供应链管理方式，特别是把物流中心作为关键来抓，设立"物流营运部""物流计划部""物流规划部""物流管理部"，促进准确、快速的配送及货区之间的调运。根据不同地区的气候、穿着习惯及销售进度，各季在品种、数量上及时调进调出，使货源合理调配，将库存量降到最低限度，尽量缩短存货周转天数。目前，公司加快建设"上海六灶主配送中心"，从商品流通协调、供应链信息系统升级、仓库硬件设施改善等方面着手，全方位提升供应链管理水平。同时，为满足多品牌差异化和个性化的物流服务需求，公司对物流集中管理模式进行了调整，各事业部根据自身的业务特点，制定不同的物流规划和服务方案，同时保持密切横向沟通、信息共享；在确保物流供应链管理统一规划的同时，大力改善各配送中心内部作业流程，强化物流成本控制。

通过对所有加盟连锁店生产、销售网络的虚拟化，同时强化供应链管理，使生产成本和市场开拓成本最小化，美特斯邦威快速实现了低成本扩张。

3.以强化信息化管理为手段，"虚拟经营"使企业的生产效率和资源配置的效率实现最优化

国际知名休闲服零售企业均注重打造"多品种、小批量、高质量、快交货"的生产组织能力，这要求企业的产品设计、生产、运输配送和销售过程必须高度自动化并充分共享数据，也就是说要在正确的时间将正确的信息传递给正确的决策人员。同样，美特斯邦威的上游外协工厂在全国有200多家，包括面料、辅料和成衣厂，同时还要对全国加盟连锁店进行管理和管控，以美特斯邦威为核心的整个企业联盟全体人员，加起来有10多万人。如此庞大的网络，如此复杂的联盟体，离开一个强大的、四通八达的电子商务平台，其管理难度可想而知。只有利用信息化手段对这些代理商和生产厂进行一体化的管理，建立管理、生产、销售等各个环节的计算机终端联网的"信息高速公路"，实现内部资源共享和网络化管理，才能实现物流与资金流的快速健康周转。

公司在借鉴国内外优秀企业的先进经验的基础上建立了美特斯邦威的第二代电子商务系统（URP），即面向企业联盟体，打通整个产业链条的电子商务平台，实现电子商务信息网络化，建立管理、生产、销售等各个环节的计算机终端联网的"信息高速公

路"，实现内部资源共享和网络化管理。同时，公司建立了"三个信息管理系统"，即合作工厂里的制造系统、公司内部的管理系统、代理商与直营店使用的销售系统，完全整合了产业链条上的五个主体：品牌商、面料厂、外协制造商、加盟商和物流承运商。通过信息化的手段，美特斯邦威公司实现了产业链的一体化和资源配置效率的最优化。

4.品牌裂变，打造多元生活方式品牌

2010年以来，随着欧美快时尚品牌在国内的扩张、线上购物的崛起、年轻消费群的更迭，行业竞争进一步加剧，美特斯邦威服饰也面临业绩不断下滑的局面。自2017年，美特斯邦威开始实施品牌升级策略，重塑品牌、调整渠道布局、提升零售体验。第一，探索渠道转型，淘汰低效门店。鉴于购物中心门店业绩的良好表现，一向以街边店、百货专柜为主要渠道的美特斯邦威，正在逐步转向购物中心。2017年12月同时开出的100家美特斯邦威全新门店中，就有40%摆脱了传统商圈的街边店形式，进驻到新兴商圈的购物中心内。第二，多品牌战略，适应不同渠道要求。由"Metersbonwe"及"ME&CITY"两大时尚休闲品牌，"ME&CITY KIDS"及"MooMoo"两大童装品牌、"CH'IN祺"慢生活体验品牌组成品牌矩阵。不同子品牌可根据渠道灵活拓展，拓展面积有所不同：Metersbonwe为1000～3000平方米、ME&CITY为1000～2000平方米、ME&CITY KIDS和MooMoo为200～500平方米、CH'IN祺为500～1000平方米。第三，主品牌裂变升级，由单一品牌店转向"单店+集合店"模式。公司对每家店做了定制化的场景规划，将主品牌Metersbonwe裂变为NEWear（休闲）、HYSTYL（潮流）、Nōvachic（轻商务）、MTEE（街头）、ASELF（森系）五大不同风格产品线，这些风格会交叉组合，以集合店或风格店的新形象出现，打破传统服饰品牌的单一风格，带来一站式购物体验。第四，开展供应链端变革。一方面改变此前"加盟、批发、订货会"的方式，实现加盟店铺之间的动态管理；另一方面利用智慧零售、人工智能等工具提升与消费者沟通的效率，尝试供应链精准运营。

同步训练

目的：理解企业经营转型。

同步训练

浙商产业模式

三、浙商产业模式

浙江经济发展的一大特色，是中小企业数量众多，分布面广，形成"小企业、大协作"的区域集群，产生了显著的整体群落效应。这也是浙商模式的一个重要特征。

（一）基于大协作的中小企业集群

中小企业集群是指以一个主导产业为核心的相关产业或某特定领域内大量相互联系

的中小企业及其支持机构在该区域空间内的集合。中小企业是浙江经济增长的基本动力和重要支柱。据统计，截至2019年12月底，浙江全省有各类市场主体724.25万户，同比增长10.70%。浙江是全国中小企业发展最快、影响最大的一个省份。

受区域工业产业传统和专业市场发展等因素的影响，浙江中小企业产业具有显著的区域性特征，形成了42个现代产业集群区，分别是：杭州装备制造产业集群、萧山化纤纺织产业集群、余杭家纺产业集群、宁波服装产业集群、慈溪家电产业集群、乐清工业电气产业集群、瑞安汽摩配产业集群、绍兴纺织产业集群、嵊州领带产业集群、海宁皮革制品产业集群、平湖光机电产业集群、金华汽车和零部件产业集群、永康五金产业集群、义乌饰品产业集群、黄岩模具产业集群、温岭泵业产业集群、长兴蓄电池产业集群、衢州氟硅产业集群、舟山船舶修造产业集群、缙云带锯床产业集群、台州医药化工产业集群、富阳造纸产业集群、建德精细化工产业集群、余姚市节能照明及新光源产业集群、温州鞋业产业集群、永嘉泵阀产业集群、南浔木地板产业集群、安吉椅业产业集群、德清生物医药产业集群、桐乡濮院秀洲洪合针织产业集群、嘉兴港区化工新材料产业集群、嘉善电子信息产业集群、诸暨大唐袜业产业集群、新昌轴承产业集群、东阳磁性电子产业集群、兰溪棉纺织产业集群、江山木业加工产业集群、舟山海洋生物与海产品深加工产业集群、路桥金属资源再生产业集群、临海休闲用品产业集群、龙泉汽车空调零部件产业集群、遂昌金属制品产业集群。

建立在区域性集聚和分工协作基础上的中小企业，构成了富有浙江特色的中小企业群落。在生物链完整的非洲大草原，最惊心动魄的场面不是狮子王的出现，而是土狼群对猎物的围堵撕咬。土狼的生命力极顽强，虽然一只土狼体积很小，但百狼一心群起进攻猎物的力量，几乎是无往不胜的。如果我们把世界商品市场比喻成一片弱肉强食的草原，那么浙江建立在"小企业、大协作"基础上的中小企业区域集群，就是具有较强竞争力的"土狼群"。

浙江的中小企业之所以具有较强的竞争力，与浙江"小企业、大协作"的群落发展模式有着密切的关系。在浙江的工业化发展过程中，受产业基础、资本积累、技术和人才等因素的限制，大企业不多，主要是依靠民间力量发展起来的中小企业。从生产要素组合来看，中小企业只能从生产某一产品的零件起步，自发形成该类产品的专业化分工。而生产者之间的相互模仿，生产技能和市场信息的快速传递，使得同类产品的生产规模像滚雪球一样越滚越大，进而形成了产业集群。这不仅能帮助和促进企业之间建立起相互交流和学习的机制，将外部的信息、知识内部化，活化企业的内部资源，提高企业的知识构建能力和组织竞争能力，更重要的是，广大中小企业在发展中，可以进一步形成以最终产品为"龙头"、以专业协作为纽带、以广大中低收入消费群体为主市场的庞大的小企业生产体系，以及与之配套的社会服务体系，呈现众多"无形大工厂"式的规模经济特色。建立在"小企业、大协作"基础上的中小企业，以纵向专业化市场分工和长期形成的市场基础为依托，构筑了自身的市场竞争力，具有鲜明的同类相关企业区域集群的特色。区域性中小企业集群及其分工协作关系的发达，能产生外部规模经济和集聚经济效应，从而有效地弥补了单个小企业规模存在的缺陷。一个单独的小企业往往势单力薄，但在一个不大的区域内，一群产业相关的中小企业通过专业化分工协作而联合起来，无形中就会产生如同大工厂般的规模经济。

区域性中小企业集群的发展，不仅可以产生外部规模经济，而且通过技术和市场联系，可以对一个地区的相关产业发展产生重要影响。如诸暨大唐镇，有8000多家家庭企业从事袜业生产，平均每家仅8台织机，谈不上是一个完整的企业。但全镇围绕袜业生产，通过自发的专业化分工，不仅形成了专事原料、缝头、定型等的生产企业，而且有专门从事包装、联运、营销和机械配件生产的厂商。这些企业加在一起，经济能量大到足以消化任何订货量，大唐镇年产袜子超过250亿双，产量占全国的65%，占全球1/3的市场份额。

在区域性中小企业集群中，中小企业之间除了发达的分工合作关系外，相互之间的竞争也很激烈。而竞争不仅给中小企业带来了压力和动力，也为技术进步和制度创新提供了激励，有助于降低成本和提高产业竞争力。在温州的打火机生产中，一只电子点火器，10年前依靠进口，每只价格要4～5元，当地企业攻克生产难关后，价格降到了1～2元，而自形成大规模生产后，每只价格更降至0.2～0.3元。打火机密封圈的质量要求也相当高，每只打火机需要5～8只密封圈，过去进口要0.2元一只，经温州人自己研制出来后，只要0.05元一只，而现在则仅需0.005元一只。纵向分工产生了企业集聚和内部专业市场，虽然在初期会出现重复建厂、企业之间相互模仿、过度竞争、追求短期利润等现象，呈现出明显的小规模、家庭作坊式的生产特征，但是由于纵向分工导致新企业的进入门槛很低，竞争的压力会迫使企业通过创新提高竞争力。

由于在区域性集群中，发生协作关系的中小企业彼此不存在依附关系和从属关系，因此企业保留了自身的独立性。一个区域性中小企业集群好比由无数小鸟集合而成的鸟群，鸟群的形成并没有使小鸟失去灵活性。在日本的精益生产方式中，一个大厂的各个车间是没有竞争关系的，而在浙江的大多数中小企业群落中，这些"车间"之间依然存在着激烈的竞争，每个"细胞"都充满着发展的活力。

企业集群的形成还有助于中小企业之间的技术扩散与知识流动，进而为区域内部生产要素的升级创造良好的环境。在这些产业集群内部的中小企业之间，有正式的协作关系，它们通过各种合同，形成正式的经济网络；也有非正式的各种交易和交流活动，例如在公共场所举行的各种洽谈会、展销会、论坛等，以及人员之间的流动，从而形成各种非正式的社会网络，很多知识和信息就从那里传播开来，新知识不断产生和积累，对于浙江来说，与企业集群相伴随的专业市场在企业集群发展中发挥了十分重要的作用。国际上的研究指出，这种社会网络和经济网络（也称人脉网络和产业网络）形成了地方创新网络，是形成企业集群竞争力的基础。企业集群的生命力，就在于地理位置上彼此靠近的各个企业从事同一产业的多样化的经济活动，由于企业间长期相互接触，逐渐形成互相信任的社会网络。人们不只从正式渠道（技校或岗位培训）学习技能，还在日常面对面的交往中相互学习，这促进了企业的高效成长。实践表明，在区域特色企业集群的地方，既会形成一种能够为中小企业发展提供无限机会的地方创新环境，又会形成有利于知识和信息扩散、传播的学习型区域，同时还是孕育企业市场竞争力的"摇篮"。世界上许多成功的企业，就是在具有地方创新环境的企业集群中成长起来的。

（二）中小企业集群的主要类型

根据产品特征及其集聚机制的差异，我们可以将浙江中小企业集群分为如下四种类型。

1.基于区域内部分工协作的企业集群

在这种类型中，产量特色十分明显，产品是其主要的集聚纽带，企业之间的关系以平等的市场交易为主，各企业之间根据其技术特色或生产能力，形成了水平的或多层次的分工协作体系，整个区域由此成为某种产品的生产基地。如温州苍南金乡镇是全国最大的徽章生产基地，在那里，这种小商品的生产工序有设计、熔化金属、写字、刻模、晒板、打锤、钻孔、镀黄、点漆、制针、打号码、装配、包装等十多道，每道工序的加工都由独立的企业（加工专业户）进行，半成品通过市场交换

中小企业集群的主要类型

获得。这样，由于中间产品的转移成本很低，而愈加精细的专业化分工使得生产同种产品的企业能不断从内部剥离出各种可分割的功能操作，这样既节约了生产费用，获得了专业化优势，同时整个区域又实现了规模经济效应。

2.基于销售网络的企业集群

浙江省绝大多数的区域特色经济都是同专业市场相匹配的，如义乌的小商品市场、绍兴的轻纺市场等专业市场与当地相关工业之间联系紧密、互相促进、共同发展，构成了具有区域特色的企业集群。在这种企业集群中，专业市场为没有达到规模经济要求的中小企业提供了一个庞大的、共享的销售网络，使它们可以获取营销和信息方面的优势，并降低了交易的不确定性风险，带动了当地相关特色产业的发展。而对于那些中小企业来说，专业市场不仅弥补了它们功能上的不足和缺陷，而且能够向它们及时提供各种信息，促使企业在生产和产品升级换代等方面获得互动学习的机会和创新积累的经验，从而为区域经济发展提供了产业孵化基地。

3.基于品牌的企业集群

品牌是一种专用性很强、具有超值获得能力的知识资产，而且品牌经营具有很高的规模经济要求。对于规模小、实力弱的小企业来说，可以通过联合销售机构，以追求品牌在批发经销上的规模经济。当然，联合销售机构对各企业有统一的质量要求，产品使用统一商标，并对各成员企业收费，享有品牌的收益权和管理权。这种品牌的企业集群不仅存在于浙江的区域特色工业中，如绍兴嵊州的领带业、诸暨大唐的袜业，也出现在丽水庆元香菇、湖州安吉竹产品等区域特色农业的发展中，它们的部分产品也是通过共同使用品牌和联合销售机构销往各地的。这种生产销售组织形式，从总体上增强了小企业开拓市场的能力，降低了企业集群内部的交易成本，从而使整体竞争力得到增强。

4.基于资源的企业集群

这主要是指那些以中间产品为主的企业集群，为了使企业自身的生产经营稳定发展，个别核心企业为小企业提供其生产经营所需的原材料等资源，而一些小企业则以投

资股份或以契约的方式与核心企业建立联系。这样，以资源或原材料为依托，企业之间互相协作，形成了企业集群。这种类型多见于化学、冶金等工业，以及商业与服务业。金华浦江的水晶玻璃工艺品业就是如此，该类产品远销美国、日本等地，香港回归庆典所用的水晶工艺品均产自该地。但浦江及周边地区并没有水晶玻璃的原料供应资源，品质最优的原料需从捷克或奥地利进口，中低档的玻璃毛坯也只能从河北、天津等地采购。当地政府为了充分引入市场定价机制，防止少数原料和产品包销商的价格垄断，兴办了近2万平方米的水晶工艺品、灯饰市场，使小企业进入和退出成本大大降低，形成了一个产品质量可靠、彼此信任、能按时交货的供求平台。当然，掌握优质原材料的企业的核心地位是不容置疑的。

毫无疑问，以企业集群为基础的区域特色经济，不仅为充分利用当地的人文资源和产业特色提供了可能，更为重要的是，通过量大面广的小企业的集聚和互动，最终形成了区域内生增长机制，使产业的比较优势能稳定持久地得以发挥。

（三）基于中小企业集群的区域特色产业

追溯浙江一个个区域工业化的发展历程，它们往往都以中小企业集群为依托，从"一村一品""一镇一业"起步，就近建立专业市场，专业生产与专业市场相互促进，经过无数次产业档次提升和市场扩张，区域产业规模不断壮大，生产、研发、销售网络逐渐向全国扩张，最终在高度专业化的中小企业集群的基础上，形成了"小资本、大集聚"的特色产业区或块状经济。

温州是浙江块状经济的重要发祥地。在温州92个镇中，全国综合实力千强镇前100名中，温州地区入围的就有7个。温州市区的皮鞋、服装，苍南的塑料制品，龙港的包装印刷制品，乐清柳市镇的低压电器产品，瓯海的眼镜，永嘉桥头镇的纽扣等产品在全国市场的占有率大都在30%以上，其中小小的打火机在国际市场的占有率竟然超过了70%。现在，温州已经相继建成了"中国鞋都""中国电器城""中国金属外壳打火机生产基地""中国剃须刀生产基地""中国制笔之都""中国合成革之都""中国塑料薄膜生产基地""中国印刷城""中国眼镜之都"等一

📖 块状经济向现代产业集群跃升的浙江路径

批"国字号"生产基地。

在杭州市，余杭区的装饰布产业共集聚了大大小小1200多家企业和10万从业人员，拥有各类织机万余台，年产各类装饰布突破1亿米，产值高达20多亿元，成为国内最具实力和竞争力的布艺生产基地之一。

在绍兴市，柯桥镇成为全国设备最先进、专业市场规模最大、产量最大的化纤纺织产业集聚区；嵊州市生产的领带在全国领带市场中占有80%的份额。

在宁波，纺织服装企业积淀深厚，已形成门类齐全、产业链完备的产业体系，工业总产值已超千亿元。

在遍布各地的区域特色产业发展中，一道亮丽的风景线就是"零资源经济"现象。所谓的"零资源经济"现象，指的是经济发展不是以本地自然资源为依托，而是利用市场机制的集聚和配置功能，大做"无中生有"的文章，走生产原料和销售市场"两头在

外"的产业发展路子，而崛起成为区域特色产业区。在浙北平原地区，嘉兴嘉善县当地没有森林，不产木材，却建成了经营规模在全国名列前茅的木业市场和中国最大的胶合板生产基地，胶合板产量占全国市场份额的1/3；嘉兴海宁市畜牧业不发达，却发展成为中国最大的皮革生产基地，产量占全国的1/4；嘉兴桐乡和秀洲虽然不生产羊毛，却发展成为中国最大的羊毛衫生产基地。

　　近年来，浙江的"零资源经济"现象开始出现向科技产业拓展的新动向。如杭州富阳的光纤电缆、金华东阳和宁波的磁性材料及绍兴新昌的医药等，都正在崛起成为新的特色科技产业园区。

　　通过产品创新、市场创新、技术创新，进入园区的大批企业正在从"小企业、小产品、小规模"，走向"高技术、大市场、高效益"的经营模式，竞争力显著提升。

同步训练

目的：理解浙商产业模式类型。

✎ 同步训练

专题小结

◎ 框架内容

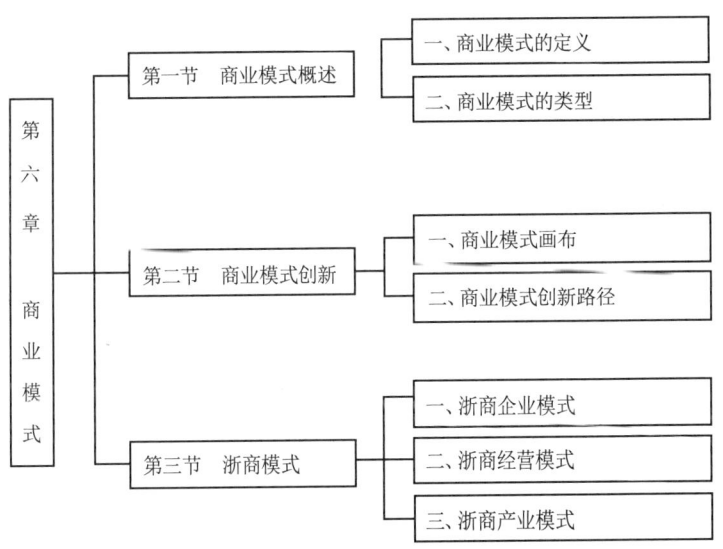

主要术语： 商业模式　店铺模式　二次售卖　非绑定式商业模式　长尾式商业模式　利基　多边平台商业模式　免费式商业模式　开放式商业模式　商业模式画布　客户群体　价值主张　渠道通路　客户关系　收入来源　核心资源　关键业务　重要合作　成本结构　民营企业　中小企业集群　零资源经济　块状经济

理论自测

第六章
理论自测

◎ **选择题**

1. 商业模式说明了企业（　　　）。

　　A. 如何规划　　　　　　　　　　　　B. 如何生产

　　C. 如何赚钱　　　　　　　　　　　　D. 如何销售

2. 最古老也是最基本的商业模式是（　　　）。

　　A. 多边平台商业模式　　　　　　　　B. 长尾式商业模式

　　C. 店铺模式　　　　　　　　　　　　D. 开放式商业模式

3. 下列关于多边平台表述错误的是（　　　）。

　　A. 多边平台作为连接这些客户群体的中介来创造价值

　　B. 多边平台将两个或者更多无明显区别且又相互依赖的客户群体集合在一起

　　C. 只有相关客户群体同时存在的时候，这样的平台才具有价值

　　D. 多边平台需要提升其价值，直到它达到可以吸引更多用户的程度，这种现象被称
　　　　为网络效应

4. 商业模式画布分为（　　　）个模块。

　　A. 10　　　　　　　　　　　　　　　B. 9

　　C. 8　　　　　　　　　　　　　　　　D. 7

5. 庆元香菇是基于（　　　）的企业集群。

　　A. 区域内部分工协作　　　　　　　　B. 销售网络

　　C. 品牌　　　　　　　　　　　　　　D. 资源

6. 商业模式描述了企业（　　　）基本原理。

　　A. 创造价值　　　　　　　　　　　　B. 使用价值

　　C. 传递价值　　　　　　　　　　　　D. 获取价值

7. "非绑定"企业的概念认为，存在三种不同的基本业务类型（　　　）。

　　A. 客户关系型业务　　　　　　　　　B. 产品创新型业务

　　C. 基础设施型业务　　　　　　　　　D. 增值服务型业务

8. 商业模式画布关键模块覆盖了商业的（　　　）方面。

　　A. 客户　　　　　　　　　　　　　　B. 提供物（产品/服务）

　　C. 基础设施　　　　　　　　　　　　D. 财务生存能力

9. 与大宗商品生产相比较，小商品生产有哪些独特的比较优势？（　　　）

　　A. 生产成本较低　　　　　　　　　　B. 经营风险较小

　　C. 技术要求较高　　　　　　　　　　D. 前期投资较低

10. 中小企业集群的主要类型有（　　　）。

　　A. 基于区域内部分工协作的企业集群　　B. 基于销售网络的企业集群

　　C. 基于品牌的企业集群　　　　　　　　D. 基于资源的企业集群

◎ 判断题

（　　）1. 从客户的角度来看待商业模式有利于找到全新的机会，这意味着要完全按照客户的思维来设计商业模式。

（　　）2. 诱钓指的是通过廉价的、有吸引力的甚至是免费的初始产品或服务，来促进相关产品或服务未来的重复购买的商业模式式样。

（　　）3. 企业在确定利基市场后往往是用更加多元化的经营来获取最大限度的收益。

（　　）4. 自20世纪80年代以来，浙商群体已经崛起为中国的第一大创富群体。但细数诸多浙商生产、经营的产品，却大多是平常而简单的小商品。

（　　）5. 全国最大的徽章生产基地在苍南金乡镇。

（　　）6. 浦江的水晶玻璃工艺品业是基于区域内部分工协作的企业集群。

（　　）7. "零资源经济"现象，指的是经济发展不是以本地自然资源为依托，而是利用市场机制的集聚和配置功能，大做"无中生有"的文章，走生产原料和销售市场"两头在外"的产业发展路子，而崛起成为区域特色产业区。

（　　）8. 商业模式画布模块中的"价值主张"是指企业通过其产品和服务所能向消费者提供的价值。

（　　）9. 中小企业集群是指以多个主导产业为核心的相关产业或某特定领域内大量相互联系的中小企业及其支持机构在该区域空间内的集合。

（　　）10. 企业集群的形成有助于中小企业之间的技术扩散与知识流动，进而为区域内部生产要素的升级创造良好的环境。

◎ 理论自测步骤

1. 学生打开浙江省高等学校在线开放课程共享平台https://www.zjooc.cn。

2. 点击"登录"按钮，选择"学生"，在对话框中分别输入"用户名""密码"后，检索"浙商文化"，加入课程。

3. 在左侧导航列表中选择"测验"，点击"专题六　商业模式"，点击"去测验"，进入测试页面。

4. 在限定时间内完成测试。测试完毕，系统自动评卷。

应用自测

◎ 总体要求

根据本章节学习的商业模式画布，选择一家企业，完成商业模式画布绘制。

🖊 第六章
应用自测

◎ 自测目标

1. 加深学生对商业模式画布的理解。

2. 让学生对9个关键模块有进一步的认识。

3. 训练学生搜集、归纳、整理信息及呈现展示的能力。

文化教程

◎ **背景资料**

通过课程学习，从客户群体、价值主张、渠道通路、客户关系、收入来源、核心资源、关键业务、重要合作、成本结构等9个关键模块入手，完成应用自测要求。

自我评价

学习成果	自我评价
我已经理解商业模式的定义	□很好 □较好 □一般 □较差 □很差
我已经掌握商业模式的典型类型	□很好 □较好 □一般 □较差 □很差
我已经了解商业模式画布和创新路径	□很好 □较好 □一般 □较差 □很差
我已经理解浙商典型的企业模式	□很好 □较好 □一般 □较差 □很差
我已经理解浙商典型的经营模式	□很好 □较好 □一般 □较差 □很差
我已经理解浙商典型的产业模式	□很好 □较好 □一般 □较差 □很差

文化教程

第七章

商业转型

引 导 语

　　在过去40多年，中国企业完成了西方企业100年的改变，浙商也已经发展成为当代中国第一大商人群体。经历了原始积累、初步成长等阶段，目前浙商正步入全面提升的发展阶段。随着国际国内环境的日趋复杂，各种各样的技术创新导致市场格局快速转变，产业结构转型升级，倒逼企业转型。近几年，关于转型的言论非常多。例如"互联网+""大数据""人工智能"……转型早已不是新鲜词，改革开放以来直至未来10年，商业转型都是一个持续的热点话题。企业只有不断改变、不断创新，创造价值，才能生存。转型不是一个阶段性的任务，而是长期的、持续的过程。本章将介绍商业新生态、浙江经济转型发展、浙商企业转型升级等内容，回顾过往，立足当下，展望未来。

学习目标

◎ 理解经济、技术、消费等商业新生态。

◎ 掌握浙江社会经济结构的变化趋势。

◎ 理解浙江市场及市场主体发展历程。

◎ 了解浙商产品层、组织层、产业层转型路径。

◎ 弘扬浙商精神，传承商战文化。

第一节　商业新生态

一、经济新常态

改革开放后40多年的高速发展，中国经济缩短了与发达国家的差距。但从总体水平上看，中国仍有许多企业始终没有摆脱模仿、抄袭、跟随的局面。自2014年开始，中国经济增速进入一个新的拐点，这个拐点的核心特征就是三期叠加。

🎥 经济新常态

（一）三期叠加

一为经济增速换挡期。维持经济中高速增长的人口红利、资源红利等动力正在变弱，经济增速逐渐告别10%的持续高增长时代，转向"七上八下"的合理区间。

二为前期刺激政策消化期。前期"四万亿"、拉动内需等大规模刺激政策的"红利"还未消化完毕，体现在房地产等资产价格泡沫过大、地方债务风险等方面。

📄 三期叠加

三为结构调整阵痛期。产能过剩、经营困难成为常态。

三期叠加的背景下，中国最高决策层认识到，中国经济必须要调整结构，转变方式，走入新常态。

📋 同步训练

目的：理解三期叠加的内容。

✏ 同步训练

（二）新常态

2014年5月，习近平总书记在河南调研时首次提出，"我国发展仍处于重要战略机遇期，我们要增强信心，从当前中国经济发展的阶段性特征出发，适应新常态，保持战略上的平常心态"。

何为新常态？"新"就是"有异于旧质"；"常态"就是时常发生的状态。新常态就是不同于以往的、相对稳定的状态。这是一种趋势性、不可逆的发展状态，意味着中国经济已进入一个与过去30多年高速增长期不同的新阶段。

新常态有以下三大特点。

第一，在速度方面，从高速增长转为中高速增长，从求量转向求质。年均经济增长速度放缓，但仍将保持7%～8%的中高速发展态势。与1978—2010年年均增长9.7%的高速增长阶段相比较，年均增长速度大概回落3～3.5百分点。但与世界其他国家或全球经济增长速度相比，这一增长速度仍处于领跑状态。

第二，在结构方面，经济结构不断优化升级，走向"质量更好，结构更优"的发展方向。中国经过前一个阶段的高速发展，资源、环境、社会保障问题的制约日趋严重，吃资源饭、环境饭、子孙饭的旧发展方式正在让位于以转型升级、提高生产率、创新驱动为主要内容的科学、可持续、包容性发展方式。

第三，在动力方面，从要素驱动、投资驱动转向创新驱动，增长动力更为多元化。经济增长结构发生变化。生产结构中的农业和制造业比重明显下降，服务业比重明显上升，服务业取代工业成为经济增长的主要动力。需求结构中的投资率明显下降，消费率明显上升，消费成为需求增长的主体；内需与外需结构发生变化，内需占比增加。

新常态的
九大特征

新常态下，政府对政治和经济生态进行了大刀阔斧的改革，包括政治上"去腐败化"、经济上"去空心化"、金融上"去杠杆化"、产业上"去产能化"，以实现"稳增长、转方式、调结构、促改革"的战略目标。

未来30年，中国经济或将进入第二个发展阶段，需要完成从模仿到超越、从制造到创造、从速度到效益的转变。对企业而言，转型升级迫在眉睫。那么，究竟如何创新？如何转型升级？ 2015年的《政府工作报告》给出了一个重要的发展方向：制定"互联网+"行动计划，推动移动互联网、云计算、大数据、物联网等与现代制造业结合，促进电子商务、工业互联网和互联网金融健康发展，引导互联网企业拓展国际市场。

🗏 同步训练

✎ 同步训练　　目的：理解新常态下的政府治理。

二、技术新高度

2016年，AlphaGo（阿尔法机器人）以4：1的总比分战胜了围棋世界冠军、职业九段棋手李世石，不仅让世人看到AlphaGo所代表的先进的技术变革，更让大家清醒地意识到人工智能对人类智能的全面挑战，其背后的商业内涵与社会意义十分深刻。

2016年的AlphaGo仅仅是开始。2017年初，拉斯维加斯CES（International Consumer Electronics Show，国际消费类电子产品展览会）成功演变为一届毫无违和感的人工智能消费展和汽车展，全世界的工程师似乎在某种力量驱动下，致力于把每一件日常用品——从耳机到汽车、从飞行器到鞋子——统统转为智能与互联的设备。相信所有目睹盛况的人都会认同：未来从未如此令人激动，技术深入日常生活的时代来临了。

技术不动声色地创造着时代议题与个体观念，不可捉摸地推动着生活更新与未来展望。特斯拉凭借在汽车界匪夷所思的激进思路让自动驾驶技术突然走到消费者身边，并触动了大部分主流车企宣布启动自动驾驶计划；硅谷创业公司Zipline开发出的第一款商用送货无人机Zips，与卢旺达政府达成合作协议，用固定翼无人机搭载药品和血浆，以每小时140千米的速度飞行并且自动投放；MIT（麻省理工学院）工程师将开发的微型机器人包裹在冰里，让病人吞服到胃中，待冰融化后机器人便可在外部磁力引导下到达病人胃部伤口，释放药物完成治疗；甚至以"思想进步、方法常规"著称的联合国，亦尝试用VR（虚拟现实）技术解决现实问题，借助VR影片讲述有关安置难民的问题。

技术新高度

这种代表着进化逻辑与技术能力融合的质变点，是技术与商业、社会、个体的交互临界关系总和。在商业文明进程中，皆以科学技术为先导，指向越来越精细的需求和广阔无边的想象力，在新技术与新需求的持续碰撞中，催生了大量改变人类生活与文明的新事物。

人类历史上有三次基于技术变革的新事物爆发期，每一次都引发了商业效率的逻辑转变、社会阶层与文化的秩序重置。第一次科技革命是以蒸汽机作为动力机被广泛使用为标志的，各种新技术、新发明交相辉映，被迅速用于工业生产，极大地促进了社会进步。第二次科技革命以发电机和电动机的发明和应用为主要标志，将社会的工业化水平提高到一个崭新的阶段，使社会生产进入电力时代。

第三次科技革命以原子能、电子计算机、空间技术和生物工程的发明和应用为主要标志，涉及信息技术、新能源技术、新材料技术、生物技术、空间技术和海洋技术等诸多领域，极大地推动了人类社会经济、政治、文化领域的变革，也深刻地影响了人类生活方式和思维方式。

同步训练

目的：理解引发新物种的技术变革。

同步训练

以想象力构画未来图景，人类的创新意识被开启，技术的迭代更新使每一次问题的解决都意味着全新的商业范式的出现，每一个审美的痛点的满足都意味着全新的生活方式的形成。这既是快手和bilibili（视频网站）崛起的原力，也是社区网络化团购和盒马鲜生的内驱动力。

如今，我们清晰地感受到人工智能技术的勃兴和发展。这种以善于利用大数据和智能技术为重要特点的新技术，或许会像当年电灯的发明一样带给世人震惊。从无人驾驶到无人机、从虚拟助手到语音识别，人工智能随处可见，改变着我们的生活。

新技术评论

而技术与数据究竟以何种逻辑驱动着技术不断变革呢？

一是技术场景化。每一种新事物都是新技术和新解决方案的糅合。必然有超出技术之外的因素创造了新事物的基因，那就是混合技术逻辑性建构的应用场景。今日头条营造"你关心的才是头条"新场景正是由大数据算法驱动而成；共享单车不仅是满足"最后1千米"的通勤需求平台，也是构成物联网的基础设施；京东电子商务技术的迭代，正是凭借人工智能技术的新效率场景的建立实现的；亚马逊推出的Dash Button，这种看似U盘的物联网购物按钮，通过小配件结合Wifi网络，切入新场景，将线上和线下购物形态结合，这也是在Amazon Books实体书店和Amazon Go无人超市之后，亚马逊又相继推出Amazon Fresh生鲜服务和混合超市的原因。类似亚马逊、阿里巴巴、京东、腾讯这样的公司，能够不断引领创新，正是因为他们具备新数据的获取能力与应用场景的建构能力，随之拥有了孵化新事物、连接新事物、改造新事物的生态价值。

二是数据主义。以大数据和人工智能为核心的众多技术集合，使世界成为一个包罗万象的数据系统，催生新的意义系统——数据主义。正如农耕社会的"神权主义"、工业社会的"人权主义"、互联网社会盛行的"个体主义"，人工智能正在创建全新的信条——数据主义。以风头正劲的自动驾驶技术为例，判断一家企业自动驾驶技术成熟与否，除判断企业芯片研发能力强弱之外，主要还需考察其接入数据的能力：福特收购众包服务商Chariot，选择与打车应用软件Lyft合作，沃尔沃与优步合作，雷诺—日产收购法国软件开发公司Sylpheo，特斯拉选择英伟达，宝马与英特尔、百度、Mobileye合作，奥迪选择与德尔福深度联姻，都是为了构筑新的数据能力。

三是新智人。人类从数据主义的意义系统中浮现，不断创造和塑造自己，并且决定哪种新技术会融入自我。2017年4月，伦敦萨奇画廊举办了一场主题为"自拍"的展览，希望让人们相信，自拍和凡·高的自画像一样可以成为艺术品，因为自我表达正在成为时尚最重要的动力，也是这个时代蓬勃的社会文化主题。直播、PS修图、短视频工具、微整、快美妆、街拍、自拍无人机，一系列美丽生态工具和新元素构成新事物的样式和自生长的勃勃生机。

消费新趋势

技术的革新和人的认知的升级作为新事物的原动力，推动经济生态持续迭代、进化和异化，新事物便不断涌现。它不仅表现为新的产品、新的技术，更表现为新的组织管理方式、新的商业模式和新的生态思维。

三、消费新趋势

（一）市场经济的四个发展阶段

市场经济有四个发展阶段：商品经济、产品经济、服务经济、体验经济。

1.商品经济阶段

商品经济阶段为市场经济的初级阶段。不同的企业生产的产品大同小异，这个阶段的主要特征是抄袭、模仿、跟进，以价格取胜。企业竞争的焦点是低成本、高质量，产品物美价廉。

2.产品经济阶段

到了产品经济阶段，企业逐步重视品牌，不同的企业意味着不同的品牌，产品开始有自己的特色、个性和差异化，竞争强度不是上升而是下降。

3.服务经济阶段

服务经济阶段企业不仅要提供好的服务令用户满意，还要打造优质的服务产品并将其当成企业利润的源泉。

4.体验经济阶段

在这一阶段，消费者在乎的是消费过程中的体验、感觉和印象，过程比结果更重要。现在越来越多的企业开始按照体验经济的思路来设计自己的产品和服务，目的就是在同质化越来越严重的今天能够通过服务和体验体现差异化。因为核心产品的差异化越来越难，不同的企业只能通过设计与众不同的客户体验，来打造品牌特色。

体验经济

（二）不同市场阶段的消费特征

不同的市场经济阶段对应的消费特征也不同。

商品经济阶段体现大众化消费。企业通过社会化大生产降低了成本，使得产品物美价廉，很多产品，尤其是耐用消费品能够进入千家万户，就像当年福特汽车大批量进入普通家庭一样，靠的就是规模经济效应。

产品经济阶段体现小众化消费。步入中产阶层的消费者不再满足于大路货，他们开始追求有个性、有特色、有品位的产品。到了这个阶段，企业要从服务大众转向服务小众，也就是说过去是"为大众服务"，将来是"为目标客户群服务"。到了小众化消费阶段，企业与企业之间的竞争关键就在于谁能够把握小众化市场的独特需求，并根据这种独特的需求来制定企业战略，并开发出相应的产品和服务。

个性化消费

服务经济和体验经济阶段体现个性化消费。当小众化消费发展到一定程度的时候，有些人就会提出更特殊的要求，小众化市场逐渐分化为个性化市场。

消费理念变革

值得注意的一个现象是，人口结构、社会阶层的变迁从根本上牵引着消费结构、消费理念的变革，从而倒逼企业在产品研发、营销推广、品牌传播和渠道布局等层面的创新转型。如手机在社会中低层的普及带来手机产业的大发展，汽车在社会中层的普及使中国成为全球汽车销量最大的市场。据媒体报道，中国正进入历史上第三个消费顶峰，与以往不同的是，这一次消费的核心人群是"80"后、"90"后。数据显示，目前"80"后、"90"后消费者达到4亿人（如果再加上"00"后，这一数字将达到5.5亿），其消费潜力巨大。

更为重要的是，这些被媒体称为新生代的年轻群体，与他们的父辈"50"后、"60"后、"70"后相比，由于成长环境不同，在价值观和消费理念上也截然不同，如表7-1所示。

表7-1 "50"后、"60"后、"70"后与"80"后、"90"后、"00"后的对比

因素	"50"后、"60"后、"70"后	"80"后、"90"后、"00"后
成长环境	物资短缺，讲求节约 单一文化 社会结构相对稳定	物资丰富，讲求享受 多元文化 社会结构急剧变化
价值观	奉献自我，为别人而活	表现自我，为自己而活
消费特征	消费保守 集体主义 相信品牌甚至迷信品牌 手机和电脑使用时长相对较少 计划性强 工作第一	超前消费 自我，小圈子文化 不盲信品牌 手机不离身，网络重度用户 跟着感觉走 娱乐至上

对传统企业尤其是消费品企业来说，如果不能跟上消费者的节奏，跟上"80"后、"90"后、"00"后的消费节奏，被市场淘汰只是时间的问题。

≡ 同步训练

目的：理解市场经济发展阶段。

✎ 同步训练

第二节 浙江经济转型发展

一、经济结构

社会经济结构是一个由许多系统构成的多层次、多因素的复合体。社会经济结构状况是衡量国家和地区经济发展水平的重要尺度。影响社会经济结构形成的因素有很多，主要有资源禀赋、生产力水平、科技进步、社会对最终产品的需求等。在社会经济结构系统中，农业、工业、服务业是最为基础的结构系统，可作为划分三大社会形态的依据，即以农业为主的农业社会、以工业为主的工业社会、以服务业为主的信息社会。这三大社会经济结构的演进，历经几千年的累进，到现代出现叠加和加速的进程。中华人民共和国成立后的70多年，正处于社会经济结构快速演进的时期。

（一）由以农业为主的一二三结构，发展到以工业为主的二三一结构，实现由农业社会到工业社会的变革

中华人民共和国成立初期，浙江是一个农业省，工业基础十分薄弱，生产工具和技术水平十分落后。1952年，全省国内生产总值24.53亿元，其中第一产业16.28亿元、第

二产业2.78亿元、第三产业产5.47亿元，三大产业结构的比重为66.4：11.3：22.3，农业比重大大超过工业和服务业的总和，而且农产品产量低、品种少，人民的温饱问题尚不能完全解决，属于不发达的农业社会。鉴于当时的历史条件和生产力水平，浙江在很长时间内把主要精力放在农业上，探索多种方式调整农村生产关系，提高农业生产力。主要包括：开展农业合作化运动，推动组建初级社并向高级社和"一大二公"的人民公社发展；实行"大办农业，大办粮食"和"以粮为纲"的方针；开展农村集市贸易，活跃农村经济；干部下乡，组织各方面力量支援农业发展；开展农村社会主义教育运动即清思想、清政治、清组织、清经济的"四清"运动；兴修水利、实施农田基本建设和"农业学大寨"等措施。直到改革开放后的很长一段时间，浙江仍把很大精力放在农业尤其是粮食生产上，强调省长要抓好"米袋子"、市长要抓好"菜篮子"工作。在这一过程中，虽说走了一些弯路，但总体上为农业的巩固和发展，保证全省人民基本生活需要，进而开启  三大产业
工业化进程打下了很好的基础。

　　浙江在高度重视和发展农业的同时，开展了对手工业和资本主义工商业的社会主义改造，调整工业和城市政策，发展起一批工矿企业、轻纺产业，并在丽水等山区腹地开展"小三线"建设等。特别是经过1953—1980年间5个"五年计划"的实施，浙江以工业为主导的第二产业得到了长足发展，在国民经济中的主导地位逐渐显露出来。其重要时间节点有1960年，当年浙江省国内生产总值第一产业、第二产业、第三产业三大产业的构成是33.7：38.4：27.9，历史上第二产业第一次超过第一产业，形成二一三的结构。但这结构还不稳固，也没有形成常态，第2年即1961年又回到一二三的产业结构，并一直延续到1976年。1977—1978年，浙江第二产业又超过第一产业，三大产业结构分别为39.2：41.5：19.3和38.1：43.2：18.7，呈二一三结构。可也好景不长，到1979年又回到一二三的产业结构。直到1980年，浙江三大产业重新调整为35.9：46.7：17.4，形成二一三的产业结构。此后，第一产业比重逐年快速下降，1985年降到30%以下，为28.9：46.3：24.8；1992年降到20%以下，为19.1：47.5：33.4；2001年降到10%以下，为9.6：51.8：38.6；2010年降到5%以下，为4.9：51.1：44.0；2018年进一步下降，为3.5：41.8：54.7。由此可见，中华人民共和国成立后到1980年的31年间，浙江基本属于以农业为主的农业社会，改革开放后才逐渐进入以工业为主的工业社会。

（二）由以工业为主的二一三和二三一结构，发展到以服务业为主的三二一结构，实现由工业社会到以服务业为主导的信息社会的变革

　　中华人民共和国成立后到1980年，经过30多年的发展，浙江进入了以第二产业为主导的经济结构全面演进时期。1983年11月，浙江省委贯彻落实党的十二大精神，明确提出了全省经济建设的战略目标是：到1990年，主要是理顺关系，提高效益，积蓄力量，实现工农业年总产值比1980年翻一番，努力做到经济、科技、社会协调发展，并为20世纪90年代的经济振兴打好基础。为此，决定在七个方面下功夫：一是继续加强农业，加快农村商品生产的发展；二是搞好工业的技术改造和调整改组，发展有浙江特色的工业经济；三是集中力量，保证以能源交通为中心的重点建设项目；四是大力发展教育和科

技事业，高度重视智力开发；五是积极开拓市场，促进商品生产和商品交换；六是严格控制人口增长，继续改善人民生活；七是适应经济建设发展的要求，有步骤地搞好经济体制改革。这里，第一次明确提出了符合浙江省情并影响深远的"发展有浙江特色的工业经济"的要求和部署，有力推动了浙江经济、科技、社会的协调发展。

从20世纪80年代起，浙江与全国一样，转入了以经济建设为中心、以城市经济改革为重点的发展轨道，大力发展交通道路等基础设施建设，促进科技、教育等社会事业大发展，房地产持续高涨，由此推动了第二、三产业的快速发展。1980年，浙江三大产业比重35.9∶46.7∶17.4的二一三构结构，到1987年，三大产业比重为26.2∶46.4∶27.4，历史上第三产业第一次超过第一产业，形成二三一的产业结构。值得注意的是，这一年，第三产业超过第一产业很稳定，没有出现反复，而且呈快速提升势头。到2014年，第三产业又超过了第二产业，比重为4.4∶47.7∶47.9，历史上第一次呈现三二一的产业结构特点，预示着浙江进入了以服务业为主导的信息社会。

（三）三次社会经济结构演进不是相互替代而是累积叠加的，目前正进入服务业加速发展和提升的时期

社会经济结构的发展演进，如同建造高楼大厦，无论大厦多高，地基始终是最重要的，而且每一层都是上一层的基础，大厦越高越需要强基固本。中华人民共和国成立70多年来，浙江经济结构先是第二产业比重超过第一产业，后来第三产业又超过第一产业，继而超过第二产业，都是建立在原有产业发展的基础上，都是社会生产力大幅提高的结果。2018年，浙江以农业为主的第一产业占比降至3.5%，但比1952年占比的66.4%有着更高的生产能力，更能满足全省人民和广阔市场对农林牧副渔产品的需求。目前，拉动浙江经济快速增长的主要是服务业，服务业的比重由1952年最低的22.3%，发展到2014年首超第二产业的47.9%，年均提高约0.4百分点，而从2014年的47.9%发展到2018年的54.7%，年均提高1.7百分点，成为支撑浙江经济发展的最大驱动力。总体上说，社会经济结构的演进不是相互替代，而是累积叠加的，农业是国民经济的基础，工业是国民经济的主导，服务业是国民经济的支撑，三者具有内在联系，相互促进，协调发展。

🔳 同步训练

✏ 同步训练　目的：理解三大产业对浙江经济增长的贡献。

二、市场主体

（一）浙江市场的起源

浙江孕育了商品市场，浙江市场催生了最早的民营经济，浙江始终是全国市场的领跑者。改革开放以来，市场成为拉动浙江经济增长的"火车头"、创业创新的"催化

剂"、行销浙货的主渠道、城乡巨变的加速器，对浙江发展做出了巨大贡献。浙江高度发达、辐射全球的市场网络，已成为推动中国产品走向世界的"浙江力量"。浙江经济兴于市场，也强在市场。经过改革开放40多年的发展，市场已经成为浙江加快产业发展、促进商贸流通、培育浙商群体、拓展发展空间、加快城市化进程的重要载体。

40多年间，浙江人打造了一个以消费品市场为基础、以专业批发市场为骨干、以生产资料和生产要素市场为支撑的市场体系。

在国人无法说清"市场"为何物的时候，浙江人就摆起了地摊，贩起了纽扣和拉链。骨子里透出的创业精神，激发出了中华人民共和国成立后的第一批专业市场。在当年的义乌、温州，一群渴望改善生活的农民，从牙缝里挤出摆摊进货的本钱，赚到了创业的"第一桶金"。他们是浙江乃至中国商品市场的真正创始者。

义乌小商品市场

1979年，浙江最早也是中国第一个小商品专业市场——永嘉桥头纽扣市场诞生，从此拉开了浙江市场发展的大幕，各类市场如雨后春笋般兴起，并逐渐形成了规模效应。

资料卡7-1

王碎奶的事迹

王碎奶，女，1946年生，浙江温州人，曾被评为温州改革开放十大风云人物、全国"三八"红旗手等。

40年前，在永嘉县桥头镇，一群在土地上艰辛生活的农民，尝试着远赴大江南北贩运小小的纽扣，并在镇里摆摊设点悄悄做起了生意。在这群冒着背上"投机倒把"黑锅风险的人中，王碎奶便是其中一员。

那是1978年的冬天，32岁的王碎奶已经是4个孩子的母亲了。年底，一条来自公社的消息，改变了她和桥头许许多多村民的命运。至今，王碎奶仍清晰地记得那次会议传出的强烈信号：中央允许个人做一些小买卖了。有人从外面背回来几麻袋纽扣，结果还没走进家门就销售一空。向来要强的王碎奶也决定试试，生平第一次走出永嘉的大山，跋山涉水找到江苏一家纽扣厂。她好说歹说，才从对方那里买回了几大麻袋纽扣。尽管中央有政策，但她心里仍然很害怕，因此只要公社干部走来，她都吓得把脸扭过去，怕被揪住当作反面典型。不到10天，她带回的货就卖得一干二净。晚上算账，她得出了一个自己不敢相信的数字，赚了100多元！要知道，那时候一个农民一年做到头，也只能挣个温饱，哪里有这么多钱。生意做大后，王碎奶还带头办起了纽扣厂。伴随着纽扣市场的兴隆，桥头人生产纽扣的机器声也渐渐响了起来，形成了浙江典型的"前店后厂"式块状经济模式。身为村妇女主任的她，致富不忘乡亲，带领和引导当地数千名农村妇女"走出灶台，走向柜台"，从小小的纽扣走向人生创业的大舞台。在20世纪八九十年代桥头纽扣市场的兴旺期，一度有3000多个经营户，销量占到全国的80%、全球的60%。

（资料来源：应焕红. 浙江市场40年［M］. 北京：社会科学文献出版社，2019.）

同步训练

目的：辨析浙江最早的小商品专业市场。

同步训练 **（二）浙江市场的发展**

依托浙江块状经济快速发展而兴起的商品交易市场，是浙江"市场大省"的重要标志之一，繁荣的市场推动了浙江区域经济发展。

1.从马路市场向商品集中交易市场转变

浙江市场发展的特征

在改革开放初期，浙江市场大多是马路市场、露天地摊方式，市场规模小、交易条件差、市场秩序混乱，而且容易导致治安、环境、交通等问题。为满足市场交易需求，各级工商行政管理部门创办或与其他部门联办商品交易市场，引导经营户进场交易，完成了从传统集市到商品交易市场的转变，更好地发挥了集市节约交易费用的作用。鉴于商品交易市场的良好效益及对地方经济的推动作用，各级政府部门、乡镇供销社、企业等纷纷筹集资金，建设商品交易市场。国务院提出"管办分离"后，2001年浙江省各级工商系统与所办市场实现了脱钩，商品交易市场的管理机制也日益企业化、规范化。

2.市场规模迅速扩大，位居全国前列

改革开放后浙江商品交易市场成长极为迅速，1978年全省有市场1051个，成交额8.6亿元，至2015年已增加到4243个，成交额20500亿元。市场在发展过程中呈现明显的集聚化、规模化态势，2015年全省10亿元以上市场有243个，100亿元以上市场有33个。在全国范围内，浙江商品交易市场在总量和规模上一直走在全国前列。2014年，浙江亿元以上商品交易市场共计766家，摊位数46.6万个，均居全国各省第一位；亿元以上商品交易市场成交额15500亿元，仅次于江苏居全国第二位，其中，零售类市场成交额2449.2亿元，居全国第一位。2015年，浙江亿元市场交易额占全国亿元市场交易额的16.1%。

3.形成了一批知名度高、影响力大的商品交易市场

2016年，在全国前100家商品交易市场中，浙江有15家。其中，中国小商品城（义乌市）、中国轻纺城（绍兴市）、中国科技五金城（永康市）、中国塑料城（余姚市）、中国轻纺原料城（绍兴市）五家市场居前25位之内。这些市场与浙江块状经济相互融合发展，成为全国细分行业的龙头市场，在全国甚至全球都有很强的影响力。

2017年末，已登记商品交易实体市场3824个，交易额为21500亿元，比上年增长5.0%。其中，10亿元级市场284个，100亿元级市场35个，1000亿元级市场2个。

4.有形市场和无形市场互促共融发展

实体市场是浙江率先发家的至宝，21世纪以来，以淘宝网、天猫网为代表的新兴网上市场纷纷在浙江破茧而出，绚丽登场。据统计，2012年，浙江实现电子商务交易额超万亿元，同比增长25%以上，居全国首位。2014年，浙江电子商务交易额已突破2万亿元，同比增长25%。2014年，全省实现网络零售额5642亿元，同比增长47.6%，总量约占全国的1/5。2018年，全省实现网络零售额16718.8亿元，同比增长25.4%。

浙江充分利用现代化信息技术，加快建立网上大市场，促进市场"二次创业"。随着专卖店、连锁店、低交易费用的仓储式平价超市、配送中心、网上交易等现代流通组织形式和营销方式的不断涌现，商品交易市场面临的竞争越来越激烈，市场的信息化建设已变得刻不容缓，并成为市场从量的扩张转向质的提高的一个"助推器"。

中国商品专业市场高峰论坛情况

同步训练

目的：理解浙江客观自然资源条件。

同步训练

（三）市场主体成长

1.浙江市场主体的发展历程

市场主体是市场经济的基础，市场主体是指在市场上从事经济活动，享有权利和承担义务的个人和组织。浙江经济的发展史也是浙商的发展史，鲁冠球、宗庆后、徐冠巨、楼忠福、南存辉、李书福、郭广昌等，这些鼎鼎大名的浙商，他们像浙江经济的发展一样，一开始并非出自名门或财大气粗。他们大多是农民，或者下岗工人，甚至是无业人员，在基本生存压力的激励下，他们从体制的边缘和缝隙里开始了自己的冒险之旅。他们靠着敢为人先、勇于开拓、创业创新闯天下的浙商精神，走

改革开放40周年浙商十大突破事件

南闯北经商、漂洋过海创业，创造了一个又一个财富神话，使"鱼米之乡"的浙江获得了"老板之乡"的美誉。与此同时，"新生代浙商"也开始崭露头角。他们或是老一代浙商子女，接棒父辈，传承历史；或是草根创业者，像白手起家的浙商第一代一样通过自己的不断打拼，走上商业舞台并成为这个舞台耀眼的新星。如鲁伟鼎、宗馥莉、楼明、童启华、黄严、孙海涛等。他们或许在"走自己的路"上备受质疑，在现实面前频繁受挫，但他们靠着非凡的努力接过一代浙商的薪火。

浙江经济40多年的发展历程，其实就是一部市场主体不断诞生、发展、提升的进化史。市场主体是经济发展的细胞，只有一个个市场主体提升发展了，经济增长才能源远流长、生生不息，才能优结构、提质量、增效益。

1.市场主体先行萌发阶段

改革开放初期，是个体私营经济突破束缚、先行萌发的一个阶段。当时，浙江农村普遍推行家庭联产承包责任制，城镇逐步突破禁区，政策放宽，个体经济开始发展，1979—1982年，全省个体户数量从8091户、8690人发展到7.90万户、8.80万人。这个阶段，是个体私营经济自发发展的阶段，一些离土农民、乡镇企业分离人员、国企退休人员等成为最早的市场主体。

2.市场主体全面发展阶段

20世纪80年代中期，个私经济开始全面发展。1983—1985年，中央连续下发了3个一号文件，要求放宽政策，扶持个体经济发展，乡镇企业、家庭工业从此蓬勃兴起。1988年6月，国务院发布《私营企业暂行条例》，使一批个体户向私营企业发展。到1992年底，全省个体工商户发展到100.26万户、155.83万人；私营企业从无到有，发展到10907户、16.94万人。这个阶段是浙江个体私营经济全面发动和鼓励发展的阶段。个体户的地位已经确立，但是私营企业还不能冒头，其他省份还在观望的时候，浙江各地则采取了"戴红帽"的做法进行全力推动，放水养鱼、放权松绑、放宽政策，进而开辟了一片新天地。很多现在知名的企业都在这个阶段诞生。比如1986年底，传化集团的前身徐冠巨家简陋的家庭作坊就正式开业，一口自家的水缸和从生产队借来的一口大铁锅成了创业的全部设备。1993—1997年，浙江省委、省政府明确提出发展个体私营经济"五个不""四个不限"的举措。"五个不"即不动摇、不攀比、不争论、不张扬、不气馁。"四个不限"即不限发展比例、不限发展速度、不限经营方式、不限经营规模，尊重群众的创业权利和自主选择，支持群众进行创业实践，大力发展个体私营经济。1993年，浙江省委、省政府专门下发了促进个私经济发展的文件《关于促进个体、私营经济健康发展的通知》，鼓励浙江个私经济发展。到1997年底，浙江全省个体工商户发展到153.23万户、256.41万人，私营企业发展到9.18万户。

3.市场主体提高发展阶段

党的十五大以后，浙江个体私营经济进入了提高发展阶段。浙江省委、省政府下发了《关于大力发展个体私营等非公有制经济的通知》，提出要让个体私营经营者经济上有实惠、社会上有地位、政治上有荣誉、事业上有作为，要使个体私营经济成长壮大。1998年初，浙江省委、省政府专门召开全省个体私营经济工作电视电话会议，浙江省个体私营经济呈现出大发展的态势。自此以后，浙江省个体私营经济呈现出发展速度加快、规模实力增强、外向拓展强劲的良好态势。个体私营经济工业总产值年均增长25.7%，注册资本金年均增长30.6%。2001年，全省有个体工商户172.7万户，私营企业35.9万家，个体私营企业注册资本金达5768.4亿元，分别比"九五"期末增长8.7%、100.8%和277.8%。

4.市场主体转型提升阶段

进入21世纪后，浙江个体私营经济转型提升成了新的主题。2004年，浙江省委、省政府下发《关于推动民营经济新飞跃的若干意见》，召开了大规模的全省民营经济工作会议，在全社会广泛营造发展民营经济的良好氛围。各级党委、政府都出台了内容更加具体、措施更加实在、操作更加方便的政策措施，在法律、法规范围内为个体私营经济配送"政策套餐"。浙江省工商局等部门从放宽准入条件、降低创业门槛、减轻创业负担，支持民营企业做大做强方面入手，专门出台了20条举措，包括：对农民专业合作社免收注册登记费，取消对农民专业合作社的年度检验费；对下岗失业人员、失地失海农民、大学生从事个体经营的，3年内免收注册登记费、工商管理费等。

到2007年，浙江省有个体工商户181.4万户，私营企业45.2万家，个体私营企业注册资本金达9201.3亿元，分别比2002年末增长18.6%、83.0%和327.0%。2002年，非公有制经济生产总值4906亿元，占全省GDP比重为61.3%，2006年，非公有制经济生产总值达11246亿元，占全省GDP的比重为71.4%。

党的十八大以后，个体私营经济迎来提升发展期。为此，浙江一方面"抓大"，着力发展一批产业带动力强、辐射效应大、具有较强核心竞争力的骨干企业、知名企业；另一方面，立足"活小"，努力搞活个体经济和中小微企业。并且把市场主体提升发展作为建立经济发展内生增长机制的充要条件及经济转型升级的必由之路。

由于浙江是"千家万户"式的草根经济，很大一部分是个体户、小作坊、小企业，创业初期"船小好调头"、适应力强，很有优势，但产业层次不高、转型升级不快、创业动力不足的问题日益凸显，过度依赖低端市场、低水平制造、低成本扩张的粗放经营已难以为继。因此，只有占全部市场主体绝大部分的个体户和小微企业转型提升，经济转型升级才能得以实现。

从市场结构来看，企业作为现代市场主体，应占主导，个体户是辅助，理想形态是"橄榄"形，即大企业、个体户两头占比小，中小企业占比大。截至2012年底，浙江全省有个体工商户250万户，小微企业57万家，占市场主体总数的70%以上，小微企业占企业总数的97%以上。相比而言，个体经济及小微企业转型提升可谓迫在眉睫。数据显示，2012年，浙江全省有2888户个体户转型为企业，2013年1—4月，已有13752户个体户顺利实现"换帽子"。

浙江市场主体成长的特点

在诸暨大唐镇，随着环境保护和市场需求的升级，3000多家"低小散"企业相继被淘汰，当地政府适时建起了一个融合袜业研究院、众创空间、大数据中心等时尚元素的"袜艺特色小镇"。在民营经济总量占比超过六成的浙江，民企"新"则经济"新"。随着经济社会发展进入新常态，浙江省高端产业集聚区、特色小镇等新型平台应时而"生"，引领草根浙商和传统块状经济在产品创新、商业模式创新、发展方式创新中深耕，"腾笼换鸟"之路越走越宽。生产汽车零部件的万向集团进军新能源汽车制造业，做电梯部件起家的西子联合控股公司成为空客、波音等五大航空巨头的供应商，生产液体洗涤剂的传化集团构建起一个覆盖20多个省份的"中国公路物流网络运营系统"。杭州市通过打造高新技术产业园和海外高层次人才创新园两个平台，培育出了一个互联网业、软件业等新兴产业矩阵。全球网络安全500强企业杭州安恒信息技术有限公司连续三年产值增幅都在50%以上。传统民企求新求变，新兴产业异军突起，浙江经济创新驱动成效凸显。2016年全省规模以上工业企业实现利润4323亿元，增长16.1%，增速比上年提高了11.1百分点，其中70%以上的盈利来自以民营经济为主体的新产业、新产品、新业态。

（四）浙江市场主体快速发展的原因

1.浙江商事制度改革继续深化

一直以来，浙江把工商登记制度改革作为释放制度红利、促进转型升级的重要举措

来推进。国务院实施商事制度改革后，浙江把商事制度改革作为全面深化改革的先手棋来抓，作为推动"大众创业、万众创新"的重要举措来推进。从改革路径和目标看，商事制度改革从工商登记便利化入手，核心是市场监管方式的变革，由门槛式审批监管向市场主体自治自律、社会共治和政府适当监管的方式转变，最后落脚到实现市场主体充满活力、市场要素竞相迸发的发展环境营建。浙江把商事制度改革作为深化改革、简政放权的着力点，努力破除各种约束企业健康发展的体制机制障碍。立足经济转型升级，把促进市场主体健康发展作为商事制度改革的落脚点。商事制度改革不仅要做好"放"和"管"的文章，更要做好"扶"的文章。多年来，浙江市场主体发展迅速，但在新时期面临转型升级、提升发展的压力。

自2014年初浙江启动以降低商事主体登记注册门槛为核心的商事登记制度以来，新政极大地激发了市场活力和创业热情。在总结基层试点改革经验的基础上，浙江于2015年6月率先在全省推广"五证合一"登记制度，为全面实现"一照一码"奠定基础。2015年，浙江率先在全省全面实行营业执照、组织机构代码证、税务登记证、社会保险登记证和统计登记证"五证合一"登记制度，将能合并的证"一网打尽"，五本证照减到一本。

2015年底，浙江省共颁发"五证合一"营业执照近20万户，其中新登记企业6.6万户。浙江工商部门坚持"能合则合、能放则放、能快则快、能简则简"的原则，持续深化商事制度改革，着力破除各种约束企业健康发展的体制机制障碍。除了"五证合一"之外，网上名称查重、企业简易注销等一系列改革举措的有效实施简化了审批程序，压缩了办照时间，降低了企业成本。

2. "最多跑一次"改革

2017年8月，浙江省工商全程电子化登记平台于浙江全省上线，标志着浙江工商登记注册真正进入"网上申报、网上受理、网上审核、网上发照、电子归档"的"无纸化"时代，为浙江省"最多跑一次"改革注入改革新动能。同时，第三批"最多跑一次"工商办事事项公布。至此，工商办事事项100%可以实现"最多跑一次"。

早在2017年4月，浙江省已推出"全程电子化登记平台"，但仅涵盖网上申报、网上受理、网上审核功能。而此次上线的"无纸化"申报功能，不仅攻克电子化登记设立、变更、注销功能的开发难点，同时也新增三项"身份认证、电子签章、电子归档"电子化登记的关键功能。随着全程电子化登记平台上线，申请人可依托浙江政务服务网用户体系完成身份比对，并根据系统推送短信在线完成手写签名，且一次签署可覆盖所有材料。同时可通过痕迹保存、证据保存等配套建设确保签名防篡改、防抵赖。此外，申请人无须再提交纸质申请材料，系统将自动归档电子档案，真正实现"无纸化"登记。工商登记办理完毕后，浙江省工商全程电子化登记平台将自动发送短信通知，企业可到窗口领取纸质营业执照，也可要求邮政快递送达，实现足不出户完成办理。同时，该平台还将向企业法定代表人同时发放电子营业执照，该执照将与纸质版具有同等法律效力，以后外出谈业务，无须再随身携带纸质执照。自此，工商全程电子化登记在各类企业、个体工商户的所有办事环节均得到了实现，不仅真正做到了浙江省所有登记机关、企业类型、登记环节的全覆盖，也突破了时空限制，完成工商登记服务从8小时向24小时、从"窗口"办理到"全球"办理的延伸。

3.创新驱动加快推进

浙江大力实施创新驱动发展战略，加快推进大众创业、万众创新，建立了省级产业转型升级基金，组织实施了"互联网+"重大工程包及试点项目。杭州未来科技城和阿里巴巴集团分别入选国家首批"双创"示范基地和企业"双创"示范基地，一批特色小镇和创客空间成为推进"双创"的主阵地。随着浙江省创业环境不断优化，创业活力不断迸发，越来越多的人走上自主创业道路，有效推动了经济发展和就业增长。围绕创业者"想创业没有钱，有项目心里没有底，想提升创业能力没人帮，创业失败没人管"四个方面的实际问题，浙江省制定出台了创业担保贷款、创业培训、网络创业认定等相关文件，形成了具有浙江特色的政策体系。浙江省"双创"工作呈现出蓬勃发展的良好态势，已成为扩大就业规模、促进经济发展的新动力。

浙江省人力资源和社会保障厅数据资料显示，随着浙江省创业环境不断优化，创业活力不断迸发，越来越多的人走上了自主创业的道路，有效推动了经济发展和就业增长。截至2017年2月，浙江市场主体总量已超过500多万户，每万人市场主体拥有量逼近千户。2016年浙江省全年发放创业担保贷款超过11亿元、贴息达6000多万元。同时，实行创业培训补贴、创业带动就业补贴、优秀创业项目奖励等多种补贴项目，合计发放7470.96万元，使3万多人受惠。2016年，浙江省大学生创业园总数达到193个，在园企业总数达1.45万家，提供就业岗位近10万个。目前，浙江省已建成国家级创业孵化示范基地4家，省级创业孵化示范基地37家，各类创业园390个。未来，浙江省将探索建立创业引导基金，重点推进农村电商创业和重点群体创业。

4.民间投资市场准入进一步放宽

加快推广PPP（public-private partnership，政府—社会资本合作）模式，引导民间投资进入基础设施等公共服务领域。杭州市地铁5号线、6号线工程等一批项目实现了PPP合作。宁波市组建了PPP投资基金，2019年前5个月安排实施PPP项目30多个。

又如，温岭市力推三项措施，助推市场主体加快发展。一是扶持企业科技创新。积极扶持本地鞋业装备制造业发展，开展鞋业装备首台（套）产品认定，对评为市级首台（套）产品给予一定的补助。积极筹集鞋业"机器换人"财政扶持资金800万元，并引入竞争性机制分配财政资金，资金重点向经竞争被确认为优胜项目的制鞋行业"机器换人"试点企业倾斜。二是引入市场化运作模式。加快设立规模10亿元的政府产业基金，引入市场化运作模式，带动社会资本、金融资本投向对该市工业经济发展具有带动、示范作用的高科技、高成长项目，主要包括泵与电机、汽摩配、机床工具、塑料建材、水产加工、船舶等8大传统产业和电子信息等战略性新兴产业，以及农业、农村发展及文化创意等重点领域，推动企业创业创新和产业转型升级。三是深入实施开放攻坚行动。积极落实财政扶持资金1200万元，加大支持参展补助力度，对企业参加市重点支持展会的摊位费给予50%的补助，最高不超过20万元；继续实行出口额300万美元以下的小微企业整体参加出口信用保险，政府全额买单；鼓励做大出口规模，对当年自营出口额300万美元以上企业，以当年全市自营出口增幅平均值为基数，超过10百分点以上的增量部分每1美元奖励0.02元。

5.科学管理和动态管理

基于对市场主体的尊重和重视，浙江省出台了《浙江省市场主体信息报告》，既为决策部门全面掌握全省市场主体发展动态和趋势，制定相关经济决策提供参考，又为各类市场主体进行理性投资提供权威指引，也为全社会了解市场主体情况提供一个非常好的窗口。《浙江省市场主体信息报告》是全国首部市场主体信息报告。与此同时，浙江省市场主体信息智能分析系统初步建成。浙江省市场监督管理部门在系统信息化建设的基础上，全面整合利用全省现有市场主体信息，变零散的数据为有效的信息，依托数据挖掘及分析技术，初步建成全省市场主体信息智能分析系统。通过数据说话，对市场主体信息进行多维度、纵深化分析，这在全国是首创。除了信息的全覆盖特性外，建成的浙江省市场主体信息智能分析系统可以实时分析全省最新的市场主体信息。《浙江省市场主体信息报告》勾勒出浙江省市场主体的发展轨迹，并从不同角度真实反映当前浙江省市场主体的客观现状。该报告是基于全省工商经济户口数据库的数据得出的结论，相对于社会上很多报告基于抽样数据得出结论的做法，其全覆盖、实时的特性更加具有权威性、准确性和指导性。

推动市场
主体的转
型升级

同步训练

目的：理解浙江市场主体快速发展的原因。

同步训练

三、发展质量

中华人民共和国成立70多年来，勤劳智慧的浙江人民自强不息、勇于创新，抓住机遇加快发展，坚定不移地发展中国特色社会主义市场经济，经济建设取得巨大成就，实现了从经济小省到经济大省的历史转变。特别是改革开放以来，浙江先是凭借体制创新的先发优势，实现了从农业主导经济向工业化经济的转变，成为全国发展速度最快的地区之一。随后在改革发展的关键时期，浙江以"八八战略"为总纲，适应经济发展新常态，率先推进经济转型升级和高质量发展，成功实现从传统的工业化经济向现代服务型、创新型、数字经济的转变，实现从粗放型增长向高质量发展迈进。

（一）总量迅速增长，综合实力不断增强

1949年，浙江省GDP（gross domestic product，国内生产总值）只有14.98亿元，人均GDP仅为72元。1978年GDP总量为123.72亿元，1991年跨上千亿元台阶，2004年突破

万亿元大关，到2018年浙江省GDP总量达到56197亿元。按可比价计算，比1952年增长379倍，年均增长9.4%，高于全国同期1.3百分点。特别是改革开放40多年来，年均增长率更是达到11.9%，高于全国同期2.5百分点，成为经济增长最快和最有活力的地区之一，GDP总量在全国的位次由改革开放初的第12位上升到1994年的第4位并保持至今。同时，反映经济发展水平和质量的人均GDP也迅速提高。2018年全省人均GDP为98643元（约14907美元），居全国第5位。按可比价格计算，2018年人均GDP比1952年增长144倍，年均增长7.8%；比1978年增长58倍，年均增长10.8%，大大快于全国平均水平。经济的快速增长，增强了浙江的综合实力，提高了人民的生活水平，使浙江经济在全国的地位和影响力迅速上升。

（二）产业结构优化升级，结构调整成效显著

与迅速增长的经济总量相对应，浙江的产业结构经历了从低层次逐渐优化升级，从落后的农业经济向先进的工业经济、数字经济转化的过程，三大产业增加值比例由1949年的68.5∶8.0∶23.5调整为2018年的3.5∶41.8∶54.7。在不同的经济发展阶段，生产力发展积聚的内生动力结合人民生活水平提高形成的外在需求，共同推动产业结构演化发展，不断优化升级。

中华人民共和国成立初期到20世纪70年代末，这一阶段产业结构变动的特点是第二产业发展较快，占GDP的比重迅速上升。中华人民共和国成立后较长一段时期内，浙江省处于建立和发展计划经济体制下的工业化初期，集中力量进行工业化建设，1953—1978年，GDP年均增长5.7%，同期工业增加值年均增速达到11.2%。1978年三大产业的比例调整为38.1∶43.2∶18.7，但与全国和其他省份比较，浙江农业比重比全国高出不少，仍属于典型的农业省份，产业结构的层次较低。

从20世纪80年代到21世纪初，在改革开放政策推动下，浙江率先走上了以制度创新为主导的市场化改革之路，经济发展的动力十分强劲。1979—2002年，第二产业增加值年均增长16.5%，引领全省GDP以年均13.1%的速度增长；同时随着人们生活水平的改善和提高，对服务业的需求大大增加，第三产业迅速起步，年均增长13.7%。2002年，三大产业比例调整为8.6∶51.1∶40.3，第一产业占GDP的比重降低到10%以下，第二、三产业比重稳步提高，逐步形成二三一的产业结构。

2003年以来，在"八八战略"的指引下，浙江经济发展越来越注重发展质量的提高和经济结构的优化。尤其是第三产业迅猛发展，2003—2018年，第三产业增加值年均增长11.6%，比同期GDP年均增速高1.4百分点。2014年，第三产业增加值首次超过第二产业；2016年，第三产业比重超过50%；2018年，第三产业对经济增长贡献率提升至56.2%，对经济的拉动作用越来越强。三大产业增加值比例为3.5∶41.8∶54.7，已形成三二一的现代化产业格局，进入到现代服务业引领高质量发展新阶段。

从高质量发展看经济转型升级浙江路径

在这一新阶段，随着数字技术与各产业的融合和创新，新兴产业蓬勃发展，新动能不断累积增强。2018年，浙江省新产业、新经济、新商业"三新"经济增加值约1.4万亿元，占GDP的24.9%，比重比上年同期提高0.8百分点。按现价计算的"三新"经

济增加值增速为11.9%，比GDP现价增速高3.3百分点，对经济增长贡献率达33.5%。浙江省数字经济核心产业增加值5548亿元，占比为9.9%，对经济现价增长的贡献率达14.5%。2014—2018年，数字经济核心产业增加值现价年均增长16.4%，占GDP的比重年均提高0.7百分点，数字经济产业和数字经济融合应用日益成为推动全省经济增长的重要引擎。

（三）需求结构积极变化，消费投资协调发展

从三大需求发展历程看，浙江经济的增长经历了由主要依靠消费转向投资拉动，再转向消费、投资、出口协同拉动的过程。

改革开放之前，浙江社会经济发展并非一帆风顺，高度集中的经济体制束缚了生产力的发展。在高消耗、低质量的粗放增长方式下，投资的波动十分明显，对经济的拉动作用也比较有限，经济发展缓慢。

改革开放初期，随着经济体制改革的逐步深入，城乡居民的生产积极性得到极大调动，收入水平得到了迅速提高，加上浙江省以轻型加工业为主的产业特点和鼓励消费的政策引导，大大激发了居民的消费热情。1979—1984年，浙江省最终消费支出年均增长15.1%，高于同期GDP年均增长速度1.4百分点，对GDP增长的拉动率高达61.8%，高出资本形成总额26.8百分点，占据绝对主导地位。伴随着工业化和现代化建设进程加快，投资需求大大增强，1985—2000年，资本形成总额年均增长16.3%，高于同期GDP增幅3.3百分点。资本形成总额对GDP增长的拉动率为59.1%，高于消费18.8百分点，投资需求对浙江省经济增长的拉动起到了主导作用。2001年之后，宏观经济政策以坚持扩大内需尤其是把扩大消费作为主要着力点，浙江经济持续稳定发展，投资和消费拉动作用进一步趋于协调。2001—2017年，资本形成总额和最终消费支出对经济增长的贡献率分别为53.8%和45.1%。

党的十八大以来，浙江经济发展的稳定性和可持续性大大增强。2017年浙江最终消费支出25479亿元，同比增长9.2%；资本形成总额22764亿元，同比增长5.2%；货物和服务净流出为3525亿元，同比增长15.7%。最终消费率逐年提高，2017年为49.2%，高于资本形成率5.2百分点，创2003年以来新高，逐步呈现出消费、投资、出口协同拉动经济增长的局面。

（四）所有制结构深刻调整，体制机制凸显优势

浙江是中国改革开放先行地，率先推进市场取向改革，形成了国有经济和民营经济相得益彰的先发性优势。从高度集中的计划经济体制到活力迸发的多种所有制经济共同发展，展现了浙江的成功蜕变。

中华人民共和国成立之后到改革开放之前，我国建立了高度集中的计划经济体制，浙江也不例外。1978年，浙江省GDP中由公有制经济创造的增加值占94.3%，在工业增加值中，公有制经济占100%。

1978年，党的十一届三中全会做出改革开放的历史性决策，浙江人民也开始了经济体制改革的伟大征程，并取得了先发优势。在经历了十余年的改革启动和探索后，1992

年开始构建市场经济体制，浙江民营经济蓬勃发展。2000年与1991年相比，工商登记注册的个体工商户和私营企业分别由100.3万户和1.1万家增至158.9万户和17.9万家，从业人员由155.8万人和16.9万人增至272.4万人和300.5万人，注册资金由40亿元和7.3亿元增至300.6亿元和1226.0亿元。

进入21世纪之后，浙江逐步完善社会主义市场经济体制。特别是十八大以来，进入了全面深化改革构建现代化经济体系的新阶段。在体制机制创新引领下，浙江省形成了国有经济优、民营经济活、多种所有制经济共同发展的格局，各种经济成分优势作用得到有效发挥，推动着浙江经济率先转入高质量发展轨道。

外贸外资外经"三外"联动

国有经济优化发展，在重要行业和关键领域占主导地位。改革开放以来，浙江国有经济的比重有所下降，但仍有了长足发展，特别是2003年"八八战略"实施以来，国有经济不断优化整合，始终保持稳定发展态势，在重要行业和关键领域具有较强的带动力和控制力。2017年，国有经济创造增加值10675亿元，占GDP的比重为20.6%，国有经济总量是1978年的223倍，1979—2017年，按现价计算（下同）的国有经济增加值年均增长14.9%。其中2013—2017年，国有经济年均增长9.5%，比GDP年均增速高1.1百分点，在经济发展提质换挡的新时期，国有经济发挥了极其重要的稳定和主导作用。

民营经济快速发展，成为浙江经济最亮丽的金名片。2017年，民营经济创造增加值33831亿元，占GDP的65.4%。其中个体私营经济的发展尤为突出，1979—2017年个体私营经济增加值年均增长24.1%，比GDP年均增速高7.4百分点，个体私营经济占GDP的比重从1978年微不足道的5.7%提高到2017年的61.0%，已成为民营经济发展的主力和推动浙江经济持续发展的重要引擎，在国民经济的各个领域均发挥着重要作用。

浙江民营经济的特点主要有如下四点。一是民间投资活跃。2018年，民间投资占固定资产投资总额的比重为63.1%，比2003年提高14.4百分点，超过国有及国有控股、其他经济类型企业投资，是拉动投资增长的主要力量。二是民营经济成为税收收入的重要来源。2018年浙江税收收入的73.3%来自民营经济，比上年同期提高1.7百分点。三是民营经济成为外贸出口的主力。2018年民营经济出口占浙江省出口总额的78.0%，比2002年提高47.9百分点，在对外经济方面起着至关重要的作用。四是民营企业综合实力居全国前列。在2018年公布的中国民营企业500强中，浙江有93家上榜，连续20年居全国第一。

同步训练

目的：理解民营经济在浙江的地位。

同步训练

第三节　浙商企业转型升级

一、产品层转型

企业转型
的重要性

　　宏碁集团的施振荣，在20世纪90年代创造了"微笑曲线"理论。在
"微笑曲线"的左上端，是以研发、设计、创意、技术为主导的环节，这
些环节的利润很高，往下走是产品的初加工、二次加工等环节，这些环
节的利润在下降；在"微笑曲线"的右上端，是以品牌、营销、服务等
要素为主导的环节，这些环节的利润也很高，往下走是简单的贴牌生产
等环节，这些环节的利润在下降。左右两边最后交汇在"微笑曲线"的
弧底部分，就是以成品装配和低端产品为主的制造业，如图7-1所示。

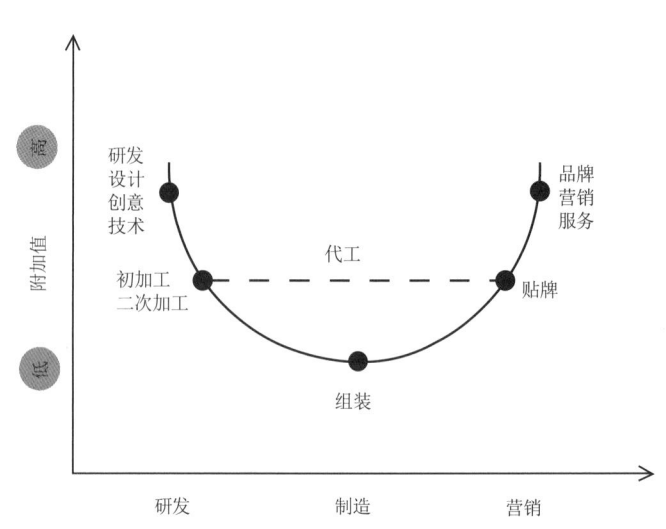

图 7-1　微笑曲线示意

　　大部分浙江制造企业显然就是处于这个弧底的位置，要么在为国际品牌做贴牌生
产，要么就是在制造低端产品。因此，对于浙商来说，要实现转型，相对而言，短期内
风险较小的方式是在产品层次上进行转型，从"微笑曲线"的弧底向两边移动，在稳住
原有产品和市场的基础上，谋求产品从简单加工向自主创新转型、从贴牌生产向自主营
销转型、从粗放型生产向集约型生产转型。

（一）从简单加工向自主创新转型

　　长期以来，许多浙商靠简单的加工贸易获得了快速的发展，浙江也从资源小省成为

制造大省，形成了有鲜明特色的加工经济。然而，仅靠简单加工生产的产品没有技术含量，没有自己的核心竞争力，没有议价谈判能力，就会受上下游企业的控制。那么，企业获得的利润微乎其微，生存模式非常脆弱，一大批简单加工企业在金融危机中倒下。内外部环境的压力和企业谋求长期生存发展的动力使浙商开始从简单加工产品向自主创新产品转型，加大研发投入，提高研发、设计、创新能力，增强自主知识产权。

产品层转型路径

当前，浙商自主创新的典型形式是投入资金以建立自己的研发中心或设计队伍、改进生产工艺、开发新技术、创造新产品，实现自主研发。比如，万向集团将每年利润的80%都投入到研发中；2008年下半年，万丰奥特控股集团（以下简称万丰奥特）加快了美国、英国、日本等海外研发中心的建设，并聘请了多名国际专家根据市场需求在最短时间内推出新产品；温州的伯特利集团，到2006年研发投入已经占到销售收入的5%，约1800万元。

简单加工向自主创新转型

重视研发投入和提高自主设计能力不仅使企业在危机中顺利地存活下来，而且带来了可观的经济效益、市场效益。万丰奥特控股集团董事长陈爱莲说，调整成功得益于科技创新。宝马公司有个产品，技术上要求壁厚不能超过2.5毫米，连德国、意大利等国家的知名大企业都望而却步，但万丰奥特硬是攻下了技术难关，提升了产品档次，赢得了国际市场的青睐。作为国内地板行业的佼佼者，世友地板将科技创新作为实现企业可持续发展的主要手段，先后开发了具有自主知识产权的"超耐磨钛晶面地板"、"抗地热实木地板"和"户外景观木"等新产品。正是由于企业自主创新能力的不断提升，世友木业才能在行业景气度整体下滑的态势下获得销售收入稳定增长，品牌知名度、客户满意度、市场占有率稳步提升的良好发展态势。

资料卡7-2

万丰奥特：底气来源于自主创新

在万丰奥特控股集团的公司官网上，"科技创新"作为一个重点板块被推上了首页。"科技创新是企业发展的永恒主题，是企业兴旺发展的不竭动力，也是企业永葆生机的源泉。"正如企业的创新理念一样，万丰奥特的底气来源于它不断的自我创新。

作为中国汽车零部件行业的领军企业，万丰奥特的自主创新在行业内独树一帜。有这样一组资料：在万丰奥特成立的十几年内，仅专利就多达几百项，新产品开发有280项之多，并相继搭建了国家级技术中心、院士工作站、留学生创业园等高端的科研平台。

万丰奥特

业界对"万丰速度"惊叹不已，一向低调而务实的陈爱莲言语简单而朴实："如果用两个字来概括万丰奥特履历的话，就是创新！"谦逊的言辞中仍然难掩一种由内而外的自豪。确如陈爱莲所言，回顾万丰奥特的发展历程，自主创新在其中所占的分量尤为突出。特别是自1997年陈爱莲明确提出了"科技创新是企业发展的永恒主题"后，自主创新更成了保障万丰奥特持续发展的不竭动力。

我们不难想象，一路走来，万丰奥特之所以能够与美国通用、福特，德国大众，日本丰田，韩国现代等一系列国际巨头结为合作伙伴，最根本的原因还是万丰奥特自身的实力与品质。而这一切的背后，自然又与"自主创新"密不可分。所以，凭借着对研发、创新的坚持不渝和扎实推进，此时的万丰奥特绝非彼时起步期的万丰奥特了，正如那句老话——实力决定话语权。

在全球经济的影响与推动下，各行各业都面临着新的整合与竞争，发展的结局无非是"壮大亡小"——有竞争实力的优秀企业通过整合，进一步壮大；而缺乏竞争实力的一批中小企业，只能归于消亡。不过，从长远来看，这其实是产业发展所传递出的一种由成长迈向成熟的信号。

具体到中国的零部件产业，陈爱莲认为，若想让企业从成长走向成熟，关键在于一个"走"字，即不能仅仅满足于有多大规模、多少产出，而是应通过走自主创新的道路，培育出更强的国际竞争能力。以万丰奥特为例，目前的工作重点就是要通过整合与提升尽快推进"四个转型"，即向节能环保型转变，向设计服务型转变，向技术输出型转变，向文化输出型转变。

在陈爱莲看来，这"四个转型"，不仅是我国零部件企业转变发展方式的长远之路与必由之径，同时更是万丰奥特的腾飞动力。

（资料来源：胡祖光，叶建华，吕福新.浙商模式创新经典案例［M］.杭州：浙江人民出版社，2013.）

（二）从贴牌生产向自主营销转型

对于浙商在产品层次上的转型，另外一个方向是自主营销。以往许多浙商只顾低头生产，不管市场和营销，导致在市场竞争中既没有议价能力，也无法获得市场的动态信息以及时调整经营。典型的表现是，浙江虽是制造大省，却不是品牌大省。一味地做别人品牌的加工企业，虽然在一定程度上能够完成相当的原始积累，但在市场运作上却一直受制于人。因为在这个崇尚品牌的时代，没有品牌标签的产品在市场上将寸步难行。当浙商逐步意识到这点时，便开始通过自创品牌和收购品牌这两种方式推进从贴牌生产向自主营销的转型。

一是自创品牌。通过建立自己的销售队伍、销售渠道，打响品牌，占有市场。这种转型需要较大的投入、较长的周期，对企业各方面的掌控能力要求较高，但能给企业形成持久的核心竞争力，带来丰厚的利润。民生药业认为"市场经济也是品牌经济，品牌才能带来持续的流量"。早在1981年，民生药厂（民生药业前身）就成立科研小组，开始研发21金维他。1984年，21金维他面市。为了提高销量，民生药业实施了跳跃式发展战略，核心是以多维元素类产品"21金维他"为代表的品牌战略——首先，斥资2000多万元对产品质量标准加以改进和完善，实现21种成分全检，与国际质量标准接轨，并被《中国药典》作为多维元素类产品的质量标准；其次，开始广告营销模式。比如登陆央视广告，牵手京东登陆春晚，联手Keep玩跨界，也多次出现在电视剧的广告植入中。

通过独特而创新的营销手段，"21金维他"品牌深入人心。

二是收购品牌，即通过收购国内外已经有一定知名度的品牌，利用已有的销售网络，进行自主营销，取得市场话语权。这种方式的转型时间短、见效快，但也存在原有销售人员、营销渠道的整合问题。万向集团在2000年收购美国舍勒公司以前，曾经为这家公司贴牌生产了十几年；收购舍勒公司后，万向集团大胆吸纳该公司的整个销售网，利用当地的资源，逐步建立自己的市场体系，直接面对客户，不断地收集与研究客户需求，保持与终端客户的联系，把握消费者的需求变化。2016年，杭州锦江集团有限公司以13.35亿美元收购印尼铝矾土资源企业，成立锦江铝业（印尼）有限公司。2017年，吉利集团收购DRB旗下宝腾汽车49.9%的股份及豪华跑车品牌路特斯（Lotus）51%的股份，吉利集团成为宝腾汽车的独家外资战略合作伙伴。2018年2月，吉利集团已通过旗下海外资金主体收购戴姆勒股份公司（Daimler AG）9.69%具有表决权的股份，这使得吉利集团成为戴姆勒集团的最大单一股东。2018年2月，顾家家居子公司以3.2亿元收购德国软体家具品牌罗福宾士（Rolf Benz）。

贴牌生产向自主营销转型

（三）从粗放型生产向集约型生产转型

企业是社会发展的细胞，企业的发展必须符合社会发展的客观要求。酸雨、全球变暖、沙尘、大气与水污染、森林面积锐减、物种灭绝、水土流失、洪水泛滥、干旱与荒漠化及城市垃圾等日益严重的环境问题，已威胁到人类自身的生存与可持续发展。因此，对企业来说，最突出的要求是从粗放型发展向集约型发展转型。对浙商来说，粗放型增长的特点尤为明显，产品生产能耗高、污染重、效益低。浙江是资源小省，在低碳经济呼声越来越高涨的背景下，浙商要想做到家业常青，也必须在这方面逐步转型。

以往强调集约生产，主要将精力放在产品生产环节的改进上，其实粗放型生产到集约型生产的转型包括产品的研发设计、生产、营销等环节。如果在研发设计的时候考虑到生产或使用产品时的能耗和环保问题，就能从源头上降低产品生产或使用过程中的能耗和污染。只有这样的自主创新才是现实可行和有竞争力的创新，也必将给企业带来超额利润。生产环节的集约包括改进生产工艺、提高技术、减少资源的消耗量和污染物的排放量，对污染物进行治理等。营销环节的集约是指在选取各种营销策略的时候，将节约资源和保护环境作为重要的参考标准，如各种宣传推广活动中多利用可回收的器材，减少非环保产品等的使用。

升华集团控股有限公司（以下简称升华集团）是保护环境的典型代表。该集团放弃了市场前景很好的5万吨新闻纸的生产项目，建立了自己的污水处理站，还为帮助周边小企业和镇里的居民处理污水，花费数千万元建起了日处理能力达到8000吨的综合污水处理厂。升华集团在排污方面的处理费，一年就要千万元以上。

企业在产品研发设计、生产、营销等方面向集约型转型既能降低企业的生产成本、减少资源环境和相关法律的束缚，也能在消费者心目中树立良好的企业形象，是浙商顺应整个经济发展趋势的表现。

同步训练

目的：理解产品层转型路径。

同步训练

二、组织层优化

（一）从机会主义向战略主义转型

战略管理理论存在两种典型的针锋相对的战略思维：一种观点倡导机会主义，认为企业无须也无法制订长远的战略规划、实施有效的战略管理，唯有适时追踪环境动态，方能适时识别盈利机会，实现持续成长；另一种观点倡导战略主义，认为企业可以基于自身的资源能力条件，结合外部环境分析，制订战略规划，实施有效的战略管理，进而实现持续成长。然而，这两种观点本质上是不矛盾的，只是两者适用的外部环境条件不同，前者更加适用于高度复杂、极具动态的环境，后者更加适用于相对简单稳定的环境。以往浙商主要是机会主义导向的，即哪里有机会浙商就去哪里。借助机会主义，浙商有效地捕捉到了改革开放过程中瞬间即逝的大量商机，有效地适应了复杂动态的环境，实现了原始积累并获得了阶段性成长。然而，这也使部分浙商陷入了缺失方向的局面，形成"短期利益驱动"的思维习惯，错失做大做强某一产业的机会，同时导致浙商之间过度地同质低层次竞争，造成社会资源浪费。随着我国改革开放的逐步深入，企业运行的制度环境、法律环境等逐步完善和趋于稳定，各种市场的成熟度逐渐提高，浙商在战略思维上也逐步由机会主义转向战略主义。在《浙商》杂志主办的"改革开放30年浙商之得失"座谈会上，来自温州的虎牌控股董事长虞成华坦言，"我们这一代起家靠机会主义"，但同时他也承认，单纯地依靠抓机遇，已经不适应现在的市场要求。

即使在最近几年，机会主义的战略思维还在深深地影响着部分浙商的经营决策。全国各地掀起的一股股投机热潮（"炒房团""炒煤团"）就是明证。最多的时候，红蜻蜓集团涉足房地产、百货、金融、教育、服装等多个领域。尽管在2005年，董事长钱金波提出了回归主业的计划，但业内人士称，红蜻蜓集团已经错失了做大主业的发展机会。

尤其是经过2008年金融危机的洗礼，许多浙商开始反思自己是否具备战略思维，开始从机会主义向战略主义转型。他们不再简单盲目地跟随市场热潮，或者追求短期利益，而是开始努力评估企业的环境机会、环境威胁、企业优势和劣势，着眼于市场发展的趋势和长期利润，来捕捉发展机会，运作企业，做到有所为和有所不为。机会永远是留给那些有准备的企业的，企业的战略主义正是强调企业每个行动都是有准备、有谋划的。

当然，这种战略主义是有弹性的，使浙商在企业发展过程有一个大的发展视野和思路，具体的运作和行动可以在战略指导下，根据环境做出各种反应和调整。

（二）从传统家族管理向现代管理转型

从浙商的发展历程来看，家族式的企业管理体制对浙商的经济活动起着重要的作用。即使在20世纪80年代后，许多浙商在经营上仍沿袭家族制。在市场经济体制还未完全成熟、社会组织发育并未完善的情况下，家族管理方式能发挥组织各类经济、社会活动的功能，是企业资本原始积累和企业创立、生存及发展的最重要和最有效的方式之一。现代浙商的自主精神、平等精神、团队精神、忧患意识等，也首先是在家庭或家族的土壤里萌发和滋生的。

方太集团
管理转型

然而，随着经济转轨、社会转型及科学技术的日新月异，随着浙商的崛起及其经营规模的扩大，单纯的封闭式的家族式管理显然已不能适应企业的进一步发展需求，家族经营存在的外来管理人才很难进入核心层、现代营销能力差、资本扩张能力弱、创新能力缺乏等成为许多浙商亟须面对和解决的问题。实现管理体制从权威式管理向制度化管理转型、从封闭式家族管理向开放式家族管理转型、从自我积累向利用社会资本转型，这是浙商组织层面转型的重要内容。

1.从权威式管理向制度化管理转型

在创业初期，浙商企业的管理模式往往是老板说了算，靠老板的权威维系着组织的有序运转。现在，在粗具规模的浙商企业中，许多浙商开始根据企业的发展规模和具体现实，建立具体的规范化的制度和程序，并着手实施。这些基本制度包括决策制度、组织制度、经营制度等。在制度面前人人平等，各种行为都有对应的规范和标准，不再每件事情都是老板说了算，都需要老板亲自过问。制度化的管理可以有效地减少家族人员之间复杂的利益纷争，提高企业运作的效率和稳定性。

2.从封闭式家族管理向开放式家族管理转型

这里的封闭和开放主要是指浙商企业对外部人才的吸引和利用程度。许多浙商创业初期主要是家族企业内部人员的互相扶持，确实有风雨同舟、共闯难关的优势。但是，随着企业在更大空间、更高层次上求发展，原有人员的思想观念、知识结构、管理水平等多方面的局限日益凸显。企业需要适当引进外部人才，由封闭型的家族制向开放型的家族制转型，其中包括职业经理人的引进、高技术人才的引进、独立董事的引进等。现在多数浙商对用人是比较开放的，能够吸收和利用"外人"，

企业家族化
存在的弊端

有意识地选择和培养人。外部人才的流入为浙商带来了新鲜血液，包括先进的管理方式、经营理念、产品创意、政策信息和理论建议等，使浙商在参与全球化高端竞争时具备良好的人力资本。

3.从自我积累向利用社会资本转型

从浙商资源利用角度来看，过去浙商主要是靠自身的力量获得资源、积累资本，但

发展到今天，这已经不能适应时代的要求。内外环境都要求其充分开发和利用社会资源，这时自我积累向利用社会资本的转型就显得尤为迫切。可以说，能否利用好资本市场这个工具已经成为决定浙商在富豪榜上沉浮的重要因素。不少浙商已经有这方面的意识和行动，如通过上市、购并等方式利用整个社会资本甚至是国际资本和外部资源，获得企业扩张的资本，实现企业的转型和持续发展。在市场机会稍纵即逝和环境瞬息万变的情况下，无论是从效率上讲还是从成本上讲，通过社会资本来获得企业发展所需资金都是企业的一个重要选择。

上述三个方面的转型是浙商管理体制转型的重要方向，但是管理体制的转型涉及浙商企业内部利益调整、外部形象改变等重要方面。在浙商特有的文化氛围下，在整个社会信用还比较欠缺的条件下，职业经理人队伍发展还不够健康，资本市场还不够规范。浙商管理体制的转型是比较谨慎和缓的，但这些方面的尝试和努力体现了浙商顺应时代发展的要求，是一种进步。

（三）从以欧美市场为主向国内市场、新兴市场和欧美发达市场联动转型

出口经济让浙商通过几十年的发展而壮大，浙商的出口市场主要集中在欧美发达国家，对国内市场和新兴市场并没有产生足够的重视。随着欧美国家贸易壁垒的提高及金融危机的影响，欧美市场大幅萎缩，许多浙商的经营业绩大幅下滑，经营状况恶化，有的企业甚至破产倒闭，整个浙江经济受到重大的影响。在此情境下，有些浙商进行了目标市场的调整转变，变"危"为"机"，有力地减少了金融危机的冲击，赢得了新的发展机会。

1.从主要聚焦国际市场向国际、国内市场并重转型

这种转型体现了整个宏观环境的要求。中国的经济发展水平已经进入了后工业化时代，人们的消费结构在升级，浙商敏锐的经济嗅觉使其发现其中必有商机，于是及时调整目标市场，开始重视国内市场的开发。例如，肇始于美国的金融危机很快影响到了万丰奥特的出口业务，订单量下降，市场倒逼其转型。"万丰奥特"经过一年的快速调整，从以国际市场为主转向国内市场，通过与大众汽车"联姻"，进入大众全球采购系列；从以美国市场为主转向欧洲、亚洲市场，开拓了日本丰田、本田、尼桑系列汽车高端市场。

2.从聚焦欧美市场向发达、新兴市场联动转型

经过几十年的经济远征，浙商在欧美市场的开拓渐渐进入一个瓶颈期，利润下降、贸易争端频发等使浙商在欧美市场的发挥余地越来越小，而像朝鲜、印度等新兴市场的需求强劲，进入门槛相对较低，经济发展水平与我国相似，对浙商来说不失为企业转型升级中一个难得的缓冲地带。自2013年中国向世界发出共建"丝绸之路经济带"和"21世纪海上丝绸之路"的重大倡议以来，浙商凭借干在实处、走在前列、勇立潮头的精气神，全面参与"一带一路"建设，开辟发展新空间；凭借开放发展的先发优势，积极应对全球贸易寒冬，勇拓市场；凭借民营经济的发展优势，开展国际产能合作；凭借向东直面"海上路"，向西通达"陆上丝路"的区位优势，建起一个个互联互通新平台……2019年，浙江全年进出口总值达30800亿元。从增速看，浙江省全年进出口、出口、进

口增速分别高于全国4.7、4.0和4.2百分点，实现贸易顺差15300亿元，扩大10.6%。其中，浙江对欧盟及主要新兴市场出口保持增长，对"一带一路"沿线国家和地区的贸易比重攀升。2019年，浙江对欧盟出口5012.8亿元，同比增长7.5%，占全省出口总值的21.7%；对东盟出口2521.3亿元，同比增长24.7%，占全省出口总值的10.9%。海关数据显示，浙江对"一带一路"沿线国家和地区进出口10500亿元，首次突破万亿元大关，同比增长16.7%。与"一带一路"沿线国家和地区的贸易畅通，成为带动浙江外贸发展的新引擎。

值得一提的是，除了货物贸易，在"一带一路"沿线国家和地区，浙江的服务外包、文化、教育等服务贸易产品也迎来了新市场。例如，在马来西亚，高中生们会发现，他们手中的理科教材来自浙江教育出版集团；在吉尔吉斯斯坦，浙江金华邮电工程有限公司创办德龙电视台，24小时不间断免费转播我国卫星电视频道，传播《中国好声音》；在哈萨克斯坦，当地人至今对《神医喜来乐传奇》《全家福》等来自浙江的影视剧津津乐道……

在当前的环境下，这样的调整和转变使浙商在危机中能够继续生存、发展。当然，这两种转型只能是缓兵之计，对浙商来说，这并非转型的终点。

🗩 同步训练

目的：理解组织层优化路径。

✎ 同步训练

三、产业层升级

（一）从块状经济向产业集群转型

长期以来，浙商发展的地缘、亲缘文化促使浙商形成了许多具有特色的块状经济，包括温州的打火机、永康的五金、嵊州的领带、绍兴的轻纺等。这些块状经济中的企业一般都是使用同种原料，生产同种商品，针对相同市场。在卖方市场情况下，块状经济获得了快速的发展。在产业起步阶段，这种产业发展方式保证了利润的最大化，带来了各种优势，如营造了百舸争先的创业氛围，增加了当地的就业，带动了当地经济的发展等。

然而，块状经济以企业小而全、散兵作战、粗放式生产为特征。这一方面没有专业化的分工，难以利用专业化优势改进工艺或提高产品科技含量，难以出现优秀或者卓越的企业；另一方面容易造成区域内的同质恶性竞争，竞相压价，浪费资源，降低发展效率和对外竞争实力。

因此，在产业层面的升级，浙商首先要突破的就是从块状经济向产业集群转型。产业集群是块状经济的更高发展形态，它强调的是集群内各个企业有组织地分工合作。根据集群内各个企业的优势分工，来降低企业经营成本，提高竞争力。随着我国改革开放向纵深推进，国际化、

📄 浙江特色
小镇建设

信息化、现代化等发展趋势日益明显，产业格局呈现了新特征、新动能，浙江块状经济也不断向国际化、高端化演进。即块状经济不断向技术密集、资本密集、人才密集的高端产业集群升级，促使浙江经济增长路径从要素驱动、投资驱动转向创新驱动、效率驱动。2017年，浙江"三新"经济产值增至12500亿元，对浙江经济贡献率达到37.1%，新产业、新业态、新模式层出不穷，助推浙江打造现代产业集群。

（二）从区域内产业布局向全球产业布局转型

产业布局主要涉及企业的产业转移问题，指的是产业从一个国家或地区转移到另一个国家或地区的过程。产业转移是从比较宏观的角度提出来的概念。从微观角度看，产业转移的过程就是企业迁移的过程。企业迁移是指企业以新建、并购、合作等方式，通过整体或局部的空间位移，在企业创办地之外实现迁移或者企业扩张的现象。企业迁移是企业区位调整的一种特殊形式，其实质是企业区位的再选择。按迁移所涉及的规模和部门来分，企业迁移可分为整体迁移和部分迁移，如总部迁移、职能部门迁移、建立子公司等。按照转入区与转出区之间的发展水平差异，企业迁移可分成水平迁移和垂直迁移两大类。水平迁移是指某些产业在发展水平接近的地区之间的迁移；垂直迁移则是指某些产业在发展水平相差较大的地区之间的迁移。

浙江是制造大省，浙商的制造业和出口贸易使浙江经济获得了飞速发展，几年来稳坐全国经济总量的第四位。然而，随着经济全球化的深入、国家宏观调控政策的实施及出口增长率的下降，浙商传统产业逐渐失去竞争优势。同时，浙江是资源小省，来自土地、能源与环境等各方面的刚性制约，使许多浙江中小企业陷入发展困境。对浙商来说，短期内转变发展方式进入高新技术产业和现代服务业有一定的难度和风险。因此，"跳出浙江，发展浙江"，拓展新的发展空间，站在全国乃至全球的视野，重新布局产业链，实现产业的梯度转移和全球整合是保证企业持续发展的战略选择。

企业按迁移的动机和性质来分，可分为扩张性迁移和撤退性迁移。

扩张性迁移是指当浙商发展到一定的阶段和规模，企业所在地的资源、要素、市场等已经不能再满足其进一步扩大的要求，为了拓展市场、利用资源、资本运作等目的，进行迁移的一种行为。扩张性迁移既可以是国内市场的水平迁移或者垂直迁移，也可以放眼全球，参与国际分工与合作，利用全球产业链的分工优势，优化企业的产业布局，形成自己独特的核心竞争力。这种扩张性迁移主要表现为部分迁移和水平迁移。例如，日本的融资成本相对而言是全球较低的，有些企业就将融资渠道放在日本来完成资金的筹措；美国科技发达，企业将研发机构放在美国，使当地的研发资源能够为我所用；中国香港的营销人才相对集中，便将销售事业部、销售渠道运营中心放在香港，而将制造环节放在中国内地或其他一些发展中国家。

撤退性迁移是指随着浙江经济进入后工业化时代，市场对企业的产品、技术、人力资源、成本等的要求越来越高，尤其是各种资源的束缚和成本的提高，一些浙商无法适应这样的市场要求，企业的正常发展陷入了困境，企业不得不向有成本优势、市场要求比较低的地区转移的一种行为。这类撤退性迁移主要表现为整体迁移和垂直迁移，主要方向为我国中西部地区。

温州轻工业产业转移

温州轻工业的区际产业转移始于20世纪90年代中期。"十五"期间特别是2003年以后，产业转移呈现快速、大规模发展的态势，投资项目数量和投资额成倍增长。温州市统计局2006年的调查显示，1996年以来，全市工业企业在外创办各类投资项目1030个，投资总额达237.6亿元，其中轻工业占到一半左右。

就温州轻工业的产业转移情况，温州市经贸委、浙江省经贸委课题组开展了企业问卷调查，并配合座谈方式加以了解。问卷调查涉及的本地企业共600家，均是规模以上的工业企业，有一定的代表性。

在被调查的企业中，已在国内进行企业区位调整、实施产业转移的企业共有201家，占600家被调查企业的33.5%。可以说，有1/3的企业采取了产业转移的实际行动，这一比例不低。

在实体类型方面，企业部分迁移占到产业转移的94.5%，整体迁移的只有5.5%。部分迁移中，主要有在外设立子公司和部分职能部门外迁两种形式。在外设立子公司的最多，占到45.8%。职能部门外迁，主要有生产基地迁移、营销部门迁移、研发机构迁移、企业总部迁移四种形式。其中前两种居多，分别占到31.0%和21.4%。研发机构迁移是近年出现的新动向，目的是更直接地利用外地的科研设施和智力资源，更好地获取先进技术和了解消费者需求及竞争对手动态。

从该调研结果来看，目前企业整体迁移和企业总部迁移尚少。企业整体迁移较明显地发生在鞋革、灯具、塑编、纽扣、食品等行业，以中小企业为主，投资规模不是很大，近年来呈行业群体性迁移倾向。企业总部迁移，如均瑶集团基本迁往上海，温州销售业务仅占集团的2%；美特斯邦威名义上总部还留在温州，但实际上已迁往上海。除了上述实体类型之外，业务外包是较多企业进行产业转移运作的有效方式。如森马集团采取虚拟生产方式，本部专注于核心业务，而将大量加工业务外包到广东等地，实现企业快速发展。

在地域分布方面，温州轻工业的区际产业转移以水平迁移居多，即主要转向发达地区，集中在长三角地区，比重高达80.6%。其中，浙江省内迁移到杭州、金华和丽水等地的较多。省外，上海是温州轻工业转入最多的地区。向中西部地区的迁移，多数属垂直迁移。就近迁移，主要向发达地区迁移，是温州轻工业产业转移的地域特征。

据问卷调查，产业转移到外地后，仍从事制造业的企业比例高达88.7%，其中仍坚守本行业的占80.1%。做熟悉的行业，做有自身竞争力的行业，是大多数对外投资企业的经营之道，显示了温州企业家稳健务实的经营之风。企业在外投资发展制造业，有许多不是简单复制本地旧业，而是走创新发展之路，或是提升原有产业层次，或是拓展新产业领域。有的还突破单个企业经营模式，实行产业链异地重构，发展新的产业基地。如奥康集团在重庆市璧山区投资建设"西部鞋都"工业园区。再如40多家温州企业搬迁到江西，形成粗具规模的余江眼镜工业园。温州轻工企业

也有部分在外地涉足服务业和采矿业，但比重不大，分别占8.7%和2.6%。在服务业方面，主要是从事房地产开发，所占产业比例为6.6%。

（资料来源：陈海忠，杨一琼. 浙商文化教程［M］. 杭州：浙江工商大学出版社，2018.）

浙商的产业转移主要以扩张性迁移为主，以制造业为主，以本行业为主。实施空间扩张的企业，相当部分是有投资能力的强势企业和有投资潜力的成长型企业。通过空间扩张，企业提高了自我发展能力和综合经济实力。从经济发展规律来看，产业转移是产业结构调整的重要途径、生产要素跨区域配置的必然选择、经济水平发展到一定阶段的必然产物，也是浙商转型的重要特点之一。2018年4月，《开放型经济新体制下加工贸易的创新发展方向》报告指出，东南亚正在成为新一轮产业转移的主要目的地。报告指出，目前全球范围内正在启动第四次产业转移，中国的东南沿海地区则参与了第三次产业转移和正在发生的第四次产业转移。

（三）从传统轻型制造业向新型重工业、高新技术产业和服务业联动转型

从产业结构的角度来看，改革开放40多年来，浙商的产业分布基本还是集中于劳动密集型、低层次加工、低附加值的传统轻型制造业。这种产业结构，在中国经济发展的起步阶段、初期和中期，是浙商发展的优势。因为在中国经济刚起步的时候，所要解决的是老百姓的温饱问题，而跟温饱有关的产业就是吃、穿、用，也就是轻型的、以日用消费品为主的产业，这些产业是浙江的传统优势产业。

1978—1997年间，拉动中国经济增长的主要力量是内需。浙商的迅速崛起，一个重要的原因就是浙商的产业结构与同期的居民消费结构能够对接。从1997年开始，中国的消费需求进入了一个过渡期。以吃、穿、用为主体的传统消费需求增长势头明显放缓，但是新的消费需求没有释放，因此整个中国经济内需不足。这时浙商在应对这种变化的需求消费结构时，并没有大规模调整产业结构，而是利用中国加入WTO前后对外开放的新机遇，通过国际市场需求来弥补国内市场需求的不足，用出口替代了内销，于是浙江的外向型经济有了大幅度的提高。

2003年以后，中国的经济发展阶段出现了更加明显的变化，内需结构变化开始加速。中国的消费结构已经从"吃穿"开始转向"住行"，与汽车、住宅、道路、电子通信有关的消费需求集中并迅速释放。与此同时，汇率调整、出口退税取消、原材料成本上升、资源环境压力、国际贸易摩擦升级等状况的出现使浙江的轻工业不堪重负，在2008年的国际金融危机中遭受了巨大的冲击。有专家指出，浙商单纯靠传统轻工业和国际市场需求的路子已经走到了尽头。

在国内与国际市场调整的压力、政府的政策引导力、企业追逐更高利润和追求长远发展的内驱力的共同作用下，浙商痛定思痛，开始了产业结构的调整和转型。

1.从传统轻型制造业向新型重工业和高新技术产业转型

对多数浙商来说，有着较为丰富的制造业经验，因此，浙商的产业结构转型首先

是在制造业内寻找机会，力求从劳动密集型、低层次加工、低附加值的传统轻工业向资本技术密集型、高层次制造、高附加值的新型重工业和高新技术产业转型。比头发丝还细，强度却能赛过钢筋，"炼"出这根世界级强度碳纤维的是绍兴精功控股集团。4年时间里，精功控股集团投入5亿元，首条千吨级碳纤维生产线已正式投产，可替代进口高端碳纤维产品，打破了美、德、日等工业强国的垄断。在宁波市鄞州区的德鹰精密机械有限公司，一只只旋梭在经过250多道工序后下线。这种半径不超过2厘米的旋梭，是缝纫机的"心脏"。凭借先进的工艺技术，德鹰公司的旋梭全球市场占有率超过36%，稳居世界第一。被人熟知的老牌饮料企业娃哈哈则做起了机器人，还要在此基础上培育高端机电制造产业，并将之发展为公司的第二大产业。2016年8月，宁波成为全国首个"中国制造2025"试点示范城市。目前，宁波先进装备制造业、高新技术制造业占比已经超过40%，2016年授权专利量就达4.1万件。在智能制造升级的带动下，宁波工业发展效益质量明显提高，宁波还计划用3年时间，拿出百亿元资金专门扶持先进制造行业。

正泰集团由传统电器制造业向可再生能源产业转型便是一个典型的案例。正泰集团原来的主导产业是低压电器、高压电器，2008年，正泰集团生产出中国第一个真正意义上的高效稳定的光伏薄膜电池产品。2009年，正泰集团董事长南存辉表示，正泰集团将投资20亿元用于传统产业改造，投资50亿元建设一座大型太阳能产业基地，太阳能已成为正泰集团继低压电器、高压电器之后的第三大产业。2012年，正泰集团又斥资3.15亿元收购了上海新华控制技术（集团）有限公司70%的股权，这一举措加快了正泰集团电器硬件向软硬结合发展的产业升级的步伐，为正泰集团实现由单个元器件制造商向系统集成商的转型迈出了关键的一步。正泰集团新能源为扩大海外工厂产能、加速太阳能全球布局，在泰国建设了600兆瓦的电池工厂。正泰电气通过在巴基斯坦、伊朗等国组建国际区域工厂，拥有了部分国际（地区间）市场的发言权。如今，正泰集团"走出去"的触角越伸越远，已拥有三大全球研发中心、五大国际营销区域、14家国际子公司、22个国际物流中心，为130多个国家和地区提供产品与服务。正泰集团还被列为浙江省第一批"机器换人"先进单位。宁波韵升股份有限公司，20年前已是全球最大的八音琴生产基地，市场的局限性促使老总竺韵德开始寻找新的方向。随后，当时尚不为人知的稀土钕铁硼材料进入了他的视野。反复考察后，竺韵德认定，随着国内信息产业、机电工业高速增长，钕铁硼永磁材料应用前景广阔，于是通过并购，竺韵德正式涉足钕铁硼永磁材料领域，今天的韵升股份有限公司已成为国内该行业经济效益较好的企业之一。目前，全球DVD、电脑的光学读头所用磁性材料的35%、全球手机震动马达所用磁钢的15%都来自韵升股份有限公司。"资源总是有限的。"喜欢泡在实验室里的竺韵德始终保持着清醒的头脑，近年来稀土材料价格猛涨，印证了他的预见。后来，韵升股份有限公司又与相关单位合资建立了上海电驱动公司，全力攻关电动汽车驱动系统的核心技术。针对人口红利逐步消失、人工成本渐涨的趋势，韵升股份有限公司提出了以智能技术为特征的机电一体化的产业目标，现在已开始研制工业机器人。

2.从制造业向制造业和服务业联动转型

从经济发展规律来看，第三产业尤其是服务业将会是一国经济的重要组成部分。近年来服务业占世界GDP的比重持续上升，发达国家普遍达到了70%以上，中国服务业占GDP的比重在2007年为39.1%。可以看出，对于浙商来说，中国的服务业大有可为。在国家大力号召发展服务业的大背景下，敏感的浙商开始从制造业向服务业渗透，在产业间向制造业和服务业联动转型，包括向金融、生态、旅游、文化等产业进军。典型的有金洲集团、海利集团、浙江富丹旅游食品有限公司等，它们由单纯的制造业向生态旅游业、文化创意产业转型。2011—2015年，浙江省服务业增加值年均增长9.4%；服务业成为扩大有效投资、吸纳新增就业、增加地方税收的主要力量；信息服务、电子商务、金融、物流、旅游、健康服务、文化创意等产业发展迅猛。《浙江省服务业发展"十三五"规划》显示，"十三五"期间，浙江省服务业增加值年均增长8%以上，到2020年，浙江省服务业增加值为32300亿元左右；到2020年，浙江省服务业增加值占浙江省GDP比重为53%以上，力争达55%；到2020年，浙江省服务业劳动生产率为22万元/人左右，规模以上高技术服务业企业营业收入年均增长15%以上；结构明显优化，到2020年，浙江省生产性服务业增加值占服务业增加值的比重力争比2015年提高3百分点左右。

📄 万事利转型

🖊 同步训练

✏️ 同步训练　目的：理解产业层升级路径。

专题小结

◎ **框架内容**

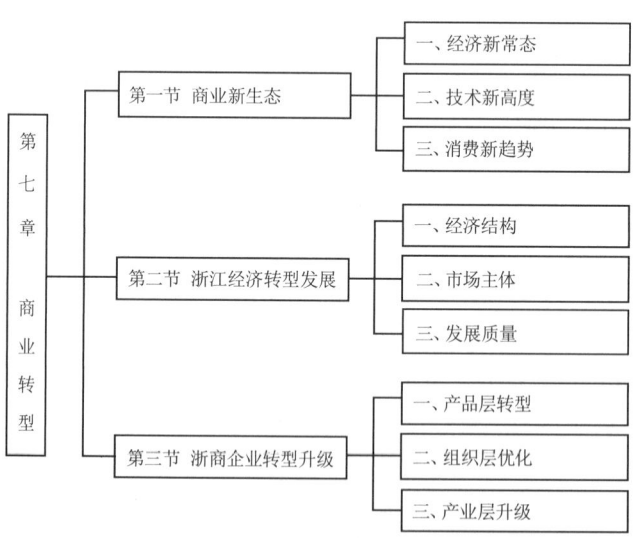

主要术语：三期叠加　新常态　新事物爆发期　体验经济　个性化消费　社会经济
　　　　　结构　三大产业　市场主体　五证合一　最多跑一次　微笑曲线　战略主
　　　　　义　家族管理　产业转移

理论自测

第七章
理论自测

◎ 选择题

1. 商品经济意味着（　　　）消费阶段。

    A. 大众化　　　　　　　B. 小众化　　　　　　　C. 个性化　　　　　　　D. 虚拟化

2. 哪一个可能是"90"后的消费特征？（　　　）。

    A. 网络重度用户　　　B. 消费保守　　　　　　C. 计划性强　　　　　　D. 集体主义

3. "微笑曲线"理论由（　　　）提出。

    A. 求伯君　　　　　　B. 雷军　　　　　　　　C. 柳传志　　　　　　　D. 施振荣

4. 撤退性迁移主要方向为我国（　　　）地区。

    A. 东北部　　　　　　B. 中西部　　　　　　　C. 西南部　　　　　　　D. 东南部

5. 鸡毛换糖最著名的是（　　　）。

    A. 绍兴　　　　　　　B. 嘉兴　　　　　　　　C. 义乌　　　　　　　　D. 杭州

6. 影响社会经济结构形成的因素很多，主要有（　　　）。

    A. 资源禀赋　　　　　　　　　　　　　B. 生产力水平

    C. 科技进步　　　　　　　　　　　　　D. 社会对最终产品的需求

7. 第三产业包括（　　　）。

    A. 交通运输业　　　B. 加工制造业　　　　　C. 餐饮业　　　　　　　D. 金融业

8. 下列哪些是粗放型增长的特点？（　　　）

    A. 消耗低　　　　　　B. 污染重　　　　　　　C. 产出低　　　　　　　D. 投入高

9. 外部人才的流入可以为浙商输入（　　　），使浙商在参与全球化高端竞争时具备良好的人力资本。

    A. 管理方式　　　　　B. 经营理念　　　　　　C. 产品创意　　　　　　D. 政策信息

10. 按照转入区与转出区之间的发展水平差异，企业迁移可分成（　　　）。

    A. 水平迁移　　　　　B. 北上迁移　　　　　　C. 垂直迁移　　　　　　D. 南下迁移

◎ 判断题

（　　　）1. 过去几年来中国经济增速持续放缓。

（　　　）2. 新常态就是不同以往的、相对稳定的状态。这是一种趋势性、可逆的发展状态，意味着中国经济已进入一个与过去30多年高速增长期不同的新阶段。

（　　　）3. 浙江已进入了以服务业为主导的信息社会。

（　　　）4. 浙江块状经济是指在浙江省内形成的一种产业集中、专业化极强的，同时又具有明显地方特色的区域性产业群体的经济组织形式。

（　　　）5. 机会主义和战略主义本质上就是矛盾的。

（　　　）6. 浙商管理体制的转型是迅速高效的。

（　　　）7. 浙江主要是"千家万户"式的草根经济，很大一部分是个体户、小作坊、小企业。

（　　）8. 浙商的产业转移主要以扩张性迁移为主。

（　　）9. 中华人民共和国成立之后到20世纪末，我国建立了高度集中的计划经济体制，浙江也不例外。

（　　）10. 在市场经济体制还未完全成熟、社会组织发育并未完善的情况下，家族式管理是企业资本原始积累，以及企业创立、生存及发展的最重要和最有效的方式之一。

◎ **理论自测步骤**

1. 学生打开浙江省高等学校在线开放课程共享平台https：//www.zjooc.cn。

2. 点击"登录"按钮，选择"学生"，在对话框中分别输入"用户名""密码"后，检索"浙商文化"，加入课程。

3. 在左侧导航列表中选择"测验"，点击"专题七　商业转型"，点击"去测验"，进入测试页面。

4. 在限定时间内完成测试。测试完毕，系统自动评卷。

应用自测

✎ 第七章
应用自测

◎ **总体要求**

根据课程学习的内容，选择一家你关注的企业，谈谈该企业的转型创新路径。

◎ **自测目标**

1. 加深学生对社会经济发展背景的理解。

2. 让学生对企业转型路径有进一步的认识。

3. 训练学生搜集、归纳、整理和分析信息的能力。

◎ **背景资料**

通过课程学习，同时利用网络、报纸、图书等方式，搜集企业发展和转型的相关资料，可以从产品层、组织层、产业层等方面切入，完成应用自测要求。

自我评价

学习成果	自我评价
我已经理解经济、技术、消费等商业新生态	□很好 □较好 □一般 □较差 □很差
我已经掌握浙江社会经济结构的变化趋势	□很好 □较好 □一般 □较差 □很差
我已经理解浙江市场及市场主体发展历程	□很好 □较好 □一般 □较差 □很差
我已经了解浙商产品层转型路径	□很好 □较好 □一般 □较差 □很差
我已经了解浙商组织层转型路径	□很好 □较好 □一般 □较差 □很差
我已经了解浙商产业层转型路径	□很好 □较好 □一般 □较差 □很差

参考文献

艾斐. 晋商［M］. 太原：山西经济出版社，2009.

陈刚. 都锦生的传承与创新［J］. 清华管理评论，2014，5（9）：100-105.

陈海忠，杨一琼. 浙商文化教程［M］. 杭州：浙江工商大学出版社，2018.

陈学文. 龙游商帮研究：近世中国著名商帮之一［M］. 杭州：杭州出版社，2004.

方杰. 越国的商业［J］. 浙江社会科学，1995，11（1）：53-59.

郭占恒. 浙江70年发展的历史变革（之四）［J］. 浙江经济，2019，36（17）：8-11.

胡瑞冬. 多边平台打造商业生态圈模式研究［J］. 邢台职业技术学院学报，2018，35（4）：82-83.

胡祖光，叶建华，吕福新. 浙商模式创新经典案例［M］. 杭州：浙江人民出版社，2013.

黄永军. 浙商商道［M］. 北京：中国戏剧出版社，2007.

荆娴，姚光辉. 铸造企业之魂：宁波企业的文化引领［M］. 杭州：浙江大学出版社，2007.

兰建平. 从"老四千精神"到"新四千精神"［J］. 今日浙江，2009，18（13）：33-33.

李刚，梁丽莎. 大话浙商［M］. 西安：陕西人民出版社，2008.

李如艳. 王水福：战斗力来自一次次"回归零"的能力［N］. 每日商报，2018-10-17（8）.

梁小民. 走马看商帮［M］. 上海：上海书店出版社，2011.

廖毅. 让客户心动：深度解读正泰经营之道［M］. 北京：北京邮电大学出版社，2019.

林树建，林旻. 宁波商帮［M］. 合肥：黄山书社，2007.

吕福新. 浙商的崛起与挑战：改革开放30年［M］. 北京：中国发展出版社，2009.

毛祖棠. 百年浙商［M］. 贵阳：贵州人民出版社，2012.

欧阳逸飞. 中国商道［M］. 北京：中国华侨出版社，2011.

彭志强，刘捷，胥英杰. 商业模式的力量［M］. 北京：机械工业出版社，2009.

戎彦. 浙江老字号［M］. 杭州：浙江大学出版社，2011.

孙继亮. 试论"宁波商帮"的崛起及其发展［J］. 经济研究参考，2012，34（4）：28-32.

王国平. 杭州运河历史研究［M］. 杭州：杭州出版社，2006.

王娟. 新中国成立70年浙江经济结构持续优化升级［J］. 浙江经济，2019，36（19）：

33-35.

王茹芹. 中国商路文化［M］. 北京：高等教育出版社，2018.

王婉芳. 中国商贸与文化传承［M］. 北京：中国人民大学出版社，2015.

王翔. 话说浙商［M］. 北京：中华工商联合出版社，2008.

王心喜. 杭州运河集市［M］. 杭州：杭州出版社，2013.

王祖强，潘家栋. 浙江块状经济的前世今生［EB/OL］. （2018-05-04）［2020-08-21］. http://zjnews.china.com.cn/jrz/2018-05-04/141162.html.

闻欣颖. 以小搏天下：浙商为什么成为最会赚钱的商帮［M］. 武汉：华中科技大学出版社，2012.

吴慧. 商业史话［M］. 北京：社会科学文献出版社，2011.

吴玲. 宗庆后：有一种人生叫"大器晚成"［M］. 北京：台海出版社，2016.

吴思，朱斯佳. "可怕"的浙商［M］. 北京：现代出版社，2015.

伍鹏. 浙江海上丝绸之路文化［M］. 北京：经济科学出版社，2016.

肖东发. 商贸纵观：历代商业与市场经济［M］. 北京：现代出版社，2014.

徐晨阳. 近现代爱国慈善家：徐乾麟［M］. 上海：上海社会科学院出版社，2014.

亚历山大·奥斯特瓦德，伊夫·皮尼厄. 商业模式新生代［M］. 北京：机械工业出版社，2015.

杨轶清. 中国梦·浙商情：最美浙商故事［M］. 杭州：浙江少年儿童出版社，2016.

杨紫元. 商业文化与素养［M］. 北京：高等教育出版社，2016.

殷荣林. "浙江模式"的方法论启示：改革开放40年浙江经济发展回顾［J］. 观察与思考，2018，35（8）：106-112.

应焕红. 浙江市场40年［M］. 北京：社会科学文献出版社，2019.

张宝忠，俞涔，陈君. 中华商文化［M］. 杭州：浙江大学出版社，2018.

张锐. 鲁冠球"弯道超车"的胆识与智慧［N］. 上海证券报，2017-11-1（11）.

张守广. 宁波商帮史［M］. 宁波：宁波出版社，2012.

周常宝. 万向集团的国际化扩张之路［J］企业管理，2016，37（4）：64-66.

庄丹华. 宁波商帮文化教程［M］. 北京：北京理工大学出版社，2016.